지혜를 익히고 학식을 넓혀주는

故 事 成 語

―고사성어 · 한자어 3000단어―

박 창 규 엮음

✿ ㈜이화문화출판사

삶의 지혜를 추구하시는 분에게 드립니다.

_____ 님께

책을 펴내면서

2007년 2월말 44년간의 교직생활을 마무리 하고 정년퇴직을 하게 되었다. 퇴직을 하면 여행을 다니고 밭에 과수를 심어 가꾸면서 생활하면 될 것으로 생각하였다.

그러나 퇴직 후 1주일쯤 지나면서 이런 계획이 없는 막연한 생활은 아니라는 생각과 무엇을 해야 한다는 생각에 마음의 동요가 오기 시작하였다.

컴퓨터, 영어, 한자 중에서 어느 것을 선택할까 망설이다가 나에게는 젊은이들 보다 경쟁력에서 가장 해볼 만한 것은 한자였다.

먼저 한자 급수시험에 도전해 보기로 결정하고 2007년 3월 13일 한자급수 8급부터 4급까지 급수 책을 모두 구입하여 공부하기 시작했다.

한편으로 4월 19일에는 월봉조생 복숭아 묘목 200주를 구입하여 밭에 심었다.

그해 4월 21일에 한자능력급수 4급에 처음 응시하고 합격하여 한자급수 증을 받은 것을 시작의 계기로 하여 2014년까지 한자국가공인자격에 계속 도전하면서 많은 공부를 하고 나 자신 아주 폭넓은 지식을 얻게 되었다.

그간 공부하면서 활용한 한자고사성어와 한자어를 정리하여 올해 희수(喜壽)해를 맞아 책으로 편찬하여 주위의 친지에게 보내고 청소년들에게 잊혀져가는 한자와 고사성어를 익힐 기회를 마련하고 싶었다.

이 책을 읽음으로써 옛 성현들의 무한한 지혜와 슬기를 배우고 학식을 넓혀 지식인의 교양을 쌓는데 조금이라도 도움이 되기 바라는 마음이다.

이 책에는 4음절 성어 2,850단어와 3음절 성어 150단어 총 3,000단어를 수록하고 해당 성어 아래에는 유의어(=)와 상대어(↔)도 함께 표시하여 더욱 폭 넓게 익힐 수 있게 하였다.

끝으로 이 책을 만드는데 많은 격려를 해준 가족들과 주위 분들에 감사드립니다.

2019년 8월 10일

박 창 규

차 례

- 책을 펴내면서 …………………………5
- 사음절(四音節) …………………………7~295
  - 가가대소(呵呵大笑) ~ 길흉화복(吉凶禍福) • 9
  - 낙극애생(樂極哀生) ~ 능지처참(陵遲處斬) • 55
  - 다기만양(多岐亡羊) ~ 등활지옥(等活地獄) • 67
  - 마각노출(馬脚露出) ~ 밀월여행(蜜月旅行) • 84
  - 박람강기(博覽强記) ~ 빙탄지간(氷炭之間) • 106
  - 사가망처(徙家忘妻) ~ 십한일폭(十寒一曝) • 132
  - 아가사창(我歌査唱) ~ 입향순속(入鄕循俗) • 167
  - 자가당착(自家撞着) ~ 징일여백(懲一勵百) • 219
  - 차문차답(且問且答) ~ 침어낙안(沈魚落雁) • 244
  - 쾌도난마(快刀亂麻) ~ 쾌인쾌사(快人快事) • 260
  - 타면자건(唾面自乾) ~ 특립독행(特立獨行) • 261
  - 파경중원(破鏡重圓) ~ 필유곡절(必有曲折) • 266
  - 하관부직(下官不職) ~ 희희낙락(喜喜樂樂) • 273

- 삼음절(三音節) …………………………297~313
  - 가급적(可及的) ~ 효학반(斅學半) • 299

- 참고문헌(參考文獻) …………………………314
- 한자자격증 취득(取得) …………………………315

사 음 절(四音節)

【ㄱ】

- 가가대소(呵呵大笑)   소리를 내어 크게 웃음. =홍연대소(哄然大笑)
- 가가호호(家家戶戶)   각 집. 또는 모든 집. =가가문전(家家門前)
- 가거지지(可居之地)   머물러 살 만하거나 살기 좋은 땅. =가거지처(可居之處)
- 가급인족(家給人足)   집집마다 먹고 입는 것에 부족(不足)함이 없이 생활(生活)이 풍족(豊足)함을 이르는 말.
- 가기이방(可欺以方)   그럴듯한 방법(方法)으로 남을 속일 수 있음을 이르는 말.
- 가담항설(街談巷說)   거리나 사람들 사이에서 떠도는 소문(所聞)을 이르는 말. =가담항어(街談巷語), 도청도설(道聽塗說)
- 가도사벽(家徒四壁)   집안에는 사방(四方)에 벽(壁)밖에 없다는 뜻으로, 너무 가난하여 가진 것이 아무것도 없음을 이르는 말. =가도벽립(家徒壁立)
- 가동가서(可東可西)   동쪽이라도 좋고, 서쪽이라도 좋다는 뜻으로, 이렇게 할 만도 하고 저렇게 할만도 함을 이르는 말.
- 가동주졸(街童走卒)   길거리에서 노는 철없는 아이들이나 떠돌아다니는 상식(常識) 없는 사람들을 이르는 말.
- 가렴주구(苛斂誅求)   여러 명목(名目)의 세금(稅金)을 가혹(苛酷)하게 억지로 거두어 들여 백성(百姓)의 재물(財物)을 무리하게 빼앗는 일을 이르는 말. =도탄지고(塗炭之苦)
- 가롱성진(假弄成眞)   장난삼아 한 것이 진짜로 이루어짐을 이르는 말. =농가성진(弄假成眞)

- **가무담석(家無擔石)** 집에 양식(糧食)이 없어 매우 빈곤(貧困)함을 이르는 말.
  ※담(擔): 두 항아리, 석(石): 한 항아리.
- **가부지친(葭莩之親)** 갈대에 엷게 붙어 있는 갈대청 같은 친척(親戚)이라는 뜻으로, 촌수(寸數)가 먼 인척(姻戚)을 이르는 말.
- **가빈낙백(家貧落魄)** 집안이 가난하여 혼백(魂魄)이 땅에 떨어진다는 뜻으로, 집안이 가난하여 뜻을 얻지 못하고 실의(失意)에 빠짐을 이르는 말.
- **가빈친로(家貧親老)** 집안이 가난하고 어버이가 늙었다는 뜻으로, 집안의 사정(事情)이 여의치 못하여 마땅치 않은 일이라도 해야 하는 상태(狀態)를 이르는 말.
- **가서만금(家書萬金)** 가서(家書)는 만금(萬金)의 값어치가 있다는 뜻으로, 자기 집에서 온 편지(便紙)의 반갑고 소중(所重)함을 이르는 말.
- **가신영월(嘉辰令月)** 좋은 때 좋은 달. 또는 경사(慶事)스러운 일이 있는 날.
- **가언선행(嘉言善行)** 좋은 말과 착한 행실(行實)을 이르는 말.
- **가유호세(家諭戶說)** 집집마다 깨우쳐 일러주어 알아듣게 함.
- **가인박명(佳人薄命)** 아름다운 사람은 운명(運命)이 기구(崎嶇)하다는 뜻으로, 아름다운 미인(美人)이나 재주가 뛰어난 사람이 기구한 운명에 처하거나 삶이 평탄(平坦)하지 못한 경우(境遇)를 두고 이르는 말. =미인박명(美人薄命), 홍안박명(紅顔薄命)
- **가정맹호(苛政猛虎)** 가혹(苛酷)한 정치(政治)는 호랑이보다 사납다는 말.
- **각고면려(刻苦勉勵)** 온갖 고생(苦生)을 견뎌 내며 부지런히 노력(努力)함.
- **각곡유목(刻鵠類鶩)** 고니를 조각(彫刻)하다가 실패(失敗)하더라도 집오리와 비슷하게 된다는 뜻으로, 큰 뜻을 가지고 노력(努力)하다 보면 작은 성과(成果)라도 이루게 됨을 이르는 말.
  =화호유구(畵虎類狗), 화호불성(畵虎不成)
- **각골난망(刻骨難忘)** 은혜(恩惠)를 마음속에 깊이 새겨 잊지 아니함을 이르는 말.
  =백골난망(白骨難忘), 결초보은(結草報恩)

- 각골명심(刻骨銘心) 어떤 일을 뼈에 새길 정도(程度)로 마음속 깊이 새겨 잊지 아니함을 이르는 말. =누골명심(鏤骨銘心)
- 각골통한(刻骨痛恨) 뼈에 새기듯이 마음에 깊이 사무쳐 맺힌 원한(怨恨)을 이르는 말. =각골지통(刻骨之痛)
- 각득기소(各得其所) 각자(各自) 자기(自己)가 있을 자리에 있음.
- 각양각색(各樣各色) 서로 다른 각각(各各)의 여러 모양(模樣)과 빛깔.
- 각자도생(各自圖生) 제각기 살아 나갈 방도(方途)를 꾀함.
- 각자무치(角者無齒) 뿔이 있는 짐승은 이가 없다는 뜻으로, 한 사람이 여러가지 복(福)이나 재주를 한꺼번에 다 가질 수 없음을 이르는 말.
- 각자위정(各自爲政) 저마다 스스로 정치(政治)를 한다는 뜻으로, 각각의 사람들이 자기 마음대로 한다면 전체(全體)와의 조화(調和)나 타인(他人)과의 협력(協力)을 생각하기 어렵게 됨을 이르는 말.
- 각주구검(刻舟求劍) 배에 표시(標示)를 해 놓고 칼을 찾는다는 뜻으로, 시세(時世)의 변천(變遷)도 모르고 낡은 것만 고집(固執)하는 미련하고 어리석음을 비유적으로 이르는 말.
  =수주대토(守株待兎), 각선구검(刻船求劍)
  ※초(楚)나라 사람이 강(江)을 건너다가 칼이 배에서 물속으로 떨어졌다. 그는 급히 뱃전에 칼자국을 내어 표시(標示)를 하면서 말했다. "여기가 내 칼이 떨어진 곳이다." 배가 닿자 칼자국이 있는 뱃전 밑 물속으로 뛰어들어 칼을 찾으려했다는 고사(故事)에서 유래.
  출전(出典) 『여씨춘추(呂氏春秋)』「찰금(察今)」
- 간난신고(艱難辛苦) 갖은 고초(苦楚)를 겪어 몹시 힘들고 괴로움을 이르는 말.
- 간뇌도지(肝腦塗地) 참혹(慘酷)한 죽음을 당하여 간(肝)과 뇌(腦)가 땅바닥에 으깨어졌다는 뜻으로, 나랏일을 위하여 제 목숨을 돌보지 아니하고 온 힘을 다함을 이르는 말.

- 간담상조(肝膽相照) 간(肝)과 쓸개를 서로 보인다는 뜻으로, 서로 마음을 터놓고 사귀는 것을 이르는 말.
- 간담초월(肝膽楚越) 간(肝)과 쓸개의 사이가 고대(古代) 중국(中國)의 초(楚)나라와 월(越)나라 사이의 거리(距離)처럼 멀다는 뜻으로, 가까이에 있어도 멀리 있는 것처럼 느껴질 수 있음을 이르는 말. =간담호월(肝膽胡越)
- 간두지세(竿頭之勢) 대막대기 끝에 선 형세(形勢)라는 뜻으로, 몹시 위태(危殆)로운 상황(狀況)을 이르는 말. =누란지위(累卵之危)
- 간불용발(間不容髮) 머리털 하나 들어갈 틈도 없다는 뜻으로, 사태(事態)가 매우 위급(危急)하여 여유(餘裕)가 없음을 이르는 말.
- 간성난색(姦聲亂色) 음란(淫亂)한 음악(音樂)과 음란한 여색(女色)이란 뜻으로, 간사(奸邪)한 소리는 귀를 어지럽히고 옳지 못한 색(色)은 눈을 어지럽게 함을 이르는 말.
- 간성지장(干城之將) 방패(防牌)와 성(城)의 구실을 하는 장군(將軍)이란 뜻으로, 나라를 지키는 믿음직한 장군을 이르는 말.
- 간성지재(干城之材) 방패(防牌)와 성(城)의 구실을 하는 인재(人材)란 뜻으로, 나라를 지킬만한 믿음직한 인재를 이르는 말. =동량지기(棟梁之器)
- 간세지재(間世之材) 여러 세대(世代)를 통하여 드물게 나타나는 뛰어난 인재(人材)를 이르는 말.
- 간신적자(奸臣賊子) 자기의 잇속을 차리는 교활(狡猾)하고 간사(奸邪)한 신하(臣下)와 부모(父母)에게 효도(孝道)를 하지 않는 자식(子息)을 이르는 말. =난신적자(亂臣賊子)
- 간어제초(間於齊楚) 중국(中國)의 등(騰)나라가 큰 나라인 제(齊)나라와 초(楚)나라 사이에 끼어 괴로움을 당한다는 데서 나온 말로, 약(弱)한 자가 강(强)한 자들의 틈에 끼어 괴로움을 받는 것을

비유적으로 이르는 말.

- **간운보월(看雲步月)**: 달밤에 구름을 보며 거닌다는 뜻으로, 객지(客地)에서 가족(家族)과 고향(故鄕)을 그리워함을 이르는 말.

- **간장막야(干將莫耶)**: 중국(中國)의 춘추(春秋)시대 오(吳)나라에서, 임금 합려(闔閭)의 청탁(請託)을 받은 장색(匠色)인 간장(干將)과 그의 아내 막야(莫耶)가 만든 두 자루의 훌륭한 칼을 아울러 이르는 말. 흔히 명검(名劍)을 이를 때 쓰는 말.
  ※장색(匠色): 손으로 물건(物件)을 만드는 일에 종사(從事)하는 사람.

- **갈건야복(葛巾野服)**: 갈건(葛巾)과 베옷이라는 뜻으로, 은사(恩師)나 처사(處士)의 거칠고 소박(素朴)한 의관(衣冠)을 이르는 말.

- **갈력진충(竭力盡忠)**: 힘을 다해 나라에 충성(忠誠)을 다함.

- **갈이천정(渴而穿井)**: 목이 말라야 비로소 샘을 판다는 뜻으로, 미리 준비(準備)하지 않고 있다가 일이 닥친 뒤에 서두는 것을 이르는 말. =임갈굴정(臨渴掘井), ↔거안사위(居安思危)

- **갈자이음(渴者易飮)**: 목이 마른 자는 무엇이든 잘 마신다는 뜻으로, 곤궁(困窮)한 사람은 작은 은혜(恩惠)에 감복(感服)하기 쉬움을 이르는 말. =기불택식(飢不擇食)

- **갈택이어(渴澤而漁)**: 못의 물을 말려 고기를 잡는다는 뜻으로, 눈앞의 이익(利益)만보고 장래(將來)를 생각하지 않음을 이르는 말.

- **감개무량(感慨無量)**: 마음에 깊이 사무치는 느낌이 그지없음을 이르는 말.

- **감구지회(感舊之懷)**: 지난 일을 더듬으며 느끼는 회포(懷抱)를 이르는 말.

- **감배하풍(甘拜下風)**: 바람이 불어 가는 쪽을 향하여 머리 조아려 절을 하다라는 뜻으로, 남보다 못함을 스스로 인정(認定)함을 비유한 말. 또는 스스로 몸을 낮춘다는 말.

- **감불생심(敢不生心)**: 감히 무엇을 할 마음도 내지 못함.

	=언감생심(焉敢生心), 감불생의(敢不生意)
• 감언이설(甘言利說)	남의 비위(脾胃)에 맞도록 꾸민 달콤한 말과 이로운 조건(條件)을 내세워 꾀는 말. =교언영색(巧言令色)
• 감언지지(敢言之地)	거리낌 없이 말할 만한 처지(處地)나 자리.
• 감정선갈(甘井先竭)	물맛이 좋은 우물은 길어가는 이가 많으므로 빨리 마른다는 뜻으로, 재주가 뛰어난 사람이 일찍 쇠(衰)함을 이르는 말. =감천선갈(甘泉先竭)
• 감정이입(感情移入)	어떤 대상(對象)에 자신(自身)의 감정(感情)을 불어넣거나 다른 사물(事物)로 부터 받는 느낌을 직접(直接) 받아들여 대상과 자신이 서로 통한다고 느끼는 일을 말함.
• 감지덕지(感之德之)	과분(過分)한듯하여 아주 고맙게 여김.
• 감지우감(減之又減)	덜어 낸 데에서 또 덜어냄.
• 감탄고토(甘呑苦吐)	달면 삼키고 쓰면 뱉는다는 뜻으로, 옳고 그름에 관계(關係)없이 자기(自己) 비위(脾胃)에 맞으면 좋아하고 그렇지 않으면 싫어함을 이르는 말.
• 갑골문자(甲骨文字)	거북이의 배딱지(龜甲)와 짐승의 견갑골(肩胛骨)에 새겨진 것을 알고 껍질 갑(甲)과 뼈 골(骨), 즉 갑골(甲骨)에 새겼다는 의미(意味)로 갑골문자(甲骨文字)라고 함. ※중국(中國) 은(殷:BC1766~1122경)나라 때 점술(占術)에 쓰이던 신탁용(神託用) 갑골(甲骨)에서 발견(發見)된 가장 오래된 상형문자(象形文字). 갑골문(甲骨文)은 1899년 청조(淸朝) 말기(末期)에 하남성 안양현 소둔(小屯)촌, 상(商)나라의 수도(首都)였던 은(殷)의 폐허(廢墟=〈은허(殷墟)〉)에서 왕의영(王懿榮) 최초(最初)로 발견.
• 갑남을녀(甲男乙女)	갑(甲)이라는 남자와 을(乙)이라는 여자라는 뜻으로, 평범

(平凡)한 사람들을 이르는 말.
=장삼이사(張三李四), 필부필부(匹夫匹婦)

- 갑론을박(甲論乙駁) 　서로 자기의 주장(主張)을 내세우고 상대방(相對方)의 주장을 반박(反駁)함을 이르는 말.

- 강개무량(慷慨無量) 　의로운 기개(氣概)가 치밀어 원통(冤痛)하고 슬프기 한이 없음을 이르는 말.

- 강계지성(薑桂之性) 　생강(生薑)과 계수(桂樹)나무 껍질은 오랠수록 맵다는 뜻으로, 늙어서 더욱 강직(剛直)하여지는 성질(性質)을 이르는 말.

- 강구연월(康衢煙月) 　번화(繁華)한 큰 거리에 저녁밥 짓는 연기(煙氣)가 달빛을 향해 피어오른다는 뜻으로, 태평(太平)한 시대(時代)의 평화(平和)스러운 풍경(風景)을 이르는 말. =고복격양(鼓腹擊壤)

- 강근지친(强近之親) 　도움이 될 만한 매우 가까운 친척(親戚)을 이르는 말.
=강근지족(强近之族)

- 강기숙정(綱紀肅正) 　나라를 다스리는 규율(規律)을 바로잡음.

- 강노지말(强弩之末) 　힘차게 쏜 화살도 마지막에는 힘이 떨어진다는 뜻으로, 아무리 강(强)한 힘도 결국 쇠퇴(衰退)하고 마는 것을 이르는 말.

- 강려자용(剛戾自用) 　성품(性品)이 억세고 비꼬여서 스스로의 지혜(智慧)와 재주만 쓴다는 뜻으로, 남의 말을 듣지 않고 자기 멋대로 행동(行動)함을 이르는 말.

- 강목수생(剛木水生) 　마른나무에서 물을 짜낸다는 뜻으로, 아무것도 없는 사람에게 무리(無理)하게 무엇을 내라고 강요(强要)함을 이르는 말. =건목수생(乾木水生)

- 강보소아(襁褓小兒) 　아직 걷지 못하여 포대기에 싸서 기르는 어린아이.

- 강산지조(江山之助) 　산수(山水)의 아름다운 풍경(風景)이 사람의 시정(詩情)을 돕는다는 말.

- 강상죄인(綱常罪人) 조선시대(朝鮮時代), 삼강(三綱)과 오상(五常)에 어긋난 죄(罪)를 지은 사람을 이르는 말.
  ※강상죄인: 부모(父母)나 남편(男便)을 죽인 자, 노비(奴婢)로서 주인(主人)을 죽인 자, 또는 관노(官奴)로서 관장(官長)을 죽인 자, 이때 당사자(當事者)는 사형(死刑)되었고 처자(妻子)는 노비가 되며 집은 부수어 그 자리에 연못을 팠다. 또 강상죄인이 생긴 고을은 강등(降等)되고 수령(首領)은 파면(罷免)되었다.

- 강상지변(綱常之變) 삼강(三綱)과 오상(五常)의 노리(道理)에 어긋나는 재앙(災殃)이나 사고(事故)를 이르는 말.
  ※삼강(三綱): 군위신강(君爲臣綱), 부위자강(父爲子綱), 부위부강(夫爲婦綱).
  오상(五常): 인(仁), 의(義), 예(禮), 지(智), 신(信).

- 강의목눌(剛毅木訥) 강직(剛直)하고 굳세며 순박(淳朴)하고 말투가 어눌(語訥)함을 이르는 말. ↔교언영색(巧言令色)

- 강호연파(江湖煙波) 강(江)이나 호수(湖水) 위에 안개처럼 보얗게 이는 기운(氣運)이나 잔물결을 이르는 말.

- 개과불린(改過不吝) 허물을 고치는데 인색(吝嗇)하지 않는다는 뜻으로, 잘못이 있으면 고치기를 주저(躊躇)하지 않음을 이르는 말.

- 개과천선(改過遷善) 지난날의 잘못을 뉘우치고 고쳐 착하게 됨을 이르는 말.
  =개과자신(改過自新), 회과천선(悔過遷善)

- 개관사정(蓋棺事定) 시체(屍體)를 관(棺)에 놓고 뚜껑을 덮은 후에야 일을 결정(決定)할 수 있다는 뜻으로, 사람이 죽은 후에야 비로소 그 사람의 가치(價値)를 제대로 평가(評價)할 수 있음을 이르는 말.

- 개권유익(開卷有益) 책(册)을 펼쳐 놓는 것만으로도 이익(利益)이 있다는 뜻으로, 책을 읽는 것을 권장(勸獎)함을 이르는 말.

- 개두환면(改頭換面) 　머리와 얼굴을 바꾼다는 뜻으로, 어떤 일을 근본(根本)은 고치지 않고 사람만 바꾸어 그대로 시킴을 이르는 말.
- 개문납적(開門納賊) 　문(門)을 열어 도둑을 들어오게 한다는 뜻으로, 제 스스로 화(禍)를 불러들임을 이르는 말. =개문읍도(開門揖盜)
- 개선광정(改善匡正) 　그릇된 것들을 좋도록 고치고 올바로 바로잡음. =개과천선(改過遷善)
- 개세지재(蓋世之才) 　세상(世上)을 뒤덮을 만큼 뛰어난 재주.
- 개심현성(開心見誠) 　마음을 열고 모든 정성(精誠)을 다함.
- 개옥개행(改玉改行) 　옥(玉)의 종류(種類)를 바꾸면 걸음걸이도 바꾸어야 한다는 뜻으로, 신분(身分)이 변해 몸에 차고 다니는 옥을 바꾸었으면 걸음걸이도 바꾸어야 하듯이 지위(地位)가 달라지면 예절(禮節)도 따라서 달라져야 함을 이르는 말.
- 개원절류(開源節流) 　재원(財源)을 개발(開發)하고 지출(支出)을 줄인다는 뜻으로, 부(富)를 이루기 위해 지켜야할 원칙(原則)을 이르는 말.
- 객반위주(客反爲主) 　손님이 도리어 주인(主人)이 됨. =주객전도(主客顚倒)
- 객지면식(客地眠食) 　객지(客地)에서 자고 먹음. 곧 객지(客地) 생활(生活)을 하는 상태(狀態)를 이르는 말.
- 객창한등(客窓寒燈) 　나그네가 거처(居處)하는 방(房)의 창(窓)에 쓸쓸히 비치는 등(燈)불을 이르는 말.
- 거기부정(擧棋不定) 　바둑돌을 들고 두지 못한다는 뜻으로, 확고(確固)한 주관(主觀)이 없거나 계획(計劃)이 수시(隨時)로 바뀌는 어리석음을 이르는 말.
- 거두절미(去頭截尾) 　머리와 꼬리를 잘라 버린다는 뜻으로, 말이나 사건(事件) 등의 부차적(副次的)인 설명(說明)은 빼어 버리고 사실(事實)의 요점(要點)만 말함. =단도직입(單刀直入)

- 거세개탁(擧世皆濁)   온 세상(世上)이 다 흐리다는 뜻으로, 지위(地位)의 높고 낮음을 막론(莫論)하고 모든 사람이 다 바르지 않음을 비유(譬喻)적으로 이르는 말.
- 거수마룡(車水馬龍)   수레는 흐르는 물과 같고 말의 움직임은 하늘을 오르는 용(龍)과 같다는 뜻으로, 수레와 말의 왕래(往來)가 많아 매우 떠들썩한 상황(狀況)을 이르는 말.
- 거안사위(居安思危)   편안(便安)하게 살고 있을 때 위태(危殆)로움을 생각하라는 뜻으로, 편안한 처지(處地)에 있을 때에도 위험(危險)할 때의 일을 미리 생각하고 경계(警戒)하여 대비(對備) 하라는 말. =유비무환(有備無患), ↔망양보뢰(亡羊補牢)
- 거안제미(擧案齊眉)   밥상을 눈썹과 가지런히 되도록 공손(恭遜)히 들어 남편(男便) 앞에 가지고 간다는 뜻으로, 남편을 깍듯이 공경(恭敬)함을 이르는 말.
- 거익심조(去益深造)   날이 갈수록 더욱 정도(程度)가 심함.
- 거일반삼(擧一反三)   하나를 들어 셋을 돌이켜 안다는 뜻으로, 한 가지 일을 하여 여러 가지 이익(利益)을 얻음을 이르는 말.
- 거자일소(去者日疎)   죽은 사람에 대해서는 날이 갈수록 잊어버리게 된다는 뜻으로, 서로 멀리 떨어져 있으면 사이가 멀어짐을 이르는 말.
- 거재두량(車載斗量)   물건(物件)을 수레에 싣고 말(斗)로 된다는 뜻으로, 아주 많아서 귀중(貴重)하지 아니함을 이르는 말.
- 거조실당(擧措失當)   모든 조치(措置)가 정당(正當)하지 않음을 이르는 말.
- 건곤일색(乾坤一色)   온 세상(世上)이 한 가지 빛깔로 뒤덮임.
- 건곤일척(乾坤一擲)   주사위를 한 번 던져 승패(勝敗)를 건다는 뜻으로, 운명(運命)을 걸고 온 힘을 기울여 겨루는 마지막 한판 승부(勝負)를 이르는 말.
- 건곤청기(乾坤淸氣)   천지(天地)에 가득 찬 맑은 기운(氣運)을 이르는 말.

- 걸견폐요(桀犬吠堯)   걸왕(桀王)의 개가 요(堯)임금을 향하여 짖는다는 뜻으로, 선악(善惡)을 가리지 않고 자기 주인(主人)에게 충성(忠誠)함을 이르는 말.

  ※중국(中國) 하(夏)나라의 걸왕(桀王)의 개는 비록 제 주인(主人)이 포학(暴虐)한 군주(君主)일지라도 오직 걸왕 만을 주인으로 알고 따랐기 때문에 어진 요(堯)임금을 보고서도 짖었다는 고사에서 유래.

  출전(出典) 『사기(史記)』 열전(列傳) 「회음후편(淮陰侯篇)」

- 걸불병행(乞不竝行)   남에게 돈이나 음식(飮食) 따위를 거저 달라고 할 때는 여럿이 함께 다니지 않는다는 뜻으로, 어떤 것을 요구(要求)하는 사람이 많으면 그것을 얻기 어려움을 이르는 말.

- 걸인연천(乞人憐天)   거지가 하늘을 불쌍히 여긴다는 뜻으로, 불행(不幸)한 처지(處地)에 놓여 있는 사람이 부질없이 행복(幸福)한 사람을 동정(同情)함을 이르는 말.

- 검려지기(黔驢之技)   검주(黔州)에 사는 당나귀의 재주라는 뜻으로, 자신(自身)의 솜씨와 힘이 없음을 모르고 뽐내다가 화(禍)를 스스로 부름을 비유적으로 이르는 말.

  ※옛 중국(中國)의 검주(黔州)에 어떤 사람이 처음으로 나귀를 끌고 갔을 때, 그 울음소리가 크므로 범이 나귀를 보고 두려워하다가 나귀에게 별다른 힘이 없고 그 발길질도 신통(神通)하지 못함을 알고는 오히려 그 나귀를 잡아먹어 버렸다는 고사에서 유래.

  출전(出典) 유종원(柳宗元)의 「삼계(三戒)」

- 게부입연(揭斧入淵)   도끼를 들고 물에 들어간다는 뜻으로, 쓸데없는 짓을 하는 것을 이르는 말.

- 격물치지(格物致知)   모든 사물(事物)의 이치(理致)를 구명(究明)하여 자기의 지

	식(知識)을 확고(確固)하게 하는 것을 이르는 말.
• 격세지감(隔世之感)	그리 오래지 않은 동안에 상당히 많이 달라져서 전혀 다른 세상(世上), 혹은 다른 세대(世代)가 된 것 같은 느낌을 이르는 말. =금석지감(今昔之感)
• 격양노인(擊壤老人)	태평(太平)한 생활(生活)을 즐거워하여 노인(老人)이 땅을 치며 노래함을 이르는 말. =고복격양(鼓腹擊壤)
• 격탁양청(激濁揚淸)	탁한 물은 내보내고 맑은 물을 끌어들인다는 뜻으로, 악(惡)한 것을 없애고 선(善)한 것을 가져옴을 이르는 말.
• 격화소양(隔靴搔癢)	신을 신고 발바닥을 긁는다는 뜻으로, 필요(必要)한 것을 제대로 해결(解決)하지 못해 성에 차지 않음을 이르는 말. =격화파양(隔靴爬癢)
• 견갑이병(堅甲利兵)	견고(堅固)한 갑옷과 날카로운 병기(兵器)란 뜻으로, 강한 군대(軍隊)를 이르는 말.
• 견강부회(牽强附會)	근거(根據)가 없고 이치(理致)에 맞지 않는 것을 억지로 끌어대어 자기(自己)에게 유리(有利)하도록 맞추는 것을 이르는 말. =아전인수(我田引水)
• 견개고고(狷介孤高)	자기(自己)의 의지(意志)를 굳게 가지고 속인(俗人)에게서 멀리 떨어져 품격(品格)을 지킴을 이르는 말.
• 견금여석(見金如石)	황금(黃金)을 보기를 돌같이 하라는 뜻으로, 지나친 욕심(慾心)을 절제(節制)함을 이르는 말.
• 견련지친(牽連之親)	서로 관련(關聯)되는 먼 친척(親戚)을 이르는 말.
• 견리망의(見利忘義)	눈앞에 이익(利益)이 보이면 의리(義理)를 저버림. ↔견리사의(見利思義)
• 견리사의(見利思義)	눈앞의 이익(利益)을 보면 먼저 의리(義理)를 생각함. =견위수명(見危授命), ↔견리망의(見利忘義)
• 견마지년(犬馬之年)	상대방(相對方)을 높이기 위해, 자기의 나이를 아주 겸손

	(謙遜)하게 이르는 말.
• 견마지로(犬馬之勞)	개나 말 정도(程度)의 하찮은 힘이란 뜻으로, 임금이나 나라를 위해 충성(忠誠)을 다하는 것을 비유적으로 이르는 말. =분골쇄신(粉骨碎身), 진충갈력(盡忠竭力)
• 견마지성(犬馬之誠)	개나 말의 정성(精誠)이라는 뜻으로, 임금이나 나라에 바치는 정성. 또는 남에게 자기가 바치는 정성을 아주 겸손(謙遜)하게 이르는 말.
• 견마지양(犬馬之養)	개나 말의 봉양(奉養)이라는 뜻으로, 부모(父母)를 봉양만 하고 경의(敬意)가 없다는 말. 즉 봉양만 하는 것은 효도(孝道)가 아니라는 것을 이르는 말.
• 견마지충(犬馬之忠)	개나 말처럼 자기의 몸을 아끼지 않고 바치는 충성(忠誠)을 겸손(謙遜)하게 이르는 말.
• 견마지치(犬馬之齒)	개나 말의 나이라는 뜻으로, 견마(犬馬)가 부질없이 나이만 더하듯이 아무 하는 일 없이 나이를 먹는 일을 의미하거나, 자기(自己)의 나이를 겸손(謙遜)하게 이르는 말.
• 견문각지(見聞覺知)	[불교] 인식(認識)이 외부(外部) 대상(對象)과 접촉(接觸) 하는 것의 총칭(總稱)을 말함. ※견(見): 안식(眼識)의 작용, 문(聞): 이식(耳識)의 작용, 각(覺): 비식(鼻識), 설식(舌識), 신식(身識)의 작용, 지(知): 의식(意識)의 작용을 이르는 말.
• 견문발검(見蚊拔劍)	모기를 보고 칼을 뽑는다는 뜻으로, 사소(些少)한 일에 크게 화를 내며 덤빔을 이르는 말. =할계우도(割鷄牛刀)
• 견물생심(見物生心)	어떤 물건(物件)을 실제(實際)로 보면 가지고 싶은 욕심(慾心)이 생김을 이르는 말.
• 견벽청야(堅壁淸野)	성벽(城壁)을 튼튼히 하고 들판을 깨끗하게 한다는 뜻으로, 적(敵)의 공격(攻擊)에 대비(對備)해 성벽을 튼튼하게 다지

	고 들판의 곡식(穀食)을 모조리 거두어 들여 적의 군량(軍糧) 조달(調達)을 미리 차단(遮斷)하는 전술(戰術)을 이르는 말.
• 견사생풍(見事生風)	일을 당하면 손바람이 난다는 뜻으로, 일을 빨리 처리(處理)함을 이르는 말.
• 견선여갈(見善如渴)	착한 일을 보거든 목마를 때 물을 본 듯이 주저(躊躇)하지 말라는 의미(意味)의 말.
• 견선종지(見善從之)	착한 일이나 착한 사람을 보면 그것을 따르라는 말.
• 견설고골(犬齧枯骨)	개가 말라빠진 뼈를 핥는다는 뜻으로, 아무 맛도 없음을 이르는 말.
• 견아상제(犬牙相制)	땅의 경계(境界)가 일직선(一直線)으로 되어있지 않고 개의 이빨처럼 들쭉날쭉하게 서로 어긋남을 이르는 말. =견아상착(犬牙相錯)
• 견여금석(堅如金石)	맹세(盟誓)나 언약(言約)이 금석(金石)과 같이 굳어 변(變)함이 없음을 이르는 말.
• 견여반석(堅如盤石)	기초(基礎)가 반석(盤石)과 같이 튼튼함을 이르는 말. =완여반석(完如盤石)
• 견우직녀(牽牛織女)	견우성(牽牛星)과 직녀성(織女星)을 아울러 이르는 말. ※은하(銀河)를 사이에 두고 동서(東西)로 자리 잡고 있는 두 별로, 칠석(七夕)에 얽힌 설화(說話)로 잘 알려진 별.
• 견원지간(犬猿之間)	개와 원숭이 사이라는 뜻으로, 사이가 몹시 좋지 않은 관계(關係)를 이르는 말.
• 견위수명(見危授命)	위급(危急)함을 보면 목숨을 바친다는 뜻으로, 나라의 위태(危殆)로운 지경(地境)을 보고 목숨을 바쳐 나라를 위해 싸우는 것을 이르는 말. =견위치명(見危致命)
• 견인불발(堅忍不拔)	굳게 참고 견뎌서 흔들리지 않는다는 뜻으로, 어떠한 곤경(困境)이나 외압(外壓)에도 굳게 참고 마음이 흔들리거나

빼앗기지 않는다는 말.

- 견토방구(見兎放狗) 토끼를 발견(發見)하고 나서 사냥개를 놓아서 잡는다는 뜻으로, 사태(事態)의 진전(進展)을 관망(觀望)한 후에 대응(對應)하여도 좋음을 이르는 말.

- 견토지쟁(犬兎之爭) 개와 토끼의 다툼이라는 뜻으로, 두 사람의 싸움에 제삼자(第三者)가 이익(利益)을 보는 것을 이르는 말.
  =어부지리(漁父之利), 전부지공(田夫之功)
  ※중국(中國)에 한자로(韓子盧)라는 매우 빠른 개가 동곽준(東郭逡)이라는 재빠른 토끼를 뒤쫓았다가 마침내 둘 다 지쳐서 죽고 말았는데, 때마침 이를 발견(發見)한 전부(田夫)가 힘들이지 않고 둘 다 얻었다는 고사에서 유래.
  출전(出典) 『전국책(戰國策)』「제책(齊策)」

- 결교지인(結交之人) 교분(交分)을 서로 맺어 교제(交際)하는 사람.

- 결의형제(結義兄弟) 남남끼리 결의(結義)하여 형제(兄弟)와 같은 관계(關係)를 맺음을 이르는 말.

- 결자해지(結者解之) 맺은 사람이 풀어야 한다는 뜻으로, 일을 저지른 사람이 그 일을 해결(解決)하여야 함을 이르는 말.

- 결초보은(結草報恩) 풀을 묶어서 은혜(恩惠)에 보답(報答)한다는 뜻으로, 죽은 뒤에라도 은혜(恩惠)를 잊지 않고 갚음을 이르는 말.
  =각골난망(刻骨難忘), 백골난망(白骨難忘)
  ※중국(中國) 춘추(春秋) 시대에 진(晉)나라의 위과(魏顆)가 아버지가 죽은 뒤에 아버지의 유언(遺言)을 따르지 않고 서모(庶母)를 개가(改嫁)시켜서 순사(殉死)하지 않게 하였다. 그 뒤 위과가 전쟁(戰爭)에 나가서 두회(杜回)와 싸울 때에 그 서모 아버지의 혼(魂)이 앞길에 풀을 맺어 두회가 탄 말이 걸려 넘어지게 하여 위과가 공(功)을 세울

수 있게 한 고사에서 유래.

출전(出典) 『좌전(左傳)』「선공(宣公) 15년」

- 겸구고장(箝口枯腸) 　입에 재갈을 물리고 창자를 말린다는 뜻으로, 궁지(窮地)에 빠져 말을 못함을 이르는 말.
- 겸양지덕(謙讓之德) 　자기(自己)를 내세우거나 자랑하지 않는 태도(態度)로 남에게 양보(讓步)하거나 사양(辭讓)하는 덕(德)을 이르는 말.
- 겸인지용(兼人之勇) 　혼자서 능히 몇 사람을 당해 낼만한 용기(勇氣)를 이르는 말.
- 겸청즉명(兼聽則明) 　여러 사람의 의견(意見)을 들어보면 시비(是非)를 정확(正確)하게 판단(判斷)할 수 있다는 말.
- 경개여고(傾蓋如故) 　처음 만나 잠깐 사귀었음에도 마치 오래 사귄 것처럼 친(親)함을 이르는 말.
- 경거망동(輕擧妄動) 　경솔(輕率)하고 조심성(操心性) 없이 행동(行動)함. 또는 그런 행동을 이르는 말. ↔은인자중(隱忍自重)
- 경경고침(耿耿孤枕) 　근심과 걱정에 싸인 외로운 베갯머리라는 뜻으로, 근심으로 인해 편치 못한 잠자리를 이르는 말.
- 경경열열(哽哽咽咽) 　매우 슬퍼서 목이 메도록 욺.
- 경국제세(經國濟世) 　나라를 잘 다스리고 세상(世上)을 구제(救濟)함.
- 경국지색(傾國之色) 　임금이 미혹(迷惑)되어 나라가 위기(危機)에 빠져도 모를 정도의 미색(美色)이라는 뜻으로, 뛰어나게 아름다운 여자(女子)를 이르는 말. =절세가인(絕世佳人), 경성지색(傾城之色)
- 경국지재(經國之才) 　능히 나라를 다스릴 만한 재주. 또는 그런 재주를 가진 사람을 이르는 말.
- 경궁지조(驚弓之鳥) 　화살에 맞은 경험(經驗)이 있어 활을 두려워하는 새라는 뜻으로, 어떤 일로 한번 혼이 난 뒤에 그것을 두려워하는 마음을 가짐을 이르는 말. =징갱취채(懲羹吹菜)

- 경당문노(耕當問奴) 농사(農事)에 관한 일은 당연히 머슴에게 물어 보아야 한다는 뜻으로, 모름지기 모든 일은 그 일에 대하여 잘 아는 사람과 의논(議論)해야 한다는 말.
- 경륜지사(經綸之士) 어떤 일을 조직(組織)하고 계획(計劃)하는데 수완(手腕)이 좋은 사람을 이르는 말.
- 경사대부(卿士大夫) 조선시대(朝鮮時代), 영의정(領議政), 좌의정(左議政), 우의정(右議政) 이외(以外)의 벼슬아치들을 통틀어서 이르는 말.
- 경산조수(耕山釣水) 산에서 밭을 갈고 물에서 낚시질을 한다는 뜻으로, 속세(俗世)를 떠나 자연(自然)을 벗 삼으며 한가(閑暇)로운 삶을 즐김을 이르는 말.
- 경세제민(經世濟民) 세상(世上)과 나라를 다스리고 백성(百姓)을 구제(救濟)함을 이르는 말. =경제(經濟)의 원말
- 경세치용(經世致用) 학문(學問)은 세상(世上)을 다스리는 데에 실질(實質)적인 이익(利益)을 줄 수 있는 것이어야 한다는 유학(儒學)의 한 주장(主張)을 이르는 말. =이용후생(利用厚生)
- 경이원지(敬而遠之) 공경(恭敬)은 하지만 가까이 하지는 않음을 이르는 말,
- 경자유전(耕者有田) 농사(農事)를 짓는 사람만 농지(農地)를 소유(所有)할 수 있다는 말.
- 경전하사(鯨戰蝦死) 고래의 싸움에 새우가 죽는다는 뜻으로, 강(强)한 자들이 싸우는 바람에 아무 관계도 없는 약(弱)한 사람이 피해(被害)를 입는 일을 이르는 말. =간어제초(間於齊楚)
- 경조부박(輕佻浮薄) 경솔(輕率)하고 방정(方正)맞으며 천박(淺薄)하고 가볍다는 뜻으로, 언행(言行)이 진중(鎭重)하지 못하고 가벼움을 이르는 말.
- 경조탁사(驚鳥啄蛇) 거문고의 운지법(運指法)에서, 놀란 새가 뱀을 쪼듯 왼쪽 새끼손가락으로 문현(文絃)을 막았다 떼었다 하는 동작(動作)이 빨라야 함을 이르는 말.

- 경천근민(敬天勤民) 하늘을 공경(恭敬)하고 백성(百姓)을 위하여 부지런히 일함을 이르는 말.
- 경천동지(驚天動地) 하늘을 놀라게 하고 땅을 흔든다는 뜻으로, 세상(世上)을 몹시 놀라게 하는 것을 이르는 말.
- 경천애인(敬天愛人) 하늘을 숭배(崇拜)하고 인간(人間)을 사랑함을 이르는 말.
- 경천위지(經天緯地) 온 천하(天下)를 짜임새 있게 잘 계획(計劃)하여 다스림을 이르는 말.
- 경화수월(鏡花水月) 거울에 비친 꽃과 물에 비친 달이라는 뜻으로, 눈에는 보이나 손으로 잡을 수는 없음을 이르는 말.
- 계구우후(鷄口牛後) 닭의 부리와 소의 꼬리라는 뜻으로, 큰 집단(集團)의 꼴찌보다 작은 집단의 우두머리가 더 낫다는 것을 비유(譬喩)적으로 이르는 말.
- 계궁역진(計窮力盡) 꾀가 막히고 힘이 다하였다는 뜻으로, 더는 어떻게 할 방법(方法)과 수단(手段)이 없음을 이르는 말.
- 계란유골(鷄卵有骨) 달걀 속에도 뼈가 있다는 뜻으로, 계란(鷄卵)이 곯았다는 뜻을 골계적(滑稽的)으로 쓴 말로, 운(運)이 나쁜 사람은 어쩌다 좋은 기회(機會)를 만나도 역시(亦是) 일이 잘 안됨을 이르는 말.
- 계명구도(鷄鳴狗盜) 천(賤)한 재주가 뜻밖에 큰 구실(口實)을 한다는 뜻으로, 사대부(士大夫)가 취(取)하지 아니하는 천한 기예(技藝)를 가진 사람을 비유적으로 이르는 말. =계명지객(鷄鳴之客)
  ※제(齊)나라의 맹상군(孟嘗君)이 진(秦)나라 소왕(昭王)에게 잡혔을 때, 닭의 울음소리와 개 짖는 소리 흉내를 잘 내는 식객(食客)의 도움으로 피신(避身)할 수 있었다는 고사에서 유래.
  출전(出典) 『사기(史記)』「맹상군전(孟嘗君傳)」

- 계명지객(鷄鳴之客) 닭 울음소리를 잘 흉내 내는 사람을 이르는 말.
- 계신공구(戒愼恐懼) 끊임없이 경계(警戒)하고 삼가며 두려워하는 마음가짐을 잃지 않는다는 말.
- 계옥지수(桂玉之愁) 땔나무는 계수(桂樹)나무와 같고 쌀은 옥(玉)과 같이 귀해서 근심이라는 뜻으로, 양식(糧食)과 땔감이 매우 귀하여 생활(生活)이 빈곤(貧困)함을 두고 이르는 말.
- 계주생면(契酒生面) 계(契)모임에서 마시는 술로 생색(生色)을 낸다는 뜻으로, 남의 것을 마치 자기의 것처럼 생색을 내는 것을 이르는 말.
- 계찰계검(季札繫劍) 계찰(季札)이 검(劍)을 걸어 놓는다는 뜻으로, 신의(信義)를 중시(重視)함을 이르는 말. =계찰괘검(季札掛劍)

  ※계찰이 처음 사신(使臣)으로 길을 떠나서 가는 도중에 서(徐)나라에 들러 서왕(徐王)을 알현(謁見)하게 되었다. 서왕은 평소(平素) 계찰의 보검(寶劍)을 갖고 싶었으나 감히 말하지 않았다.

  계찰도 속으로는 서왕이 자신의 보검을 원(願)한다는 것을 알고 있었으나, 사신으로 중원(中原) 각 나라를 돌아다녀야 하였기 때문에 바치지 않았다. 각 나라 방문(訪問)을 마치고 돌아오는 길에 서(徐)나라에 도착(到着)해 보니 서왕은 이미 죽고 없었다. 이에 계찰은 보검을 풀어 서왕 무덤의 나무에 걸어놓고 떠났다는 고사에서 유래.

  출전(出典) 『사기(史記)』「오태백세가편(吳太伯世家篇)」
- 계포일낙(季布一諾) 계포(季布)의 한 번의 승낙(承諾)이라는 뜻으로, 자신(自身)이 한번 승낙한 말은 반드시 지키는 사람으로 틀림없는 승낙을 이르는 말.

  ※중국(中國) 초(楚) 나라의 장수(將帥) 계포는 신의(信義)를 중하게 여겨서 한번 승낙을 얻기는 황금(黃金) 백 근

(斤)을 얻는 것보다 소중(所重)하였다는 고사에서 유래.
출전(出典) 『사기(史記)』「계포난포열전(季布欒布列傳)」

- 계피학발(鷄皮鶴髮) 피부(皮膚)는 닭의 살갗처럼 거칠고 머리칼은 학(鶴)의 날개처럼 희다는 뜻으로, 노인(老人)을 이르는 말.
- 계학지욕(谿壑之慾) 시냇물이 흐르는 산골짜기의 욕심(慾心)이라는 뜻으로, 싫은 것이 없을 정도(程度)로 한(限)없이 큰 욕심을 비유적으로 이르는 말. =망촉지탄(望蜀之歎)
- 고고지성(呱呱之聲) 아이가 태어나면서 처음 우는 소리를 이르는 말.
- 고관대작(高官大爵) 지위(地位)가 높고 훌륭한 벼슬. 또는 그 벼슬에 있는 사람을 이르는 말. ↔미관말직(微官末職)
- 고굉지신(股肱之臣) 다리와 팔과 같은 신하(臣下)라는 뜻으로. 왕(王)이 가장 믿고 중요(重要)하게 여기는 신하를 비유적으로 이르는 말. =고장지신(股掌之臣)
- 고군분투(孤軍奮鬪) 외로운 군력(軍力)으로 분발(奮發)하여 싸운다는 뜻으로, 수(數)가 적은 군대(軍隊)로 힘에 겨운 적(敵)과 용감(勇敢)하게 싸움을 이르는 말.
- 고근약식(孤根弱植) 일가(一家) 친척(親戚)이나 가까이에서 돌보아 줄 사람이 없는 외로운 사람을 비유적으로 이르는 말.
- 고담준론(高談峻論) 뜻이 높고 바르며 매우 엄숙(嚴肅)하고 날카로운 말.
- 고대광실(高臺廣室) 높은 누대(樓臺)와 넓은 집이라는 뜻으로, 크고 좋은 집을 이르는 말. ↔수간모옥(數間茅屋), 일간두옥(一間斗屋)
- 고독단신(孤獨單身) 도와주는 사람이 없어 외로운 처지(處地)에 있는 몸.
- 고두사죄(叩頭謝罪) 머리를 조아리며 잘못을 빎.
- 고량자제(膏粱子弟) 좋은 음식(飮食)만 먹는 자제(子弟)라는 뜻으로, 부귀(富貴)한 집에서 자라나서 고생(苦生)을 모르는 젊은이를 이르는 말.

- 고량진미(膏粱珍味)	기름진 고기와 좋은 곡식(穀食)으로 만든 맛있는 음식(飮食)을 이르는 말. =진수성찬(珍羞盛饌), 산해진미(山海珍味)
- 고립무원(孤立無援)	남과 사귀지 않거나 남의 도움을 받을 데가 전혀 없음을 이르는 말. =사면초가(四面楚歌), 진퇴유곡(進退維谷)
- 고립무의(孤立無依)	남과 사귀지 않거나 남의 도움을 받지 못하여 외롭고 의지(依支)할 데 없는 것을 이르는 말.
- 고마문령(瞽馬聞鈴)	눈먼 망아지가 자신(自身)의 턱 아래에 달린 방울소리를 듣고 따라 간다는 뜻으로, 맹목적(盲目的)으로 남이 하는대로 따라 함을 이르는 말.
- 고망착호(藁網捉虎)	썩은 새끼줄로 호랑이를 잡는다는 뜻으로, 보잘것없는 것으로 뜻밖의 큰일을 이루어 냄을 이르는 말.
- 고목발영(枯木發榮)	말라 죽어 있는 나무에서 꽃이 핀다는 뜻으로, 곤궁(困窮)하고 운(運)이 없는 사람이 행운(幸運)을 만나서 잘되는 것을 이르는 말.
- 고목사회(枯木死灰)	마른 나무와 불기 없는 재라는 뜻으로, 외형(外形)은 고목(枯木)과 같고 마음은 타고 남은 재처럼 되어 생기(生氣)가 없다는 말로 의욕(意慾)이 없는 사람을 이르는 말.
- 고목생화(枯木生花)	말라 죽어 있는 마른나무에서 꽃이 핀다는 뜻으로, 곤궁(困窮)하고 운(運)이 없는 사람이 행운(幸運)을 만나서 잘 됨. 또는 늘그막에 아기를 낳거나 대(代)가 끊길 지경(地境)에서 아들을 낳은 것을 이르는 말. =고목발영(枯木發榮)
- 고무격려(鼓舞激勵)	격려(激勵)하여 기세(氣勢)를 북돋음. 또는 응원(應援)을 보내 크게 분발(奮發)하게 함을 이르는 말.
- 고복격양(鼓腹擊壤)	손으로 배를 두드리고 발로 땅을 구른다는 뜻으로, 백성(百姓)들이 풍족(豊足)한 생활(生活)을 하며 태평세월(太平歲月)을 누리는 것을 비유적으로 이르는 말.

	=강구연월(康衢煙月), 격양지가(擊壤之歌)
	※중국(中國)의 요(堯)임금 때, 천하(天下)가 태평(太平)하여 노인(老人)들이 발로 땅을 구르며 요임금의 덕(德)을 찬양(讚揚)하고 태평성대(太平聖代)를 즐겨 노래를 불렀다는 고사에서 유래.
	출전(出典) 『제왕세기(帝王世紀)』
• 고봉절안(高峰絕岸)	우뚝 솟은 산과 깎아지른 낭떠러지.
• 고봉준령(高峰峻嶺)	높이 솟은 산봉우리와 험준(險峻)한 산마루.
• 고분지통(鼓盆之痛)	동이를 두드리는 쓰라림이라는 뜻으로, 아내가 죽은 슬픔을 이르는 말. ↔붕성지통(崩城之痛)
	※장자(莊子)가 부인(婦人)이 죽자 동이를 두드리고 노래를 불렀다는 고사에서 유래.
	출전(出典) 『장자(莊子)』「지락(至樂)」
• 고산유수(高山流水)	높은 산과 흐르는 물이라는 뜻으로, 풍류(風流)의 곡조(曲調)를 잘 아는 사람이 아니면 알지 못할 극히 미묘(微妙)한 거문고의 가락. 또는 자기(自己)의 마음을 잘 이해(理解)하고 자기의 가치(價値)를 알아주는 참다운 친구(親舊)를 이르는 말. =수어지교(水魚之交), ↔ 시도지교(市道之交)
• 고색창연(古色蒼然)	꽤 오래되어 고풍(古風)스러운 풍치(風致)나 정취(情趣)가 그윽함을 이르는 말.
• 고성낙일(孤城落日)	외따로 고립(孤立)된 성(城)과 서쪽으로 지는 해라는 뜻으로, 남의 도움이 없어서 고립되어 세력(勢力)이 다하고 매우 외로운 상태(狀態)를 이르는 말.
• 고식지계(姑息之計)	아내와 자식(子息) 간의 일시적(一時的)인 계책(計策)이란 뜻으로, 당장의 편안(便安)함만을 꾀하는 일시적인 방편(方便)을 이르는 말. =임시방편(臨時方便), 하석상대(下石上臺)

- 고신원루(孤臣冤淚) 임금의 사랑을 받지 못하는 외로운 신하(臣下)의 원통(冤痛)한 눈물을 이르는 말.
- 고신척영(孤身隻影) 의지(依支)할 곳 없이 외로이 떠도는 홀몸을 이르는 말.
- 고심참담(苦心慘憺) 몹시 마음을 태우며 애를 쓰면서 걱정함.
- 고안심곡(高岸深谷) 높은 언덕이 깊은 골짜기가 된다는 뜻으로, 산천(山川)이나 세상(世上)이 크게 변함을 이르는 말. =상전벽해(桑田碧海)
- 고양주도(高陽酒徒) 고양(高陽) 땅의 술꾼이라는 뜻으로, 제멋대로 행동(行動)하는 사람을 이르는 말.
- 고어지사(枯魚之肆) 목마른 물고기의 어물전(魚物廛)이라는 뜻으로, 매우 곤궁(困窮)한 처지(處地)를 이르는 말.

  ※장자(莊子)가 식량(食糧)을 꾸러 갔더니 조세(租稅)를 거둔 다음 은자(銀子)를 빌려주겠다며 거절(拒絕)하여, 이에 장자가 자신(自身)의 처지(處地)를 비유(譬喻)하여 말하기를 마른 구덩이 속에서 물을 구하는 물고기에게 당장 한통의 물을 가져다주지 않고 물이 많은 강(江)에 가서 떠다 준다며 미룬다면 강물을 떠올 때쯤 그 고기는 어물전에나 가야 찾을 수 있을 것이라는 고사에서 유래.

  출전(出典) 『장자(莊子)』「외물(外物)」

- 고왕독맥(孤往獨驀) 외로이 가고 홀로 달림을 이르는 말.
- 고운야학(孤雲野鶴) 홀로 외로이 떠있는 구름과 들에 사는 한 마리 학(鶴)이라는 뜻으로, 벼슬을 하지 않고 한가(閑暇)롭게 숨어사는 선비를 이르는 말.
- 고육지책(苦肉之策) 자신(自身)의 피해(被害)를 무릅쓰고서 어쩔 수 없이 택한 방법(方法)이나 책략(策略). 또는 일반적(一般的)으로 어려운 상태(狀態)에서 벗어나기 위한 수단(手段)으로 어쩔 수 없이 하는 계책(計策)을 이르는 말.

- 고자표치(高自標置) 스스로 자신(自身)을 높이고 교만(驕慢)함을 이르는 말.
- 고장난명(孤掌難鳴) 손바닥 하나로는 소리가 나지 않는다는 뜻으로, 혼자서는 일을 이루기가 어려운 것을 이르는 말.
  =독장난명(獨掌難鳴)
- 고재질족(高才疾足) 재능(才能)이 있고 행동(行動)이 민첩(敏捷)함. 또는 그런 사람을 이르는 말.
- 고족제자(高足弟子) 제자(弟子)들 가운데서 학식(學識)과 품행(品行)이 특히 뛰어난 제자(弟子)를 이르는 말.
- 고주일배(苦酒一杯) 쓴 술 한 잔이라는 뜻으로, 자기(自己)가 대접(待接)하는 한 잔의 술을 낮추어 이르는 말.
- 고중작락(苦中作樂) 고생(苦生) 속에서 즐거움을 찾음.
- 고진감래(苦盡甘來) 쓴 것이 다하면 단 것이 온다는 뜻으로, 고생(苦生) 끝에 즐거움이 옴을 이르는 말. ↔흥진비래(興盡悲來)
- 고집불통(固執不通) 고집(固執)이 너무 세어 조금도 융통성(融通性)이 없음을 이르는 말.
- 고추부서(孤雛腐鼠) 외로운 병아리와 썩은 쥐라는 뜻으로, 보잘것없고 천(賤)한 사람을 비유적으로 이르는 말.
- 고침단금(孤枕單衾) 외로운 베개와 홑이불이라는 뜻으로, 젊은 여자(女子)가 홀로 쓸쓸히 자는 잠자리를 이르는 말.
- 고침단명(高枕短命) 베개를 높이 베면 오래 살지 못한다는 말.
- 고침안면(高枕安眠) 베개를 높이 하여 베고 편(便)하게 잔다는 뜻으로, 근심 걱정이 없이 편안(便安)함을 이르는 말. =고침무우(高枕無憂)
- 고침이와(高枕而臥) 베개를 높이고 마음 편(便)히 잔다는 뜻으로, 근심 걱정 없이 살아감을 이르는 말. =고침안면(高枕安眠)
- 고화자전(膏火自煎) 기름 등(燈)불이 스스로 저를 태워 없앤다는 뜻으로, 재주 있는 사람이 그 재주 때문에 화(禍)를 입는 것을 이르는 말.

- 고황지질(膏肓之疾)   심장(心臟)의 아래쪽 부분인 고황(膏肓)에 생기는 고치기 어려운 병(病). 또는 고치기 어려운 버릇을 이르는 말.

- 곡고화과(曲高和寡)   재능(才能)이 지나치게 많으면 따르는 무리가 적음을 이르는 말.

- 곡굉지락(曲肱之樂)   팔을 굽혀 베개로 삼는다는 뜻으로, 가난하고 소탈(疏脫)한 생활(生活)의 즐거움을 이르는 말.

- 곡돌사신(曲突徙薪)   굴뚝을 구부리고 아궁이 근처의 땔나무를 옮긴다는 뜻으로, 재앙(災殃)의 근원(根源)을 미리 방지(防止)함을 이르는 말. ↔망양보뢰(亡羊補牢)

- 곡학아세(曲學阿世)   배운 것을 구부려 세상에 아부(阿附)하다는 뜻으로, 학문(學問)을 올바르게 펴지 못하고 그것을 왜곡(歪曲)해 가며 세상(世上)에 아부하여 출세(出世)하려는 태도(態度)나 행동(行動)을 가리키는 말.

- 곤수유투(困獸猶鬪)   곤경(困境)에 빠진 짐승이 더욱 발악(發惡)하고 싸운다는 뜻으로, 사람이 궁지(窮地)에 몰리면 최후(最後)의 발악을 함을 비유적으로 이르는 말. =궁서설묘(窮鼠齧猫)

- 곤옥추상(琨玉秋霜)   아름다운 옥(玉)과 가을의 서리라는 뜻으로, 인품(人品)의 고상(高尚)함과 엄숙(嚴肅)함을 옥과 서리에 비유(譬喩)하여 이르는 말.

- 곤이지지(困而知之)   삼지(三知)의 하나. 고생(苦生)하며 공부한 끝에 지식(知識)을 얻거나 도(道)를 깨달음을 이르는 말.
  ※삼지(三知): 생이지지(生而知之), 학이지지(學而知之), 곤이지지(困而知之).

- 곤재해심(困在垓心)   처한 상황(狀況)이나 주변 환경(環境)이 몹시 어렵고 딱함.

- 골몰무가(汨沒無暇)   어떤 한 가지 일에 파묻혀 조금도 쉴 겨를이 없음.

- 골육상잔(骨肉相殘)   뼈와 살이 서로 다툰다는 뜻으로, 부자(父子), 형제(兄弟),

	또는 같은 민족(民族)간에 서로 싸움을 이르는 말. =골육상쟁(骨肉相爭), 동족상잔(同族相殘)
• 골육지친(骨肉之親)	부모(父母)와 자식(子息), 형제자매(兄弟姉妹), 숙질(叔姪) 등 가까운 혈족(血族)을 이르는 말. =혈육지친(血肉之親)
• 공경대부(公卿大夫)	조선시대, 삼공(三公)과 구경(九卿) 등 벼슬이 높은 사람들, 공(公)과 경(卿), 대부(大夫)를 통틀어 이르는 말. 또는 높은 벼슬에 있는 관인(官人)을 통칭(通稱)하여 이르는 말. ※삼공(三公): 영의정(領議政), 좌의정(左議政), 우의정(右議政). 구경(九卿): 좌참찬(左參贊), 우참찬(右參贊), 육조(六曹)의 각 판서(判書)(장관), 한성판윤(漢城判尹).
• 공곡족음(空谷足音)	빈 골짜기에서 울리는 사람의 발자국 소리라는 뜻으로, 쓸쓸할 때 손님이 오거나 기쁜 소식(消息)이 전해짐을 이르는 말.
• 공과상반(功過相半)	공로(功勞)와 과실(過失)이 서로 반반(半半)임을 이르는 말.
• 공불승사(公不勝私)	공(公)은 사(私)를 이기지 못한다는 뜻으로, 공적(公的)인 일에 사사(私事)로운 정(情)이 끼게 마련이라는 말.
• 공사다망(公私多忙)	공적(公的)인 일 및 사적(私的)인 일로 겨를이 없을 만큼 바쁨을 이르는 말.
• 공산명월(空山明月)	사람 없는 산에 외로이 비치는 밝은 달.
• 공석묵돌(孔席墨突)	공자(孔子)의 자리는 따뜻해 질 틈이 없고, 묵자(墨子) 집의 굴뚝에는 그을음이 낄 새가 없다는 뜻으로, 몹시 바쁘게 돌아다님을 이르는 말.
• 공석불난(孔席不暖)	공자(孔子) 집의 자리는 따뜻해 질 겨를이 없다는 뜻으로, 매우 바쁘게 여기저기 다님을 이르는 말.
• 공언무시(空言無施)	빈 말만 하고 실천(實踐)이 따르지 않음.
• 공옥이석(攻玉以石)	옥(玉)을 가는데 돌로 한다는 뜻으로, 천(賤)한 물건(物件)

으로 귀(貴)한 것을 만듦을 이르는 말.

- 공자천주(孔子穿珠) 공자(孔子)가 구슬을 꿴다는 뜻으로, 모르는 것을 자기(自己)보다 못한 사람에게 묻는 것은 부끄러운 일이 아니라는 것을 이르는 말.
- 공전절후(空前絶後) 이전(以前)에도 없었고 앞으로도 있을 수 없는 상황(狀況)을 이르는 말. =전무후무(前無後無)
- 공중누각(空中樓閣) 공중(空中)에 떠 있는 누각(樓閣)이라는 뜻으로, 근거(根據) 또는 토대(土臺)가 없는 생각이나 사물(事物)을 이르는 말.
- 공평무사(公平無私) 공평(公平)하여 사사(私事)로움이 없음.
- 공피고아(攻彼顧我) 상대방(相對方)을 공격(攻擊)하기 전에 먼저 나를 살피고 돌아보라는 의미(意味)의 바둑용어(用語)를 이르는 말.
- 공행공반(空行空返) 행(行)하는 것이 없으면 자기(自己)에게 돌아오는 소득(所得)도 없다는 말.
- 공휴일궤(功虧一簣) 거의 성취(成就)한 일을 중단(中斷)하여 오랜 공로(功勞)가 아무 보람 없이 됨을 이르는 말.
- 과갈지친(瓜葛之親) 오이와 칡은 둘 다 덩굴로 자라는 풀이라는 뜻으로, 일가(一家) 친척(親戚)을 이르는 말.
- 과공비례(過恭非禮) 지나치게 공손(恭遜)한 것은 예의(禮儀)가 아니라는 뜻으로, 정도(程度)를 넘어선 공손은 오히려 타인(他人)에게 폐(弊)가 됨을 이르는 말.
- 과대망상(誇大妄想) 자기(自己)의 현재(現在) 상태(狀態)를 실제(實際)보다 턱없이 크게 평가(評價)하고 그것이 사실(事實)이라고 믿는 생각을 이르는 말.
- 과두시절(蝌蚪時節) 개구리가 올챙이였던 시절(時節)이라는 뜻으로, 발전(發展)된 현재(現在)에 비해서 매우 뒤떨어진 과거(過去)의 일을 이르는 말.

- 과목불망(過目不忘) 눈으로 스쳐 본 것은 잊지 않는다는 뜻으로, 한번 본 것은 잊어버리지 않는다는 말.
- 과목성송(過目成誦) 한번 보면 다 기억(記憶)한다는 뜻으로, 기억력(記憶力)이 매우 좋음을 이르는 말.
- 과문불입(過門不入) 자기(自己) 집 문(門) 앞을 지나면서 들어가지 않다는 뜻으로, 나랏일이나 공적(公的)인 일을 위해 개인적(個人的)인 일은 잊어버리는 것을 비유적으로 이르는 말.
- 과물탄개(過勿憚改) 잘못을 깨닫거든 고치기를 꺼려하지 말라는 말.
- 과실상규(過失相規) 향약(鄕約)의 네 강목(綱目) 중의 하나. 나쁜 행실(行實)을 서로 규제(規制)함을 이르는 말.
- 과유불급(過猶不及) 정도(程度)가 지나침은 미치지 못한 것과 같음을 이르는 말.
  ※ 자공(子貢)이 공자(孔子)에게 물었다. "자장(子張)과 자하(子夏)는 어느 쪽이 어집니까?" 공자가 대답했다. "자장은 지나치고 자하는 미치지 못한다." "그럼 자장이 낫단 말씀입니까?" "지나친 것은 미치지 못한 것과 다를 바가 없다." 공자의 중용(中庸), 즉 어느 한쪽으로 치우침이 없이 중정(中正)함의 도(道)를 말한 고사에서 유래.
  출전(出典) 『논어(論語)』 「선진편(先進篇)」
- 과전이하(瓜田李下) 오이 밭에서 신을 고쳐 신지 말고 자두나무 밑에서 갓을 고쳐 쓰지 말라는 뜻으로, 의심(疑心)받기 쉬운 행동(行動)은 피(避)하는 것이 좋음을 이르는 말.
- 관과지인(觀過知仁) 그가 저지른 과오(過誤)를 보고 그 사람의 인덕(仁德)을 알 수 있다는 뜻으로, 군자(君子)의 허물은 너무 너그러운데서 비롯되고, 소인(小人)의 허물은 너무 야박(野薄)한 데서 나온다고 했다. 허물의 원인(原因)을 살피면 그 사람의 도량(度量)이 보인다는 말.

- 관인대도(寬仁大度) 　마음이 너그럽고 어질며 도량(度量)이 큼.
- 관중규표(管中窺豹) 　대롱 구멍으로 표범을 보면 표범의 얼룩점 하나 밖에 보이지 않는다는 뜻으로, 견문(見聞)과 학식(學識)이 좁음을 이르는 말. =좌정관천(坐井觀天)
- 관중지천(管中之天) 　대롱 구멍으로 하늘을 본다는 뜻으로, 소견(所見)이 좁은 것을 이르는 말. =관중규표(管中窺豹)
- 관존민비(官尊民卑) 　관리(官吏)는 높고 귀(貴)하며 백성(百姓)은 낮고 천(賤)하다는 사고방식(思考方式)을 이르는 말.
- 관즉득중(寬則得衆) 　너그러운 마음씨를 가지면 많은 사람을 얻는다는 뜻으로, 많은 사람을 얻는다는 것은 곧 많은 사람의 사랑과 애정(愛情)을 받는다는 말.
- 관포지교(管鮑之交) 　관중(管仲)과 포숙(鮑叔)의 사귐이라는 뜻으로, 매우 다정(多情)하고 허물없는 교제(交際)를 이르는 말.
  =막역지우(莫逆之友), ↔시도지교(市道之交)
  ※중국(中國) 춘추(春秋)시대 제(齊)나라의 관중(管仲)과 포숙(鮑叔)이 매우 사이좋게 교제(交際)하였다는 고사에서 유래.
  출전(出典) 『사기(史記)』「관안열전(管晏列傳)」
- 관혼상제(冠婚喪祭) 　관례(冠禮), 혼례(婚禮), 상례(喪禮), 제례(祭禮)를 아울러 이르는 말.
- 괄구마광(刮垢磨光) 　때를 긁어 벗기고 갈아서 빛이 나게 한다는 뜻으로, 사람의 결점(缺點)을 고치고 장점(長點)을 발휘(發揮)하게 함을 이르는 말.
- 괄목상대(刮目相對) 　눈을 비비고 상대방(相對方)을 본다는 뜻으로, 남의 학식(學識)이나 재주가 놀랄 만큼 향상(向上)된 것을 이르는 말.
  =일취월장(日就月將), 일진월보(日進月步)

- 광명정대(光明正大) 말이나 행실(行實)이 떳떳하고 정당(正當)함을 이르는 말.
- 광세지재(曠世之才) 세상(世上)에서 보기 드물게 비범(非凡)한 재주. 또는 그런 재주를 가진 사람.
- 광언망설(狂言妄說) 이치(理致)에 맞지 않고 도의(道義)에 어긋나는 말.
  =광담패설(狂談悖說)
- 광음여류(光陰如流) 세월(歲月)은 흐르는 물과 같다는 뜻으로, 한번 가면 되돌아오지 않음을 이르는 말.
- 광일미구(曠日彌久) 하는 일도 없이 긴 세월(歲月)을 헛되이 보냄.
  =광일지구(曠日持久)
- 광제창생(廣濟蒼生) 널리 백성(百姓)을 구제(救濟)함을 이르는 말.
- 광풍제월(光風霽月) 맑은 날의 바람과 비 갠 날의 달이란 뜻으로, 마음이 넓고 쾌활(快活)하며 시원스러운 인품(人品)을 이르는 말.
- 괴상망측(怪常罔測) 말할 수 없을 정도로 괴이(怪異)하고 이상(異狀)함.
- 괴탄불경(怪歎不經) 괴이(怪異)하게 여겨서 탄식(歎息)한 것이 헤아릴 수 없이 많음을 이르는 말.
- 굉재탁식(宏才卓識) 뛰어난 재주와 탁월(卓越)한 식견(識見)을 이르는 말.
- 교각살우(矯角殺牛) 소의 뿔을 바로잡으려다가 소를 죽인다는 뜻으로, 결점(缺點)이나 흠을 고치려다가 그 정도(程度)가 지나쳐 오히려 일을 그르침을 이르는 말.
- 교교월색(皎皎月色) 매우 맑고 밝은 달빛.
- 교노승목(敎猱升木) 원숭이에게 나무에 오르는 것을 가르친다는 뜻으로, 나쁜 사람에게 나쁜 짓을 하도록 권(勸)하는 것을 비유적으로 이르는 말.
- 교룡득수(蛟龍得水) 교룡(蛟龍)이 물을 얻었다는 뜻으로, 영웅(英雄)이 때를 만나 의지(依支)할 곳을 얻는 것을 이르는 말.
- 교목세가(喬木世家) 여러 대(代)에 걸쳐 높은 벼슬을 하여 자기(自己) 집안의 운

명(運命)을 나라의 운명과 같이하는 집안을 이르는 말.

- 교병필패(驕兵必敗) 교만(驕慢)한 군대(軍隊)는 반드시 패(敗)한다는 뜻으로, 강병(强兵)을 자랑하는 군대나 싸움에 이기고 뽐내는 군대는 반드시 패함. 또는 절대(絶對)로 자만(自慢)해선 안 됨을 이르는 말.
- 교부초래(敎婦初來) 신부(新婦)의 교육(敎育)은 시집 왔을 때에 바로 해야 한다는 말.
- 교아절치(咬牙切齒) 몹시 분(憤)하여 이를 갊을 이르는 말.
- 교언영색(巧言令色) 남에게 잘 보이려고 그럴듯하게 꾸며대는 말과 알랑거리는 태도(態度)를 이르는 말.
  =감언이설(甘言利說), ↔강의목눌(剛毅木訥)
- 교왕과정(矯枉過正) 구부러진 것을 바로 잡으려다가 너무 곧게 되었다는 뜻으로, 잘못을 고치려다가 지나쳐서 오히려 나쁘게 된 경우(境遇)를 이르는 말. =교왕과직(矯枉過直)
- 교외별전(敎外別傳) [불교] 선종(禪宗)에서, 부처의 가르침을 말이나 글에 의하지 않고 바로 마음에서 마음으로 전하여 진리(眞理)를 깨닫게 하는 법(法)을 이르는 말.
  =이심전심(以心傳心), 심심상인(心心相印)
- 교우이신(交友以信) 세속오계(世俗五戒)의 하나. 벗을 사귐에 믿음으로써 함을 이르는 말.
- 교자채신(敎子採薪) 자식(子息)에게 땔감을 직접(直接) 마련할 수 있는 방법(方法)을 가르치라는 뜻으로, 장기적(長期的)인 안목(眼目)으로 문제(問題)를 근본적(根本的)으로 해결(解決)할 수 있는 방안(方案)을 마련하는데 힘써야 함을 이르는 말.
- 교주고슬(膠柱鼓瑟) 거문고의 줄을 괴는 기러기발을 올렸다 내렸다 할 수 없도록 아교(阿膠)로 붙여놓고 연주(演奏)한다는 뜻으로, 고지식하여 조금도 융통성(融通性)이 없음을 이르는 말.

- 교천언심(交淺言深) 사귄 지 얼마 되지 않은 상태(狀態)인데도 조심(操心)하지 않고 상대방(相對方)에게 속마음을 터놓고 함부로 이야기하는 어리석음을 이르는 말.
- 교칠지교(膠漆之交) 서로 떨어질 수 없을 정도로 친밀(親密)한 교분(交分)을 이르는 말. =금란지교(金蘭之交)
- 교토삼굴(狡兔三窟) 꾀가 많은 토끼는 세 개의 숨을 굴(窟)을 파 놓는다는 뜻으로, 교묘(巧妙)한 지혜(智慧)로 위기(危機)를 피하거나 재난(災難)이 발생(發生)하기 전에 미리 준비(準備)를 해야 함을 이르는 말.
- 교학상장(敎學相長) 가르치고 배우는 과정(過程)에서 스승과 제자(弟子)가 함께 성장(成長)함을 이르는 말.
- 구곡간장(九曲肝腸) 굽이굽이 서린 창자라는 뜻으로, 깊고 깊은 마음속을 이르는 말. =구절양장(九折羊腸)
- 구교지간(舊交之間) 오래전부터 사귀어 온 사이.
- 구국간성(救國干城) 나라를 구하는 방패(防牌)와 성(城)이라는 뜻으로, 나라를 구하여 지키는 믿음직한 군인(軍人)이나 인물(人物)을 이르는 말.
- 구년면벽(九年面壁) [불교] 구 년(九年)동안 벽(壁)을 마주 대하고 좌선(坐禪)하여 진리(眞理)를 깨달았던 일을 이르는 말.
  =면벽구년(面壁九年)
  ※중국(中國) 선종(禪宗)의 개조(開祖)인 달마대사(達磨大師)가 숭산(崇山)의 소림사(少林寺)에서 구 년간 좌선하여 진리를 깨우친 고사에서 유래.
  출전(出典) 『달마조사상결비전(達磨祖師相訣秘傳)』
- 구로망기(鷗鷺忘機) 바닷가에서 갈매기와 해오라기가 노는 것을 보며 세상(世上) 일을 잊는다는 뜻으로, 숨어 살면서 속세(俗世)의 일을 잊음을 이르는 말.

- 구로지감(劬勞之感)　자기(自己)를 낳아 기르느라고 애쓴 어버이의 은덕(恩德)을 생각하는 마음을 이르는 말. =구로지은(劬勞之恩)
- 구마지심(狗馬之心)　개나 말이 주인(主人)에게 가진 충성(忠誠)된 마음이라는 뜻으로, 임금이나 나라에 충성을 다하여 몸을 바치는 마음을 겸손(謙遜)하게 이르는 말. =견마지로(犬馬之勞)
- 구맹주산(狗猛酒酸)　주막(酒幕)의 개가 사나우면 손님이 없어 술이 시어진다는 뜻으로, 간신배(奸臣輩)가 있는 나라에는 어진 신하(臣下)들이 모이지 않음을 이르는 말.
- 구명도생(苟命徒生)　구차(苟且)스럽게 목숨을 부지(扶支)하여 살아감.
- 구무완인(口無完人)　그 입에 오르면 온전한 사람이 없다는 뜻으로, 남의 허물을 들추어 나쁘게 말하는 버릇이 있는 사람을 이르는 말.
- 구미속초(狗尾續貂)　담비의 꼬리가 모자라서 개꼬리를 잇는다는 뜻으로, 벼슬을 함부로 주는 것을 이름. 또는 훌륭한 것 뒤에 보잘 것 없는 것이 뒤따름을 비유적으로 이르는 말.
- 구밀복검(口蜜腹劍)　입에 꿀이 있고 뱃속에는 칼을 품고 있다는 뜻으로, 말로는 친(親)한 체 하나 속으로는 미워하거나 해칠 생각이 있음을 이르는 말. =소리장도(笑裏藏刀), 소중유검(笑中有劍)
- 구복지계(口腹之計)　먹고살 수 있는 방법(方法)을 이르는 말.
- 구비문학(口碑文學)　글에 의하지 않고 말로 전해 내려오는 문학(文學). 즉 설화(說話), 민요(民謠), 무가(巫歌), 판소리, 민속극(民俗劇) 등을 이르는 말.
- 구사일생(九死一生)　아홉 번 죽을 번하다 한 번 살아난다는 뜻으로, 여러 차례 죽을 고비를 겪고 겨우 살아남을 이르는 말. =기사회생(起死回生), 십생구사(十生九死)
- 구상유취(口尙乳臭)　입에서 젖내가 난다는 뜻으로, 말이나 행동(行動)이 유치(幼稚)함을 이르는 말. =황구유취(黃口乳臭)

- 구세제민(救世濟民) 어지러운 세상(世上)을 바로잡고 고통(苦痛)받는 민중(民衆)을 구(救)함을 이르는 말.
- 구수회의(鳩首會議) 여럿이 모여 머리를 맞대고 조용히 의논(議論)함을 이르는 말. =구수응의(鳩首凝議)
- 구시심비(口是心非) 말로는 옳다 하면서 마음속으로는 그르다고 여기는 것.
- 구십춘광(九十春光) 봄철의 약 구십 일(九十日) 동안. 또는 봄철의 약 구십일 동안의 맑고 깨끗한 날씨를 이르는 말.
- 구안투생(苟安偸生) 일시적(一時的)인 편안(便安)함을 꾀하여 눈앞의 안락(安樂)을 즐기며 헛되이 살아감을 이르는 말.
- 구외불출(口外不出) 말을 입 밖에 내지 않는다는 뜻으로 비밀(秘密)을 지킨다는 말.
- 구우일모(九牛一毛) 아홉 마리 소 가운데 한 개의 털이라는 뜻으로, 아주 많은 것 가운데 극히 적은 부분(部分)을 이르는 말. =창해일속(滄海一粟), 창해일적(滄海一滴)
- 구이경지(久而敬之) 아주 오래도록 공경(恭敬)함을 이르는 말.
- 구이지학(口耳之學) 들은 것을 생각 없이 그대로 말할 뿐 그것을 새겨서 제 것으로 만들지 못한 천박(淺薄)한 학문(學問)을 말함.
- 구전문사(求田問舍) 자기(自己)가 농사(農事)지을 논밭이나 살림할 집을 구하는 걱정만 한다는 뜻으로, 큰 포부(抱負)를 가지고 있지 못함을 이르는 말.
- 구절양장(九折羊腸) 양(羊)의 창자처럼 이리저리 꼬부라진 험(險)한 산길을 이르는 말. =구곡양장(九曲羊腸)
- 구중궁궐(九重宮闕) 문(門)으로 겹겹이 막은 깊은 궁궐(宮闕)이라는 뜻으로, 임금이 있는 대궐(大闕)을 이르는 말.
- 구지부득(求之不得) 구(求)하려고 해도 얻지 못함을 이르는 말.
- 구척장신(九尺長身) 아홉 자나 되는 큰 키라는 뜻으로, 아주 큰 사람. 또는 그 키를 매우 과장(誇張)하여 이르는 말.

- 구천직하(九天直下) 하늘에서 땅을 향하여 일직선(一直線)으로 떨어진다는 뜻으로, 일사천리(一瀉千里)의 형세(形勢)를 이르는 말.

- 구충기수(苟充其數) 질(質)은 살피지 못하고 겨우 수효(數爻)만 채움을 이르는 말.

- 구태의연(舊態依然) 발전(發展)하거나 진보(進步)되지 않고 예전의 묵은 모습 그대로임을 이르는 말.

- 구포속량(購捕贖良) 조선시대(朝鮮時代), 노비(奴婢)가 범인(犯人)을 고발(告發)하여 잡게 함으로써 원래(元來)의 신분(身分)을 벗어나 양인(良人)의 신분을 얻는 일을 이르는 말.

- 구한감우(久旱甘雨) 오랜 가뭄 끝에 내리는 단비를 이르는 말.

- 구화지문(口禍之門) 입은 재앙의 문(門)이라는 뜻으로, 재앙(災殃)이 입으로부터 나오고 입으로부터 들어가므로 항상(恒常) 말을 조심(操心)하라는 말.

- 구화투신(救火投薪) 불을 끄려고 섶나무를 집어던진다는 뜻으로, 잘못된 일의 근본(根本)을 다스리지 않고 성급(性急)하게 행동(行動)하다가 오히려 그 해(害)를 더 크게 함을 이르는 말.
  =포신구화(抱薪救火), 부신구화(負薪救火)

- 국사무쌍(國士無雙) 나라 안에서 견줄 만한 사람이 없는 아주 뛰어난 선비를 이르는 말.

- 국천척지(跼天蹐地) 황송(惶悚)하거나 두려워 몸을 굽히고 조심(操心)스럽게 걷는 걸음을 이르는 말.

- 국태민안(國泰民安) 나라가 태평(太平)하고 백성(百姓)들의 생활(生活)이 평안(平安)함을 이르는 말.

- 군경절축(群輕折軸) 가벼운 것도 많이 모이면 수레의 굴대를 부러뜨린다는 뜻으로, 작은 힘도 뭉치면 큰 힘이 됨을 이르는 말.

- 군계일학(群鷄一鶴) 닭의 무리 가운데 한 마리의 학(鶴)이라는 뜻으로, 많은 사

람 가운데 가장 뛰어난 인물(人物)을 이르는 말.
=낭중지추(囊中之錐), 추처낭중(錐處囊中)

- 군령태산(軍令泰山)   군령(軍令)은 높고 큰 산과 같이 무겁고 엄(嚴)함을 이르는 말.
- 군맹무상(群盲撫象)   장님 여럿이 코끼리를 만진다는 뜻으로, 모든 사물(事物)을 자기의 좁은 소견(所見)과 주관(主觀)으로 그릇되게 판단(判斷)하는 것을 이르는 말. =군맹평상(群盲評象)
- 군신유의(君臣有義)   오륜(五倫)의 하나. 임금과 신하(臣下) 사이의 도리(道理)에는 의리(義理)가 있음을 이르는 말.
- 군웅할거(群雄割據)   여러 영웅(英雄)이 각 지역(地域)을 차지하고 서로 세력(勢力)을 다투는 것을 이르는 말.
- 군위신강(君爲臣綱)   삼강(三綱)의 하나로, 임금은 신하(臣下)의 모범(模範)이 되어야 한다는 말.
- 군의만복(群疑滿腹)   많은 의심(疑心)이 마음에 가득 참.
- 군자무본(君子務本)   군자(君子)는 근본(根本)에 힘쓴다는 말.
- 군자불기(君子不器)   군자(君子)는 모양(模樣)이 고정(固定)된 그릇이 아니라는 뜻으로, 군자는 전문적(專門的)인 한 분야(分野)에 종사(從事)하는 사람이 아니라 학식(學識)과 덕망(德望)을 두루 갖추고 세상(世上)을 다스리는 중요(重要)한 방향(方向)을 제시(提示)하는 사람이라는 말.
- 군자삼락(君子三樂)   군자(君子)의 세 가지 즐거움. 부모(父母)가 살아 계시고 형제(兄弟)가 무고(無故)한 것. 하늘과 사람에게 부끄러움이 없는 것. 천하(天下)의 영재(英材)를 얻어서 가르치는 것을 이르는 말.
- 군자표변(君子豹變)   군자(君子)는 표범처럼 변(變)한다는 뜻으로, 군자는 가을에 표범이 털갈이를 하는 것처럼 허물을 고치고 바른 길로 행(行)함이 매우 빠르고 뚜렷함을 이르는 말.

- 굴묘편시(掘墓鞭屍) 묘(墓)를 파헤쳐서 시체(屍體)를 매질한다는 뜻으로, 통쾌(痛快)한 복수(復讐). 또는 지나친 복수를 이르는 말.
- 굴이불신(屈而不伸) 굽히고는 펴지 아니함.
- 굴지계일(屈指計日) 손가락을 꼽아 가며 예정(豫定)된 날을 기다림.
- 궁교빈족(窮交貧族) 가난하거나 궁지(窮地)에 빠져 있는 벗과 친척(親戚)을 말함.
- 궁구막추(窮寇莫追) 막다른 곳에 이른 적(敵)을 쫓지 말라는 뜻으로, 곤란(困難)한 처지(處地)에 있는 사람을 너무 모질게 다그치지 말라는 말. =궁서막추(窮鼠莫追), 궁구물박(窮寇勿迫)
- 궁년누세(窮年累世) 궁년(窮年)은 자기(自己)의 한 평생(平生), 누세(累世)는 자손(子孫) 대대(代代)의 뜻으로, 본인(本人)의 한 평생과 자손 대대를 이르는 말.
- 궁서설묘(窮鼠嚙猫) 궁지(窮地)에 몰린 쥐가 고양이를 문다는 뜻으로, 위급(危急)한 상황에 몰리면 약자(弱者)라도 강자(强者)에게 필사적(必死的)으로 반항(反抗)함을 이르는 말.
- 궁여지책(窮餘之策) 궁(窮)한 끝에 내는 한 꾀의 뜻으로, 막다른 골목에서 벗어나기 위해 짜내는 계책(計策)을 이르는 말.
- 궁인모사(窮人謀事) 운(運)이 없는 사람이 꾸미는 일이라는 뜻으로, 일이 뜻한 대로 잘 이루어지지 않음을 이르는 말.
- 궁조입회(窮鳥入懷) 쫓기는 새가 품안에 날아든다는 뜻으로, 어려운 지경(地境)에 있는 사람이 와서 의지(依支)함을 이르는 말.
- 권모술수(權謀術數) 목적(目的)의 달성(達成)을 위하여 수단(手段)과 방법(方法)을 가리지 않는 온갖 술책(術策)을 이르는 말. =권모술책(權謀術策)
- 권불십년(權不十年) 아무리 높은 권세(權勢)라도 십 년(十年)을 가지 못한다는 말.

- 권상요목(勸上搖木) 나무에 오르도록 해 놓고 다시 흔들어 떨어뜨린다는 뜻으로, 남을 부추겨 놓고 낭패(狼狽)를 보도록 방해(妨害)함을 이르는 말.

- 권선징악(勸善懲惡) 착한 일을 권장(勸獎)하고 악(惡)한 일을 징계(懲戒)함을 이르는 말. ＝창선징악(彰善懲惡)

- 권토중래(捲土重來) 땅을 말아 다시 온다는 뜻으로, 한번 실패(失敗)하였으나 힘을 회복(回復)하여 다시 쳐들어옴. 또는 어떤 일에 실패(失敗)한 뒤 힘을 길러 다시 그 일을 시작(始作)함을 이르는 말.
  ※ 권토(捲土): 부대(部隊)가 말을 달려 전진(前進)할 때 일으키는 흙먼지가 멀리서 보면 마치 땅을 말면서 달리는 것처럼 보이는 현상.

- 귀곡천계(貴鵠賤鷄) 고니를 귀(貴)하게 여기고 닭을 천(賤)하게 여긴다는 뜻으로, 드문 것은 귀하게 여기고 흔한 것을 천하게 여기게 됨을 이르는 말.

- 귀마방우(歸馬放牛) 말을 돌려보내고 소를 풀어놓는다는 뜻으로, 전쟁(戰爭)이 끝나고 평화(平和)로운 시대(時代)가 온 것을 이르는 말.

- 귀모토각(龜毛兔角) 거북의 털과 토끼의 뿔이라는 뜻으로, 있을 수 없는 일을 이르는 말.

- 귀배괄모(龜背刮毛) 거북의 등에 있는 털을 깎는다는 뜻으로, 불가능(不可能)한 일을 무리(無理)하게 하려고 함을 이르는 말.

- 귀소본능(歸巢本能) 동물(動物)이 자기(自己) 서식(棲息) 장소(場所)나 둥지, 혹은 태어난 장소에서 멀리 떨어져 있을 경우, 다시 그 곳으로 되돌아오는 성질(性質)을 말하며, 꿀벌, 개미, 비둘기, 제비 따위에서 볼 수 있음.

- 귀이천목(貴耳賤目) 귀로 듣는 것은 소중(所重)하게 여기고 눈으로 보는 것은 천(賤)하게 여긴다는 뜻으로, 먼 곳에 있는 것을 괜찮게 여

기고 가까운 것을 나쁘게 여기는 것을 경계(警戒)함을 이르는 말.

- 귀인천기(貴人賤己)   군자(君子)는 자비심(慈悲心)이 깊고 마음이 어질어 만사(萬事)에 자신(自身)보다 타인(他人)을 높임을 이르는 말.
- 규중처녀(閨中處女)   집안에 들어앉아 있는 처녀(處女)를 이르는 말.
- 규중칠우(閨中七友)   옛 여인(女人)이 바느질을 할 때 사용(使用)한 일곱 가지 도구(道具). 바늘, 실, 인두, 골무, 가위, 자, 다리미를 이르는 말.
- 귤화위지(橘化爲枳)   화남(華南)의 귤(橘)을 화북(華北)으로 옮겨 심으면 탱자가 된다는 뜻으로, 환경(環境)과 조건(條件)에 따라 사물(事物)의 성질(性質)이 변(變)함을 이르는 말.
- 극구광음(隙駒光陰)   망아지가 달리는 것을 문틈으로 본다는 뜻으로, 세월(歲月)이 매우 빨리 지나감을 이르는 말.
- 극기복례(克己復禮)   자신(自身)의 욕심(慾心)을 버리고 사람이 본래(本來)지녀야 할 예의(禮儀)와 법도(法道)를 따르는 마음으로 되돌아감을 이르는 말.
- 극락왕생(極樂往生)   [불교] 이 세상(世上)을 떠나서, 아미타불(阿彌陀佛)이 살고 있어 아무런 괴로움과 걱정이 없는 안락(安樂)하고 자유로운 세상에 가서 다시 태어남을 이르는 말.
- 극락정토(極樂淨土)   [불교] 아미타불(阿彌陀佛)이 살고 있는 아주 깨끗한 세상(世上)을 이르는 말.
- 극벌원욕(克伐怨慾)   네 가지 악덕(惡德)으로, 남을 이기기를 즐기는 일, 자기의 재능(才能)을 자랑하는 일, 원한(怨恨)을 품는 일, 욕심(慾心)을 내고 탐내는 일을 이르는 말.
- 극악무도(極惡無道)   더할 수 없이 지극히 악(惡)하고 도리(道理)에 어긋남.
- 근검절약(勤儉節約)   부지런하고 검소(儉素)하게 살며 재물(財物)을 아낌.

- 근근득생(僅僅得生) 매우 힘들고 어렵게 살아감.
- 근근자자(勤勤孜孜) 매우 부지런하고 꾸준함.
- 근묵자흑(近墨者黑) 먹을 가까이 하면 검어진다는 뜻으로, 나쁜 사람과 가까이 하면 나쁜 버릇에 물들게 됨을 이르는 말.
  =근주자적(近朱者赤), ↔마중지봉(麻中之蓬)
- 근열원래(近悅遠來) 인근(隣近) 사람은 은택(恩澤)을 받아 기뻐하고, 먼데 사람들도 흠모(欽慕)하여 모여 들음. 또는 덕화(德化)가 널리 미침을 이르는 말.
- 근자필성(勤者必成) 부지런한 사람은 반드시 성공(成功)한다는 말.
- 근주자적(近朱者赤) 붉은 빛에 가까이 하면 붉게 된다는 뜻으로, 주위(周圍) 환경(環境)이 매우 중요(重要)함을 이르는 말.
- 금곤복거(禽困覆車) 새도 곤경(困境)에 빠지면 수레를 뒤엎는다는 뜻으로, 약자(弱者)도 어려운 지경(地境)에 이르면 큰 힘을 낼 수 있음을 이르는 말.
- 금과옥조(金科玉條) 금(金)이나 옥(玉)처럼 귀중(貴重)하게 여겨 아끼고 받아들여야 할 규범(規範)을 이르는 말.
- 금구목설(金口木舌) 목탁(木鐸)을 달리 이르는 말. 예전에, 정치(政治)나 교육(敎育)에 관한 명령(命令)을 선포(宣布)할 때 목탁을 흔들어서, 청중(聽衆)의 주의(注意)를 환기(換氣)시켰던 데서 유래함.
- 금란지계(金蘭之契) 친구(親舊) 사이의 매우 두터운 우정(友情)을 이르는 말.
  =관포지교(管鮑之交), 교칠지교(膠漆之交)
- 금미지취(金迷紙醉) 금(金)종이에 정신(精神)이 미혹(迷惑)되고 취(醉)한다는 뜻으로, 생활(生活)이 호화(豪華)롭고 사치(奢侈)스러움을 이르는 말.
- 금상첨화(錦上添花) 비단 위에 꽃을 더한다는 뜻으로, 좋은 일 위에 더 좋은 일

	이 더하여 짐을 이르는 말.
	↔설상가상(雪上加霜), 전호후랑(前虎後狼)
• 금석뇌약(金石牢約)	쇠붙이와 돌처럼 굳고 변함없는 약속(約束)을 이르는 말.
	=금석지약(金石之約), 금석맹약(金石盟約)
• 금석위개(金石爲開)	쇠나 돌을 뚫는다는 뜻으로, 강한 의지(意志)로 정성(精誠)을 다하면 어떤 일이든지 다 해낼 수 있음을 이르는 말.
• 금석지감(今昔之感)	지금과 옛날을 비교하여 볼 때 변화(變化)가 너무 심(甚)한 것을 보고 일어나는 느낌을 이르는 말.
• 금성옥진(金聲玉振)	쇠로 만든 편종(編鐘)소리와 옥(玉)으로 만든 편경(編磬) 소리라는 뜻으로, 지혜(智慧)와 성덕(聖德)을 모두 갖춘 성인(聖人)의 모습을 형용(形容)하여 이르는 말.
• 금성철벽(金城鐵壁)	쇠로 만든 성(城)과 철로 만든 벽(壁)이라는 뜻으로, 방어(防禦) 시설(施設)이 잘 되어 있어서 공격(攻擊)하기 어려운 성을 이르는 말. =난공불락(難攻不落)
• 금성탕지(金城湯池)	쇠로 세운 성(城)과 뜨거운 물로 가득 찬 성 둘레의 못이라는 뜻으로, 방어(防禦) 시설(施設)이 잘되어 있어서 공격(攻擊)하기 어려운 성을 이르는 말.
	=난공불락(難攻不落), 금성철벽(金城鐵壁)
• 금수강산(錦繡江山)	비단에 수(繡)를 놓은 듯 매우 아름다운 산천(山川)을 이르는 말.
• 금수지장(錦繡之腸)	비단결같이 고운 마음씨를 이르는 말.
• 금슬상화(琴瑟相和)	잘 어울리는 거문고와 비파(琵琶)의 소리처럼 부부(夫婦)의 사이가 다정(多情)하고 화목(和睦)함을 이르는 말.
	=원앙지계(鴛鴦之契)
• 금시발복(今時發福)	어떤 일을 한 보람으로 당장 복(福)을 받아 부귀(富貴)를 누리게 됨을 이르는 말.

- 금시초문(今時初聞)   이제야 처음으로 들음.
- 금실지락(琴瑟之樂)   거문고와 비파(琵琶)가 서로 어울리는 모양(模樣)처럼 잘어울리는 부부(夫婦) 사이의 두터운 정(情)과 사랑을 이르는 말. =비익연리(比翼連理), 원앙지계(鴛鴦之契)
- 금오옥토(金烏玉兎)   해(金烏)와 달(玉兎)을 아울러 이르는 말.
  ※금오(金烏) : 태양(太陽)속에 세 발 달린 까마귀가 산다는 전설(傳說).
  옥토(玉兎) : 달 속에 토끼가 있다는 전설에서 유래.
- 금옥만당(金玉滿堂)   금관자(金貫子)나 옥관자(玉貫子)를 붙인 높은 벼슬아치들이 방(房)안에 가득함. 또는 현명(賢明)한 신하(臣下)가 조정(朝廷)에 많음을 이르는 말.
- 금왕지절(金旺之節)   오행(五行)가운데 금기(金氣)가 왕성(旺盛)한 절기(節氣). 곧 '가을'을 말함.
- 금의야행(錦衣夜行)   비단 옷을 입고 밤길을 가는 것과 같다는 뜻으로, 자랑삼아 하지만 생색(生色)이 나지 않음을 이르는 말.
  =수의야행(繡衣夜行), 야행피수(夜行被繡)
  ※부귀(富貴)를 갖추고도 고향(故鄕)에 돌아가지 않는 것은 비단 옷을 입고 밤길을 가는 것과 같다고 한 항우(項羽)의 고사(故事)에서 유래.
  출전(出典) 『사기(史記)』「항우본기(項羽本紀)」
- 금의옥식(錦衣玉食)   비단옷과 흰 쌀밥이라는 뜻으로, 사치(奢侈)스럽고 호강스러운 생활(生活)을 이르는 말. =호의호식(好衣好食)
- 금의환향(錦衣還鄕)   비단 옷을 입고 고향(故鄕)에 돌아온다는 뜻으로, 벼슬을 하거나 크게 성공(成功)하여 고향에 돌아옴을 이르는 말.
- 금지옥엽(金枝玉葉)   금(金)으로 된 가지와 옥(玉)으로 된 잎이란 뜻으로, 아주 귀한 자손(子孫)을 이르는 말.

- 급류용퇴(急流勇退) 　물이 급(急)히 흐르는 개울물에 이르렀을 때는 과감(果敢)히 뒤로 물러나야 된다는 뜻으로, 벼슬자리에서 제때에 쾌히 물러남을 이르는 말.
- 급수공덕(汲水功德) 　[불교] 사람이 다니는 길에 우물을 만들거나, 목마른 사람에게 물을 길어다 주는 공덕(功德)을 이르는 말.
- 급전직하(急轉直下) 　사태(事態)나 형세(形勢)가 갑자기 바뀌어 걷잡을 수 없는 상태(狀態)로 진행(進行)됨을 이르는 말.
- 긍긍업업(兢兢業業) 　항상 조심(操心)하고 공경(恭敬)하여 삼가 함.
- 기거만복(起居萬福) 　편지(便紙)글에서, 상대편(相對便)이 무사(無事)하기를 빈다는 뜻으로 쓰는 상투적(常套的)인 말. 주로 윗사람에게 쓰는 표현(表現)임.
- 기고만장(氣高萬丈) 　우쭐하여 뽐내는 기세(氣勢)가 대단함. 또는 펄펄 뛸 만큼 대단히 성이 많이 난 상태(常態)를 이르는 말.
  =호기만장(豪氣萬丈), 기염만장(氣焰萬丈)
- 기구지업(箕裘之業) 　키와 갑옷을 만드는 직업(職業)이라는 뜻으로, 집안 대대(代代)로 내려오는 가업(家業)을 이르는 말.
  ※키(箕) : 곡식(穀食) 등을 까불러서 쭉정이·티끌·검부러기 등의 불순물(不純物)을 걸러내는 데 쓰는 용구.
- 기기기익(己飢己溺) 　자기(自己)가 굶주리고 자기가 물에 빠진 듯이 생각한다는 뜻으로, 다른 사람의 고통(苦痛)을 자기의 고통으로 여겨 그들의 고통을 덜어주기 위해 최선(最善)을 다함을 이르는 말. =인익기익(人溺己溺)
- 기로망양(岐路亡羊) 　갈림길이 많아서 양(羊)을 잃었다는 뜻으로, 사람들이 공부(工夫)를 하거나 사업(事業)을 벌일 때 정확(正確)한 방향(方向)을 잡지 못하고 오락가락하다가 정도(正道)를 놓치는 경우(境遇)를 비유적으로 이르는 말.

- 기리단금(其利斷金)　쇠라도 끊을 수 있으리만치 굳게 맺은 한마음의 우정(友情)을 이르는 말.
- 기문지학(記問之學)　단순(單純)히 책(册)을 읽고 외기만 하고 제대로 이해(理解)하지 못한 학문(學問)을 이르는 말.
- 기변지교(機變之巧)　그때그때의 상황(狀況)에 맞추어 쓰이는 교묘(巧妙)한 수단(手段)을 이르는 말.
- 기복염거(驥服鹽車)　천리마(千里馬)가 소금 수레를 끈다는 뜻으로, 유능(有能)한 사람이 천(賤)한 일에 종사(從事)함을 이르는 말.
- 기불택식(飢不擇食)　굶주린 사람은 먹을 것을 가리지 않는다는 뜻으로, 빈곤(貧困)한 사람은 대수롭지 않은 은혜(恩惠)에 감격(感激)함을 이르는 말. =갈자이음(渴者易飮)
- 기사회생(起死回生)　죽은 사람을 일으키고 회생(回生)시킨다는 뜻으로, 죽을 위험(危險)에 처해 있다가 구출(救出)되거나, 역경(逆境)을 이겨내고 재기(再起)하는 경우(境遇)를 이르는 말.
- 기산지지(箕山之志)　기산(箕山)의 지조(志操)란 뜻으로, 은둔(隱遁)하여 자기(自己)의 지조를 굳게 지킴을 이르는 말. =기산지절(箕山之節) ※고대(古代) 중국(中國)의 허유(許由)가 기산(箕山)에 숨어 지조를 지켰다는 고사에서 유래.

　　　출전(出典)『후한서(後漢書)』「조기전(趙岐傳)」

- 기상천외(奇想天外)　생각이나 착상(着想)이 보통(普通) 사람은 쉽게 상상(想像)할 수 없을 정도(程度)로 엉뚱하고 기발(奇拔)함을 이르는 말.
- 기세도명(欺世盜名)　세상(世上)을 속이고 이름을 도둑질한다는 뜻으로, 세상 사람을 속여 헛된 명예(名譽)를 얻음을 이르는 말.
- 기세양난(其勢兩難)　이러기도 어렵고 저러기도 어려워 형편(形便)이 딱함.
- 기승전결(起承轉結)　글을 체계(體系) 있게 짓는 방식(方式). 문제제기(問題提起), 전개(展開), 전환(轉換), 마무리의 네 단계(段階)로 이루어

짐. 또는 한시(漢詩) 구성(構成) 방식(方式)의 하나. 기(起)는 시의(詩意)를 일으키고, 승(承)은 이어받아 전개(展開)하며, 전(轉)은 한 번 돌리어 변화(變化)를 주고, 결(結)은 마무리함을 이르는 말.

- 기암괴석(奇巖怪石)   기이(奇異)하고 괴상(怪狀)하게 생긴 바위와 돌.
- 기여보비(寄與補裨)   이바지하고 돕고 부족(不足)함을 보태어 줌.
- 기염만장(氣焰萬丈)   기세(氣勢)가 불꽃같이 대단하고 높음을 이르는 말. ＝호기만장(豪氣萬丈)
- 기왕불구(旣往不咎)   이미 지나간 일을 탓하지 않음.
- 기왕지사(旣往之事)   이미 지나간 과거(過去)의 일.
- 기인지우(杞人之憂)   기(杞)나라 사람의 걱정이라는 뜻으로, 앞일에 대해 쓸데없는 걱정을 함을 이르는 말. ＝오우천월(吳牛喘月)

  ※옛날 중국(中國) 기(杞)나라에 살던 한 사람이 '만일 하늘이 무너지면 어디로 피해야 좋을 것인가?' 하고 침식(寢食)을 잊고 걱정하였다는 고사에서 유래.

  출전(出典) 『열자(列子)』「천서편(天瑞篇)」

- 기인편재(欺人騙財)   사람을 속여서 그의 재물(財物)을 빼앗음.
- 기자감식(飢者甘食)   굶주린 사람은 음식(飮食)을 가리지 않고 맛있게 먹음을 이르는 말.
- 기지사경(幾至死境)   사람이 거의 죽을 지경(地境)에 이름.
- 기진맥진(氣盡脈盡)   스스로 몸을 가누지 못할 정도(程度)로 기력(氣力)이나 기운(氣運)이 다 함을 이르는 말. ＝기진역진(氣盡力盡)
- 기치창검(旗幟槍劍)   예전에, 군중(軍中)에서 쓰던 기(旗), 창(槍), 칼 등을 통틀어 이르는 말.
- 기취여란(其臭如蘭)   그 향기(香氣)가 난초(蘭草)와 같다는 뜻으로, 절친(切親)한 친구(親舊)사이를 이르는 말.

- 기품지성(氣稟之性) 사람의 타고난 기질(氣質)과 성품(性稟)을 이르는 말.
- 기호지세(騎虎之勢) 호랑이를 타고 달리는 형세(形勢)라는 뜻으로, 이미 시작(始作)한 일을 중도(中途)에서 그만둘 수 없는 형세를 이르는 말.
- 기화가거(奇貨可居) 진기(珍奇)한 물건(物件)은 잘 간직하여 나중에 이익(利益)을 남기고 판다는 뜻으로, 좋은 기회(機會)를 놓치지 말아야 한다는 것을 이르는 말.
- 길굴오아(佶屈聱牙) 글이 어렵고 난삽(難澁)하여 뜻을 헤아리기 어려움을 이르는 말.
- 길상선사(吉祥善事) 더할 수 없이 기쁘고 경사(慶事)스러운 일을 이르는 말.
- 길흉화복(吉凶禍福) 좋은 일과 나쁜 일, 행복(幸福)한 일과 불행(不幸)한 일을 아울러 이르는 말.

【ㄴ】

- 낙극애생(樂極哀生)   즐거움이 다하면 슬픔이 생긴다는 뜻으로, 인생(人生)에는 기복(起伏)이 있기 마련임을 이르는 말.
  =흥진비래(興盡悲來)
- 낙담상혼(落膽喪魂)   쓸개가 떨어지고 혼(魂)을 잃었다는 뜻으로, 어떤 일에 몹시 놀라서 넋을 잃음을 이르는 말. =상혼낙담(喪魂落膽)
- 낙락난합(落落難合)   여기저기 흩어져 모이기가 어려움을 이르는 말.
- 낙락장송(落落長松)   긴 가지가 축축 늘어진, 키가 큰 소나무를 이르는 말.
- 낙목한천(落木寒天)   나뭇잎이 다 떨어진 추운 겨울날.
- 낙미지액(落眉之厄)   눈썹에 떨어진 재앙(災殃)이라는 뜻으로, 눈앞에 닥친 재액(災厄)을 이르는 말.
- 낙생어우(樂生於憂)   즐거움은 걱정하는 가운데 나온다는 뜻으로, 편안(便安)함은 몸이 바쁜 뒤에야 오고, 즐거움은 고생(苦生) 끝에 생김을 이르는 말.
- 낙선애재(樂善愛才)   착한 일을 즐기고 재치(才致)를 사랑함을 이르는 말.
- 낙심천만(落心千萬)   바라던 일이 뜻대로 되지 아니하여 마음이 몹시 상함.
- 낙양지가(洛陽紙價)   낙양(洛陽)의 종이 값이라는 뜻으로, 훌륭한 글을 다투어 베끼느라고 종이의 수요(需要)가 늘어서 값이 등귀(騰貴)한 것을 이르는 말.
  ※중국(中國)의 진(晉)나라 때, 임치(臨淄) 출신(出身)의 좌사(左思)라는 문인(文人)이 있었는데 이 문인이 「삼도부

(三都賦)」라는 책(册)을 지었더니 낙양에 있는 사람들이 이 책을 베끼려고 모여들어 종이 값이 터무니없이 올랐다는 고사에서 유래.

출전(出典) 『진서(晉書)』「문원전(文苑傳)」

- 낙역부절(絡繹不絕) (사람·말·수레·배 따위의) 왕래(往來)가 잦아서 끊이지 아니함을 이르는 말. =연락부절(連絡不絕)

- 낙엽귀근(落葉歸根) 잎이 지면 뿌리로 돌아간다는 뜻으로, 결국(結局)은 자기(自己)가 본디 났거나 자랐던 곳으로 돌아감을 이르는 말.

- 낙월옥량(落月屋梁) 밤에 벗의 꿈을 꾸고 깨 보니 지는 달이 지붕을 비치고 있다는 뜻으로, 벗을 생각하는 마음이 간절(懇切)함을 이르는 말.

- 낙이망우(樂以忘憂) 즐거워서 근심을 잊는다는 뜻으로, 도(道)를 행하기를 즐거워하여 가난 따위의 근심을 잊게 함을 이르는 말.

- 낙이불음(樂而不淫) 즐기기는 하나 음탕(淫蕩)하지는 않게 한다는 뜻으로, 즐거움의 도(道)를 지나치지 않음을 이르는 말.

- 낙정하석(落穽下石) 함정(陷穽)에 빠진 사람에게 돌을 떨어뜨린다는 뜻으로, 어려운 처지(處地)에 놓인 사람을 도와주기는커녕 도리어 괴롭히는 것을 이르는 말.

- 낙조토홍(落照吐紅) 저녁 햇빛이 붉은 색을 토(吐)해 냄. 또는 매우 붉은 석양(夕陽)을 이르는 말.

- 낙화유수(落花流水) 떨어지는 꽃과 흐르는 물이라는 뜻으로, 가는 봄의 경치(景致)나 세력(勢力)이 보잘것없이 쇠(衰)하는 것을 비유적으로 이르는 말.

- 난공불락(難攻不落) 공격(攻擊)하기가 어려워 좀처럼 함락(陷落)되지 않음을 이르는 말. =금성탕지(金城湯池)

- 난득지물(難得之物) 얻거나 구하기 어려운 물건(物件)을 이르는 말.

- 난만동귀(爛漫同歸) 부정(不正)한 일에 함께 어울려서 한통속이 됨을 이르는 말.
- 난망지은(難忘之恩) 잊을 수 없는 은혜(恩惠)를 이르는 말.
  =결초보은(結草報恩), 백골난망(白骨難忘)
- 난백난중(難伯難仲) 누가 맏형(兄)이고 누가 둘째 형인지 분간(分揀)하기가 어렵다는 말. =난형난제(難兄難弟)
- 난상토의(爛商討議) 충분(充分)히 의견(意見)을 나누어 토의(討議)함.
  =난상숙의(爛商熟議), 난상공론(爛商公論)
- 난신적자(亂臣賊子) 나라를 어지럽히는 신하(臣下)와 어버이에게 불효(不孝)하는 자식(子息)이라는 뜻으로, 나라를 어지럽히는 불충(不忠)한 무리를 이르는 말. =간신적자(奸臣賊子)
- 난아심곡(難我心曲) 가지가지 일로 마음이 산란(散亂)하다는 말.
- 난원계친(蘭怨桂親) 사람이 세상(世上)에 태어나고, 숨는데 따라 형세(形勢)가 다른 것을 비유적으로 이르는 말.
- 난의포식(暖衣飽食) 옷을 따뜻하게 입고 음식을 배부르게 먹는다는 뜻으로, 의식(衣食) 걱정이 없는 편(便)한 생활(生活)을 이르는 말.
  =금의옥식(錦衣玉食)
- 난자혜질(蘭姿蕙質) 난초(蘭草)같이 빼어난 맵시에 근본(根本)이 있는 성품(性品)의 뜻으로, 여자의 아름다운 자태(姿態)와 뛰어난 자질(資質)을 향기(香氣)로운 꽃에 비유적으로 이르는 말.
- 난중지난(難中之難) 어려운 일 중에서도 가장 어려운 일을 이르는 말.
- 난행고행(難行苦行) [불교] 어렵고 고통(苦痛)스러운 수행(修行)이라는 뜻으로, 불도(佛道)를 닦기 위해 심신(心身)을 괴롭혀 연마(研磨)하는 일인데, 아주 심(甚)하게 고생(苦生)함을 이르는 말.
- 난형난제(難兄難弟) 누구를 형(兄)이라 하기도 어렵고 아우라 하기도 어렵다는 뜻으로, 서로 비슷비슷하여 우열(優劣)을 가리기 어려움을 이르는 말. =막상막하(莫上莫下), 백중지세(伯仲之勢)

- 난화지민(難化之民) 잘 타일러 올바르게 이끌기 어려운 백성(百姓)을 말함.
  =난화지맹(難化之氓)
- 날이불치(涅而不緇) 검게 물들여도 검어지지 않는다는 뜻으로, 어진 사람이 쉽게 악(惡)에 물들지 아니함을 이르는 말.
- 남가일몽(南柯一夢) 남(南)쪽으로 뻗은 나뭇가지 아래의 꿈이라는 뜻으로, 덧없는 꿈이나 부귀영화(富貴榮華)를 이르는 말.
  =일장춘몽(一場春夢), 괴안몽(槐安夢)
  ※중국(中國) 당(唐)나라 때 전기소설(傳奇小說)의 주인공(主人公) 순우분(淳于棼)이 남쪽으로 뻗은 느티나무 가지 아래에서 잠이 들었다가 괴안국(槐安國)에 초청(招請)을 받아 20년 동안 부귀영화를 누리는 꿈을 꾸다가 한순간(瞬間)에 깨었다는 고사에서 유래.
  출전(出典) 『이공좌(李公左)』「남가태수전(南柯太守傳)」
- 남곽남취(南郭濫吹) 남곽(南郭)이란 사람이 피리를 엉터리로 분다는 뜻으로, 무능(無能)한 자가 재능(才能)이 있는 것처럼 가장(假裝)하는 것을 이르는 말. =남우충수(濫竽充數)
  ※남곽처사(南郭處士)가 왕(王)을 위하여 우(竽,생황)를 여러 사람과 같이 불겠다고 하였다. 왕은 한 사람 한 사람씩 불도록 하자 이때 처사는 도망쳤다는 고사에서 유래.
  출전(出典) 『한비자(韓非子)』「내저설 상(內儲說 上)·칠술(七術)」
- 남귤북지(南橘北枳) 강남(江南)의 귤(橘)나무를 강북(江北)에 옮겨 심으면 탱자나무가 된다는 뜻으로, 사람은 사는 환경(環境)에 따라 착하게도 되고 악(惡)하게도 됨을 이르는 말.
  =귤화위지(橘化爲枳)
- 남남북녀(南男北女) 우리나라의 남자(男子)는 남부(南部)지방의 남자가 잘났고, 여자(女子)는 북부(北部)지방의 여자가 잘났다는 것을 표현

(表現)한 속설(俗說)을 이르는 말.
- 남녀노소(男女老少) 　남자(男子)와 여자(女子), 늙은이와 젊은이를 아울러 이르는 말.
- 남면출치(南面出治) 　임금이 남(南)쪽을 향하여 신하(臣下)와 대면(對面)한 데서 유래(由來)한 말로, 임금의 자리에 오르거나 임금이 되어 나라를 다스림을 이르는 말.
- 남부여대(男負女戴) 　남자는 짐을 지고 여자는 짐을 인다는 뜻으로, 가난한 사람들이나 재난(災難)을 당한 사람들이 살 곳을 찾지 못하고 온갖 고생(苦生)을 하며 이리저리 떠돌아다님을 이르는 말.
- 남선북마(南船北馬) 　중국(中國)에서, 화남(華南)지방(地方)은 강(江)이 많아 운송(運送) 수단(手段)으로 배를 이용(利用)하고 화북(華北)지방은 산과 사막(沙漠)이 많아 말을 이용한다는 뜻으로, 사방으로 바쁘게 돌아다님을 이르는 말. ＝남행북주(南行北走)
- 남전북답(南田北畓) 　가지고 있는 논밭이 여기저기 흩어져 있음을 이르는 말.
- 남중일색(男中一色) 　남자(男子)의 얼굴이 썩 뛰어나게 잘생김. 또는 그런 사람을 이르는 말.
- 남행북주(南行北走) 　남(南)쪽으로 가고 북(北)쪽으로 뛰어간다는 뜻으로, 이리저리 바삐 돌아다님을 이르는 말.
- 납미춘두(臘尾春頭) 　연말연시(年末年始)를 이르는 말.
- 낭다육소(狼多肉小) 　이리(狼)는 많은데 먹을 고기는 적다는 뜻으로, 금액(金額)은 적은데 분배(分配)를 원(願)하는 사람들이 많음을 이르는 말.
- 낭득허명(浪得虛名) 　평판(評判)은 좋으나 아무런 실속이 없는 일을 이르는 말.
- 낭유도식(浪遊徒食) 　하는 일 없이 날마다 빈둥빈둥 놀고먹음을 이르는 말.
- 낭자야심(狼子野心) 　이리(狼)는 본래의 야성(野性)이 있어 좀처럼 길들여지지 아니한다는 뜻으로, 신의(信義)가 없는 사람은 쉽게 교화

(敎化)할 수 없음을 이르는 말.
- 낭중지추(囊中之錐): 주머니 속의 송곳이라는 뜻으로, 재능(才能)이 뛰어난 사람은 숨어 있어도 저절로 남의 눈에 띄게 됨을 이르는 말.
  =군계일학(群鷄一鶴), ↔모수자천(毛遂自薦)
- 낭중취물(囊中取物): 주머니 속에 있는 물건(物件)을 취(取)한다는 뜻으로, 아주 쉬운 일을 이르는 말. =탐낭취물(探囊取物)
- 낭청좌기(郎廳坐起): 벼슬이 낮은 낭청(郎廳)이 좌기(坐起)한다는 뜻으로, 아랫사람이 하는 처사(處事)가 윗사람보다 더 심하고 지독(至毒)함을 이르는 말.
  ※낭청(郎廳): 조선시대(朝鮮時代), 관리(官吏) 중에서 문관(文官)은 정삼품(正三品)인 통훈대부 등에서 종구품(從九品)인 장사랑까지, 무관(武官)은 정삼품(正三品) 어모장군 이하 종구품(從九品) 전력부위까지의 벼슬아치를 통틀어 이르는 말.
- 내부외빈(內富外貧): 겉으로 보기에는 가난한듯하나 속은 부유(富裕)함을 이르는 말.
- 내성불구(內省不疚): 스스로 돌이켜보아 부끄러움이 없음.
- 내소외친(內疏外親): 마음속으로는 소홀(疏忽)히 하고 겉으로는 친(親)한 체 함을 이르는 말.
- 내우외환(內憂外患): 나라 안팎의 여러 어려운 일들과 근심거리를 이르는 말.
  =근우원려(近憂遠慮)
- 내유외강(內柔外剛): 속은 부드러우나 겉으로 보이는 모습은 굳셈.
- 내윤외랑(內潤外朗): 옥(玉)의 광택(光澤)이 안에 함축(含蓄)된 내윤(內潤)과 밖으로 나타난 외랑(外朗)이라는 뜻으로, 인물(人物)의 재덕(才德)을 형용(形容)해 이르는 말
- 내인거객(來人去客): 오는 사람과 가는 사람을 아울러 이르는 말.

- 내조지현(內助之賢) 　현명(賢明)한 아내의 집안에서 하는 원조(援助)라는 뜻으로, 아내가 집안일을 잘 다스려 남편(男便)을 돕는 것을 이르는 말.

- 내청외탁(內淸外濁) 　속은 맑으나 겉은 흐리다는 뜻으로, 어지러운 세상(世上)을 살아가려면 마음은 맑게 가지면서도 행동(行動)은 흐린 것처럼 해야 한다는 말

- 냉한삼두(冷汗三斗) 　식은땀이 서 말이나 나온다는 뜻으로, 몹시 무서워하거나 부끄러워함을 이르는 말.

- 노갑이을(怒甲移乙) 　어떤 사람에게서 당한 노여움을 애꿎게 다른 사람에게 화풀이함을 이르는 말.

- 노궁노시(盧弓盧矢) 　검은 칠을 한 활과 화살을 아울러 이르는 말.
  　※고대 중국(中國)에서 큰 공이 있는 제후(諸侯)에게 천자(天子)가 검은 활과 화살을 하사(下賜)한 데에서 정벌(征伐)의 권한(權限)을 상징(象徵)한 데서 유래.
  　출전(出典) 『서경(書經)』

- 노기복력(老驥伏櫪) 　늙은 준마(駿馬)가 헛간의 널빤지 위에서 잠을 잔다는 뜻으로, 빼어난 사람이 늙도록 세상(世上)에 뜻을 펴지 못함을 이르는 말.

- 노기충천(怒氣衝天) 　성난 기색(氣色)이 하늘을 찌를 정도(程度)라는 뜻으로, 잔뜩 화가 나있음을 이르는 말.

- 노당익장(老當益壯) 　늙을수록 더욱 굳세다는 뜻으로, 나이를 먹을수록 기력(氣力)이 더욱 좋아짐. 또는 그런 사람을 이르는 말.

- 노래지희(老萊之戱) 　자식(子息)이 나이가 들어도 부모(父母)의 자식에 대한 마음은 똑같으니 변함없이 효도(孝道)를 해야 함을 이르는 말.
  　=반의지희(斑衣之戱)
  　※초(楚)나라 사람인 노래자(老萊子)가 농사(農事)를 지으

며 부모(父母)를 극진(極盡)히 섬겼는데, 70세에 어린아이 옷을 입고 어린애 같이 장난을 하여 늙은 부모를 위로(慰勞)하였다는 고사에서 유래.

출전(出典) 『황보밀(皇甫謐)』의 「고사전(高士傳)」

- 노류장화(路柳墻花) : 누구든지 꺾을 수 있는 길가의 버들과 담 밑의 꽃이라는 뜻으로, 몸을 파는 여자(女子)를 이르는 말.

- 노마십가(駑馬十駕) : 노마(駑馬)도 준마(駿馬)의 하룻길을 열흘에는 갈 수 있다는 뜻으로, 재주가 없는 사람도 열심(熱心)히 하면 훌륭한 사람에 미칠 수 있음을 이르는 말.

- 노마지지(老馬之智) : 늙은 말의 지혜(智慧)라는 뜻으로, 연륜(年輪)이 깊으면 나름의 장점(長點)과 특기(特技)가 있음을 이르는 말.
  = 노마식도(老馬識途)

- 노발대발(怒發大發) : 몹시 화가 나 크게 성을 냄. = 노발충관(怒髮衝冠)

- 노발상충(怒髮上衝) : 대단히 성을 내어 머리털이 곤두서는 것을 이르는 말.

- 노발충관(怒髮衝冠) : 심한 분노(憤怒)로 곤두선 머리털이 머리에 쓴 관(冠)을 치켜 올린다는 뜻으로, 대단히 성이 난 모습을 이르는 말.

- 노방생주(老蚌生珠) : 늙은 조개가 진주(眞珠)를 낳았다는 뜻으로, 만년(晩年)에 아들을 낳음을 이르는 말.

- 노변정담(爐邊情談) : 화롯가에 둘러앉아서 한가(閑暇)롭게 주고받는 이야기.
  = 노변담화(爐邊談話)

- 노불습유(路不拾遺) : 길에 떨어진 물건(物件)을 줍지 않는다는 뜻으로, 법(法)이 잘 지켜져 사람들이 남의 물건을 탐(貪)하지 않을 정도(程度)로 나라가 태평(太平)한 것을 비유적으로 이르는 말.

- 노생상담(老生常談) : 늙은 서생(書生)이 항상(恒常) 하는 이야기라는 뜻으로, 새롭고 특이(特異)한 의견(意見)을 제기(提起)하는 것이 아니라 흔히 들어서 알고 있는 상투적(常套的)인 말을 늘어놓음

을 이르는 말.

- **노생지몽(盧生之夢)** 노생(盧生)이 꾼 꿈이란 뜻으로, 인생(人生)과 영화(榮華)의 덧없음을 이르는 말.
  =한단지몽(邯鄲之夢), 일취지몽(一炊之夢)
  ※노생(盧生)이 한단(邯鄲) 땅에서 여옹(呂翁)의 베개를 빌려서 잠을 자며 80년간의 영화(榮華)로운 꿈을 꾸었는데, 깨고 보니 여옹이 누른 조밥을 짓는 사이였다는 고사에서 유래.
  출전(出典) 『심기제(沈旣濟)』의 「침중기(枕中記)」

- **노승발검(怒蠅拔劍)** 성가시게 구는 파리를 보고 화(火)가 나서 칼을 뺀다는 뜻으로, 사소(些少)한 일에 화를 냄을 이르는 말.
  =견문발검(見蚊拔劍)

- **노심초사(勞心焦思)** 마음속으로 애를 쓰며 속을 태움. =초심고려(焦心苦慮)

- **노안비슬(奴顔婢膝)** 남자(男子) 종의 아첨(阿諂)하는 얼굴과 여자(女子) 종의 무릎걸음이라는 뜻으로, 남에게 종처럼 굽실거리며 비굴(卑屈)하게 알랑거리는 태도(態度)를 이르는 말.

- **노이무공(勞而無功)** 애를 썼는데 보람이 없음. =만사휴의(萬事休矣)

- **노이불사(老而不死)** 늙었으나 죽지 못한다는 뜻으로, 늙어서 어지러운 일이 자꾸 닥쳐 죽고 싶어도 죽지 못함을 한탄(恨歎)하여 이르는 말.

- **노인발피(老人潑皮)** 노인(老人) 무뢰한(無賴漢)이라 함은 아무데도 쓸 데 없고 해롭기만 한 것. 또는 노인 부랑(浮浪)한 것을 말함.

- **노자역덕(怒者逆德)** 사람이 노(怒)하게 되면 서로 싸우게 되므로, 노하는 것은 덕(德)을 역행(逆行)하는 일이라는 말.

- **노장사상(老莊思想)** 무위자연(無爲自然)을 도덕(道德)의 표준(標準)으로 하고, 허무(虛無)를 우주(宇宙)의 근원(根源)으로 삼는 노자(老子)와 장자(莊子)의 사상(思想)을 이르는 말.

- 노전분하(爐田分下) 그 자리에 있는 사람에게만 나누어 줌을 이르는 말.
- 노주지분(奴主之分) 종과 주인(主人)의 나뉨이라는 뜻으로, 매우 거리(距離)가 있어 바뀌어 설 수 없는 대인(對人) 관계(關係)를 이르는 말.
- 노파심절(老婆心切) 남의 일을 지나치게 걱정하고 염려(念慮)하는 일.
- 녹림호걸(綠林豪傑) 푸른 숲 속에 사는 호걸(豪傑)이라는 뜻으로, 불한당(不汗黨)이나 화적(火賊) 따위를 달리 이르는 말.
  =양상군자(梁上君子), 녹림호객(綠林豪客)
- 녹사수수(鹿死誰手) 사슴이 누구의 손에 죽는지를 알 수 없다는 뜻으로, 승패(勝敗)를 가리지 못함을 이르는 말.
- 녹수청산(綠水靑山) 녹색(綠色)의 물과 푸른 산(山).
- 녹음방초(綠陰芳草) 잎이 푸르게 우거진 숲과 향기(香氣)로운 풀이란 뜻으로, 여름철의 자연(自然)경치(景致)를 이르는 말.
- 녹의사자(綠衣使者) 푸른 옷을 입은 사자(使者)라는 뜻으로, 초록(草綠)빛 깃털을 한 '앵무(鸚鵡)새'의 다른 명칭(名稱)으로 말함.
- 녹의홍상(綠衣紅裳) 신부(新婦)의 예복(禮服)으로 주로 쓰이던 연두저고리와 다홍치마. 또는 곱게 치장(治粧)한 여자(女子)의 옷차림을 이르는 말.
- 녹의황리(綠衣黃裏) 간색(間色)인 녹색(綠色)으로 옷감을 삼고 정색(正色)인 황색(黃色)으로 안찝을 댄다는 뜻으로, 존비(尊卑)와 귀천(貴賤)의 자리가 뒤바뀜을 이르는 말.
- 논공행상(論功行賞) 공(功)의 있고 없음, 크고 작음 등을 따져서 거기에 알맞은 상(賞)을 줌을 이르는 말.
- 농교성졸(弄巧成拙) 기교(技巧)를 너무 부리다가 도리어 서투르게 됨.
- 농불실시(農不失時) 농사(農事)짓는 일은 제 때를 놓치지 말아야 함을 이르는 말.
- 농와지경(弄瓦之慶) 딸을 낳은 즐거움을 이르는 말.
  =농와지희(弄瓦之喜), ↔농장지경(弄璋之慶)

　　　　　　　　　　※중국(中國)에서 딸을 낳으면 흙으로 만든 실패를 장난감
　　　　　　　　　　　으로 주었다는 고사에서 유래.
　　　　　　　　　※와(瓦) : 실패로 실을 감아 두는 작은 도구.
　　　　　　　　　출전(出典) 『시경(詩經)』 소아(小雅)의 「사간편(斯干篇)」

- 농장지경(弄璋之慶)　구슬을 갖고 노는 즐거움이란 뜻으로, 아들 낳는 즐거움을 이르는 말.
　　　　　　　　　※예전에 중국(中國)에서 아들을 낳으면 침상(寢牀)에 누이
　　　　　　　　　　　고 고까옷을 입혀 손에 구슬을 쥐여 준다는 고사에서 유래.
　　　　　　　　　출전(出典) 『시경(詩經)』 소아(小雅)의 「사간편(斯干篇)」

- 농조연운(籠鳥戀雲)　새장에 갇힌 새가 구름을 그리워한다는 뜻으로, 속박(束縛) 당한 몸이 자유(自由)를 그리워함을 이르는 말.

- 뇌락방심(磊落放心)　적은 일에 꺼리 끼지 않고 사리(事理) 분별(分別)에 뚜렷하고 느긋한 성품(性品)을 이르는 말.

- 뇌려풍비(雷勵風飛)　우레가 격렬(激烈)하고 바람이 빠르게 인다는 뜻으로, 위세(威勢)가 맹렬(猛烈)하고 행동(行動)이 신속(迅速)함을 비유적으로 이르는 말.

- 뇌봉전별(雷逢電別)　천둥같이 만났다가 번개같이 헤어진다는 뜻으로, 잠깐 만났다가 곧 헤어짐을 이르는 말. =뇌별전봉(雷別電逢)

- 뇌성대명(雷聲大名)　세상(世上)에 널리 드러난 이름. 또는 남의 이름을 높여서 이르는 말.

- 뇌성벽력(雷聲霹靂)　천둥소리와 벼락을 아울러 이르는 말.

- 누견불선(屢見不鮮)　너무 자주 보아 전혀 새롭지 않음을 뜻함.

- 누란지위(累卵之危)　달걀을 쌓아 놓은 것처럼 위태(危殆)롭다는 뜻으로, 매우 위급(危急)한 상태(狀態)를 비유적으로 이르는 말.
=풍전등화(風前燈火), 일촉즉발(一觸卽發)

- 누진취영(鏤塵吹影)　먼지에 새기고 그림자를 입으로 분다는 뜻으로, 쓸데없는

	노력(努力)을 이르는 말.
• 누항단표(陋巷簞瓢)	좁고 지저분한 마을에서 먹는 도시락의 밥과 표주박의 물이라는 뜻으로, 소박(素朴)한 시골 살림, 또는 청빈(淸貧)한 선비의 살림을 이르는 말.
• 눌언민행(訥言敏行)	말은 더듬거리며 느리게 하여도 실제(實際)의 행동(行動)은 능란(能爛)하고 재빠름을 이르는 말.
• 능견난사(能見難思)	잘 살펴보았으나 보통(普通)의 이치(理致)로는 도저히 추측(推測)할 수 없는 일을 이르는 말.
• 능곡지변(陵谷之變)	언덕과 골짜기가 뒤바뀐다는 뜻으로, 세상(世上)일이 극심(極甚)하게 뒤바뀜을 이르는 말. =상전벽해(桑田碧海)
• 능대능소(能大能小)	재주와 일을 주선(周旋)하고 변통(變通)하는 재간(才幹)이 좋아 모든 일에 두루 능숙(能熟)함을 이르는 말.
• 능수능란(能手能爛)	사람이 어떤 일에 익숙하고 솜씨가 좋음.
• 능언앵무(能言鸚鵡)	말을 할 줄 아는 앵무(鸚鵡)새라는 뜻으로, 말만 잘하고 실제(實際) 학문(學問)이 없는 사람을 이르는 말.
• 능운지지(凌雲之志)	높은 구름을 훨씬 넘는 뜻이라는 뜻으로, 속세(俗世)에 초연(超然)한 태도(態度). 또는 속세를 떠나서 초탈(超脫)하려는 마음을 이르는 말. =능운지지(陵雲之志)
• 능지처참(陵遲處斬)	예전에, 대역죄(大逆罪)를 지은 죄인(罪人)을 머리, 몸뚱이, 팔, 다리를 토막 쳐서 죽이는 극형(極刑)을 이르는 말.

【ㄷ】

- 다기망양(多岐亡羊) 갈림길이 많아 찾는 양(羊)을 결국(結局) 잃고 말았다는 뜻으로, 학문(學問)의 길이 여러 갈래이어서 진리(眞理)를 찾기가 어려움을 이르는 말. =망양지탄(亡羊之歎)
- 다능비사(多能鄙事) 낮고 속(俗)된 일에 재능(才能)이 많음을 이르는 말.
- 다다익선(多多益善) 많으면 많을수록 더욱더 좋다는 말.
- 다문박식(多聞博識) 보고 들은 것이 많고 아는 것이 풍부(豊富)함.
- 다사다단(多事多端) 일과 사단(事端)이 여러 가지로 뒤얽혀 복잡(複雜)함.
- 다사제제(多士濟濟) 뛰어난 인재(人材)가 많음.
- 다사지추(多事之秋) 일이 가장 많고 가장 바쁠 때 흔히 국가적(國家的), 사회적(社會的)으로 많은 일이 벌어진 때를 이르는 말.
- 다언삭궁(多言數窮) 말이 많으면 자주 곤경(困境)에 빠진다는 말.
- 다재다능(多才多能) 재주가 많고 능력(能力)이 풍부(豊富)함을 이르는 말.
- 다재다병(多才多病) 재주가 많은 사람은 몸이 약(弱)하고 잔병(病)이 많음을 이르는 말.
- 다재다예(多才多藝) 다방면(多方面)에 재주가 많음.
- 다전선고(多錢善賈) 돈이 많으면 장사를 잘할 수 있다는 뜻으로, 어떤 일을 하든 조건(條件)이 좋은 사람이 유리(有利)하다는 것을 비유적으로 이르는 말. =장수선무(長袖善舞)
- 다정다감(多情多感) 정(情)이 많고 감성(感性)이 풍부(豊富)함.
- 다정불심(多情佛心) 다정다감(多情多感)하며 자비(慈悲)롭고 착한 마음.

- 단금지교(斷金之交)   쇠붙이를 끊을 수 있을 만큼 단단한 교분(交分)이라는 뜻으로, 친구(親舊) 사이의 매우 두터운 우정(友情)을 이르는 말. =단금지계(斷金之契), 관포지교(管鮑之交)
- 단기지교(斷機之敎)   짜던 베의 날을 칼로 끊어 버린다는 뜻으로, 학문(學問)을 중도(中途)에서 그만두면 아무 쓸모가 없음을 이르는 말. =단기지계(斷機之戒)
- 단도직입(單刀直入)   혼자서 한 자루의 칼을 들고 곧장 적진(敵陣)으로 쳐들어 간다는 뜻으로, 말을 하거나 글을 쓸 때 여담(餘談)이나 그 밖의 말을 늘어놓지 않고 요점(要點)이나 문제(問題)의 핵심(核心)을 곧바로 말함을 이르는 말. =거두절미(去頭截尾)
- 단독일신(單獨一身)   단 하나의 몸이란 뜻으로, 일가친척(一家親戚)이 없는 혼자의 몸을 이르는 말.
- 단사두갱(簞食豆羹)   도시락에 담은 밥과 나무그릇에 떠놓은 국이라는 뜻으로, 변변하지 않은 음식(飮食)을 이르는 말.
- 단사표음(簞食瓢飮)   도시락에 담긴 밥과 표주박에 든 물이라는 뜻으로, 청빈(淸貧)하고 소박(素朴)한 생활(生活)을 이르는 말. =단사두갱(簞食豆羹), 단표누항(簞瓢陋巷)
- 단사호장(簞食壺漿)   도시락에 담긴 밥과 병(瓶)에 담긴 마실 것이라는 뜻으로, 백성(百姓)들이 군대(軍隊)를 환영(歡迎)하기 위해 차려놓은 음식(飮食)을 이르는 말.
- 단순호치(丹脣皓齒)   붉은 입술과 하얀 이라는 뜻으로, 미인(美人)의 얼굴을 이르는 말. = 화용월태(花容月態)
- 단장보단(斷長補短)   긴 곳을 잘라 짧은 곳을 메워 들쭉날쭉한 것을 곧게 함을 이르는 말. =절장보단(絕長補短)
- 단편잔간(斷篇殘簡)   떨어지거나 빠져서 온전하지 못한 책(册)이나 문서(文書)를 이르는 말.

- 단표누항(簞瓢陋巷)   좁고 지저분한 거리에서 먹는 도시락의 밥과 표주박의 물이라는 뜻으로, 소박(素朴)한 시골 살림, 또는 청빈(淸貧)한 선비의 살림을 이르는 말.

- 달인대관(達人大觀)   달인(達人)은 크게 본다는 뜻으로, 사물(事物)의 도리(道理)에 정통(精通)한 사람은 사물을 옳고 정당(正當)하게 관찰(觀察)함을 이르는 말.

- 담대심소(膽大心小)   담력(膽力)은 크게 가지되 주의(注意)는 세심(細心)해야 한다는 뜻으로, 문장(文章)을 지을 때의 마음가짐을 이르는 말.

- 담대어신(膽大於身)   쓸개가 몸뚱이보다 크다는 뜻으로, 담력(膽力)이 아주 큼을 이르는 말.

- 담소자약(談笑自若)   걱정이 있거나 놀라운 일이 있어도 보통(普通) 때와 같이 웃고 떠들며 평소(平素)의 태도(態度)를 잃지 않음을 이르는 말. =언소자약(言笑自若)

- 담수지교(淡水之交)   물과 같이 담박(淡泊)한 교제(交際)라는 뜻으로, 군자(君子)의 교제를 이르는 말. =금란지교(金蘭之交)

- 담언미중(談言微中)   은연(隱然)중에 말한다는 뜻으로, 완곡(緩曲)한 말로 남의 급소(急所)를 찔러 말함을 이르는 말.

- 당간지주(幢竿支柱)   법회(法會) 따위의 의식(儀式)이 있을 때 쓰는 기(旗)를 달아 세우는 장대인 당간(幢竿)을 지탱(支撐)하기 위하여 세운 두 개의 기둥을 이르는 말.

- 당구지락(當構之樂)   집안의 사업(事業)을 하는 즐거움이라는 뜻으로, 아들이 아버지의 사업을 계승(繼承)하여 이루는 즐거움을 이르는 말.

- 당구풍월(堂狗風月)   서당(書堂)에서 기르는 개가 풍월(風月)을 읊는다는 뜻으로, 그 분야(分野)에 대하여 경험(經驗)과 지식(知識)이 전혀 없는 사람이라도 오래 있으면 얼마간의 경험과 지식을 가짐을 이르는 말.

- 당대발복(當代發福) 풍수지리(風水地理)에서, 부모(父母)를 명당(明堂)에 장사(葬事) 지낸 덕(德)으로 그 아들의 대(代)에서 부귀(富貴)를 누리게 됨을 이르는 말.
- 당동벌이(黨同伐異) 하는 일의 옳고 그름은 따지지 않고 뜻이 같은 사람끼리는 한패가 되고, 그렇지 않은 사람은 배척(排斥)한다는 말.
  =동당벌이(同黨伐異)
- 당랑거철(螳螂拒轍) 사마귀가 앞발을 들고 수레를 멈추려 했다는 고사(故事)에서 유래(由來)한 말로, 자기(自己) 분수(分數)도 모르고 무모(無謀)하게 덤빔을 이르는 말. =당랑지부(螳螂之斧)
- 당랑규선(螳螂窺蟬) 사마귀가 매미를 잡으려고 엿본다는 뜻으로, 지금 당장의 이익(利益)만을 탐(貪)하여 그 뒤의 위험(危險)을 알지 못함을 비유적으로 이르는 말.
  =당랑박선(螳螂搏蟬), 당랑재후(螳螂在後)
  ※사마귀가 매미를 잡으려고 그것에만 마음이 팔려 자신(自身)이 참새에게 잡아먹힐 위험(危險)에 처(處)해 있음을 알지 못하였다는 고사에서 유래.

  출전(出典) 『장자(莊子)』「산목편(山木篇)」
- 당비당차(螳譬當車) 사마귀가 앞다리를 들어 수레바퀴에 덤벼들다가, 바퀴에 눌려 죽는다는 뜻으로, 자신(自身)의 역량(力量)도 모르고 날뛰면 실패(失敗)함을 이르는 말.
- 당시승상(當時丞相) 권세(權勢)가 한창 높은 사람을 비유적으로 이르는 말.
- 대갈일성(大喝一聲) 크게 외치는 한마디의 소리나 꾸짖는 소리를 이르는 말.
- 대경대법(大經大法) 아주 공정(公正)하고 떳떳한 원리(原理)와 법칙(法則)을 이르는 말.
- 대경실색(大驚失色) 몹시 놀라 얼굴빛이 하얗게 질림. =대경실성(大驚失性)
- 대공무사(大公無私) 매우 공평(公平)하고 사사(私事)로움이 없음.

- 대교약졸(大巧若拙)   재능(才能)이 매우 뛰어난 사람은 그 재능을 쉽게 드러내지도 않고 자랑하지도 않으므로 언뜻 보기에는 도리어 서툰 사람 같아 보인다는 뜻으로, 사람을 겉에 드러나는 단순(單純)한 행실(行實)만 가지고 판단(判斷)하지 않도록 경계(警戒)하여 이르는 말.
- 대기만성(大器晚成)   큰 그릇을 만드는 데는 시간(時間)이 오래 걸린다는 뜻으로, 크게 될 사람은 늦게 이루어짐을 이르는 말.
- 대기소용(大器小用)   큰 그릇이 작게 쓰인다는 뜻으로, 뛰어난 인재를 능력(能力)에 걸맞지 않은 낮은 지위(地位)에 쓰는 것을 비유적으로 이르는 말. =대재소용(大材小用)
- 대담무쌍(大膽無雙)   대담(大膽)하기가 어디에도 비(比)할 바가 없음.
- 대대손손(代代孫孫)   오래도록 내려오는 여러 대(代). =자자손손(子子孫孫)
- 대동소이(大同小異)   대개(大槪)는 같고 차이(差異)가 거의 없다는 뜻으로, 두가지 이상의 대상(對象)이 어슷비슷한 것을 두고 이르는 말.
- 대변여눌(大辯如訥)   말을 잘하는 사람은 함부로 지껄이지 않기에 도리어 말이 서툴러 보인다는 뜻으로, 조심(操心)스럽게 말하는 사람을 겉에 드러나는 단순(單純)한 말만 가지고 판단(判斷)하지 않도록 경계(警戒)하여 이르는 말. =대교약졸(大巧若拙)
- 대분망천(戴盆望天)   머리에 동이를 이고는 하늘을 볼 수 없고 하늘을 보려면 동이를 일 수 없다는 뜻으로, 한 번에 두 가지 일을 할 수 없음을 비유적으로 이르는 말.
- 대서특필(大書特筆)   어떤 일을 특별(特別)히 두드러지게 나타내려고 큰 글자로 쓴다는 뜻으로, 신문(新聞) 따위에서 어떤 사건(事件)에 대한 기사(記事)를 큰 비중(比重)을 두어 다루는 것을 이르는 말. =대서특기(大書特記), 대자특서(大字特書)
- 대성통곡(大聲痛哭)   큰 소리로 몹시 슬프게 욺. =방성대곡(放聲大哭)

- 대언장어(大言壯語)	자기(自己) 주제(主題)에 맞지 않는 말을 잘난 체하며 지껄임. 또는 그런 말을 이르는 말.
- 대우탄금(對牛彈琴)	소를 마주 대하고 거문고를 탄다는 뜻으로, 어리석은 사람에게 깊은 이치(理致)를 말하여 주어도 아무 소용(所用)이 없음을 비유적으로 이르는 말. =마이동풍(馬耳東風)
- 대의멸친(大義滅親)	큰 의리(義理)를 지키기 위해서라면 부모(父母)와 형제(兄弟)도 돌보지 않음을 이르는 말.
- 대의명분(大義名分)	사람으로서 마땅히 지켜야 할 도리(道理)와 본분(本分)을 이르는 말.
- 대인착도(代人捉刀)	남을 대신(代身)하여 칼을 잡는다는 뜻으로, 다른 사람을 대신하여 일을 함을 이르는 말.
- 대자대비(大慈大悲)	[불교] 넓고 커서 끝이 없는 자비(慈悲). 특히 관세음보살(觀世音菩薩)이 중생(衆生)을 사랑하고 불쌍히 여기는 마음을 이르는 말.
- 대재소용(大材小用)	큰 재목(材木)을 작게 쓴다는 뜻으로, 조직(組織)이나 단체(團體)에서 큰 능력(能力)을 가진 사람에게 그 능력에 맞지 않는 작은 일을 맡기는 것을 이르는 말.
- 대증하약(對症下藥)	증세(症勢)에 맞추어 약(藥)을 써야 한다는 뜻으로, 문제(問題)의 핵심(核心)을 바로 보고 대처(對處)해야 함을 이르는 말.
- 대지약우(大智若愚)	큰 지혜(智慧)를 가지고 있는 사람은 자신(自身)의 재능(才能)을 뽐내지 않기 때문에 얼른 보기에는 어리석은 사람 같이 보인다는 말.
- 대천지수(戴天之讐)	하늘을 함께 이지 못하는 원수(怨讐)라는 뜻으로, 이 세상(世上)에서 같이 살 수 없을 만큼 큰 원한(怨恨)을 가진 원수를 비유적으로 이르는 말.

- 대한불갈(大旱不渴)   아무리 오래 가물어도 마르지 않는다는 뜻으로, 샘이나 시내, 논 따위에 물이 넉넉하여 큰 가뭄에도 마르지 않음을 이르는 말.
- 대해일속(大海一粟)   넓고 넓은 바다에 떨어뜨린 한 알의 좁쌀이란 뜻으로, 매우 작음, 또는 보잘 것 없는 존재(存在)를 이르는 말.
  =창해일속(滄海一粟)
- 대화유사(大化有四)   사람의 일생(一生)에 있어서의 특별(特別)히 두드러진 변천(變遷)에는 네 단계(段階)가 있다. 곧 아기의 시절(時節), 젊고 혈기(血氣)가 왕성(旺盛)한 시절, 늙은 시절, 그리고 죽음의 시절이 있음을 이르는 말.
- 덕무상사(德無常師)   덕(德)을 닦는 데는 일정한 스승이 없다는 뜻으로, 마주치는 환경(環境), 마주치는 사람 모두가 수행(修行)에 도움이 됨을 이르는 말.
- 덕본재말(德本財末)   덕(德)은 근본(根本)이요 재물(財物)은 맨 나중이라는 뜻으로, 사람은 덕을 쌓기에 노력(努力)해야지 재물에 매달리면 안 된다는 말.
- 덕업상권(德業相勸)   향약(鄕約)의 네 강목(綱目) 중의 하나. 좋은 일은 서로 권장(勸獎)함을 이르는 말.
- 덕필유린(德必有隣)   덕(德)이 있으면 반드시 따르는 사람이 있으므로 외롭지 않다는 말.
- 도견와계(陶犬瓦鷄)   도자기(陶瓷器) 만드는 집의 개와 기와 만드는 집의 닭이라는 뜻으로, 아무 쓸모가 없는 무용지물(無用之物)을 비유적으로 이르는 말.
- 도로무공(徒勞無功)   한갓 헛되게 애만 쓰고 아무 보람이 없음.
- 도로무익(徒勞無益)   헛되이 수고만 하고 공(功)을 들인 보람이 없다는 뜻으로, 노력(努力)에도 불구하고 아무런 보람이나 이익(利益)이 없

음을 이르는 말. =도로무공(徒勞無功), 노이무공(勞而無功)

- 도룡지기(屠龍之技)   용(龍)을 잡는 재주가 있다는 뜻으로, 쓸데없는 재주를 이르는 말.

- 도방고리(道傍苦李)   길가의 오얏은 쓰다는 뜻으로, 많은 사람들이 무시(無視)하는 것은 반드시 그럴 만한 까닭이 있다는 것을 비유적으로 이르는 말.

  ※'나무가 길가에 있는데 저렇게 열매가 많이 매달려 있는 것은 틀림없이 쓴 오얏이다.'라고 말해서 오얏을 따서 먹어 보니 과연(果然) 그랬다. 진(晉)나라의 왕융(王戎)이 일곱 살 때 말한 고사에서 유래.

  출전(出典) 『세설신어(世說新語)』「아량(雅量)第六」

- 도불습유(道不拾遺)   길에 떨어진 물건(物件)을 주워가지 않는다는 뜻으로, 나라가 잘 다스려지고 풍속(風俗)이 아름답고 생활(生活)이 넉넉함을 이르는 말. =태평성대(太平聖代), 요순시대(堯舜時代)

- 도소지양(屠所之羊)   도살장(屠殺場)으로 끌려가는 양(羊)이라는 뜻으로, 죽음이 눈앞에 닥쳐온 사람을 이르는 말.

- 도역유도(盜亦有道)   도둑에게도 도둑의 도리(道理)가 있다는 뜻으로, 모든 것에는 합당(合當)한 도리가 있다는 말.

- 도원결의(桃園結義)   복숭아 과원(果園)에서 의형제(義兄弟)를 맺는다는 뜻으로, 뜻이 맞는 사람끼리 특정(特定) 목적(目的)을 이루기 위해 행동(行動)을 같이할 것을 약속(約束)하는 것을 비유적으로 이르는 말.

  ※유비(劉備), 관우(關羽), 장비(張飛)가 도원(桃園)에서 의형제(義兄弟)를 맺은 고사(故事)에서 유래.

  출전(出典) 『삼국연의(三國演義)』

- 도유승강(道有升降)   길에는 오르막길과 내리막길이 있다는 뜻으로, 이와 마찬

가지로 인간(人間)의 삶, 국가(國家)의 흥망성쇠(興亡盛衰) 등 모든 일이 크게 융성(隆盛)할 때와 쇠락(衰落)할 때가 있음을 이르는 말.

- 도중예미(途中曳尾) 진흙 속에 꼬리를 끌고 다닌다는 뜻으로, 세상(世上)을 피(避)하여 숨어서 사는 생활(生活)이 자유(自由)로움을 이르는 말.
  ※거북이 일찍 잡혀 죽은 뒤에 그 등껍질이 점(占)치는 데 귀하게 쓰이는 것보다는 살아서 꼬리를 진흙 속에 끌고 다니는 것이 더 좋은 것처럼 벼슬하여 속박(束縛)을 받기보다는 은거(隱居)하여 자유롭게 사는 것이 더 낫다고 한 장자(莊子)의 고사에서 유래.
  출전(出典) 『장자(莊子)』「추수편(秋水篇)」

- 도중하차(途中下車) 하던 일을 완수(完遂)하지 못하고 중도(中途)에 그만둠을 비유적으로 이르는 말.

- 도증주인(盜憎主人) 도둑은 주인(主人)이 자기(自己)를 제지(制止)하여 재물(財物)을 얻지 못하게 하므로 이를 미워한다는 뜻으로, 사람은 다만 자기(自己)의 형편(形便)에 맞지 않으면 이를 싫어한다는 말.

- 도처춘풍(到處春風) 이르는 곳마다 봄바람이라는 뜻으로, 좋은 얼굴로 남을 대하여 사람들에게 호감(好感)을 사려고 처신(處身)하는 사람. 또는 가는 곳마다 기분 좋은 일을 이르는 말.

- 도천지수(盜泉之水) 아무리 목이 말라도 도둑 도(盜) 자(字)가 들어있는 이름의 샘물은 마시지 않는다는 뜻으로, 아무리 형편(形便)이 어렵더라도 결코 부정(不正)한 짓은 할 수 없음을 이르는 말.

- 도청도설(道聽塗說) 길에서 듣고 길에서 말한다는 뜻으로, 설들은 말을 곧바로 다른 사람에게 옮기거나 길거리에 떠돌아다니는 뜬소문(所聞)을 이르는 말. =유언비어(流言蜚語)

- 도출일원(道出一原) 좌(左)로 가든 우(右)로 가든 길은 만난다는 말.
- 도탄지고(塗炭之苦) 진흙 구렁에 빠지고 숯불에 타는 고통(苦痛)의 뜻으로, 학정(虐政)으로 인해 백성(百姓)들이 심(甚)한 고통을 겪는 것을 비유적으로 이르는 말.
- 도행역시(倒行逆施) 거꾸로 가고 거꾸로 행한다는 뜻으로, 도리(道理)를 따르지 않고 무리(無理)하게 행(行)하거나 상식(常識)에 어긋나는 행동(行動)을 하는 것을 이르는 말.
- 독불장군(獨不將軍) 혼자서는 장군(將軍)이 될 수 없다는 뜻으로, 혼자의 힘만으로 되는 일은 없으니 모든 일은 다른 사람과 함께 협조(協助)하고 타협(妥協)해서 처리(處理)해야 함을 이르는 말.
- 독서망양(讀書亡羊) 글을 읽는 데 정신(精神)이 팔려 먹이고 있던 양(羊)을 잃었다는 뜻으로, 일에는 뜻이 없고 딴생각만 하다가 낭패(狼狽)봄을 이르는 말.
- 독서삼도(讀書三到) 독서(讀書)의 세 가지 방법(方法). 입으로 다른 말을 아니하고 책(册)을 읽는 구도(口到), 눈으로는 다른 것을보지 않고 책만을 보는 안도(眼到), 마음을 하나로 가다듬고 오로지 마음이 글을 읽는 그 대상(對象)에 집중(集中)해야 하는 심도(心到)가 있음.
- 독서삼매(讀書三昧) 오직 책(册)을 읽는 데에만 골몰(汨沒)하여 아무런 잡념(雜念)이 일어나지 않는 상태(狀態)를 이르는 말.
- 독서삼여(讀書三餘) 책(册)을 읽기에 알맞은 세 가지 넉넉한 때. 곧 겨울, 밤, 비가 올 때를 이르는 말. =삼여지공(三餘之功)
- 독서상우(讀書尙友) 책(册)을 읽음으로써 옛 현인(賢人)들과 벗이 될 수 있음을 이르는 말.
- 독수공방(獨守空房) 아내가 남편(男便)없이 혼자 지내는 것. 또는 혼자 지내는 것을 이르는 말.

- 독야청청(獨也靑靑)　　남들이 모두 절개(節槪)를 버린 상황(狀況) 속에서 홀로 절개를 굳세게 지키고 있음을 비유적으로 이르는 말.
- 독오거서(讀五車書)　　다섯 대의 수레에 가득히 실을 만큼 많은 책(冊)을 읽음을 이르는 말.
- 독장난명(獨掌難鳴)　　한쪽 손뼉은 울리지 못한다는 뜻으로, 맞서는 이가 없으면 싸움이 되지 않음. 또는 혼자서는 일을 이루기가 어려운 것을 비유적으로 이르는 말.
　　　　　　　　　　　=독장불명(獨掌不鳴), 고장난명(孤掌難鳴)
- 독청독성(獨淸獨醒)　　혼탁(混濁)한 세상(世上)에서 오직 혼자서 깨끗하고 정신(精神)이 맑음을 이르는 말.
- 독학고루(獨學孤陋)　　혼자 공부(工夫)한 사람은 견문(見聞)이 좁아서 정도(正道)에 들어가기 어렵다는 말.
- 돈수백배(頓首百拜)　　머리가 땅에 닿도록 수없이 계속(繼續)해서 절을 함.
- 돈오점수(頓悟漸修)　　문득 깨달음에 이르는 경지(境地)에 이르기까지는 반드시 점진적(漸進的) 수행(修行) 단계(段階)가 따름을 이르는 말.
- 돈제일주(豚蹄一酒)　　돼지 발굽과 술 한 잔(盞)이라는 뜻으로, 작은 성의(誠意)로 많은 것을 구(求)하려 함을 이르는 말.
- 동가홍상(同價紅裳)　　같은 값이면 다홍치마라는 뜻으로, 값이 같거나 똑같은 노력(努力)을 들인다면 더 좋은 것을 가짐을 비유적으로 이르는 말.
- 동고동락(同苦同樂)　　괴로울 때나 즐거울 때나 항상(恒常) 함께 함을 이르는 말.
- 동공이곡(同工異曲)　　같은 악공(樂工)끼리도 곡조(曲調)는 다르다는 뜻으로, 재주는 같아도 표현(表現)하는 형식(形式)이나 느낌은 각각 다름을 이르는 말. =동공이체(同工異體)
- 동기상구(同氣相求)　　기질(氣質)과 뜻이 같은 사람끼리 서로 찾아 모임을 이르는 말. =초록동색(草綠同色)

- 동기지친(同氣之親) 형제자매(兄弟姉妹) 사이의 친애(親愛)를 이르는 말.
- 동도서말(東塗西抹) 동(東)쪽에서 바르고 서(西)쪽에서 지운다는 뜻으로, 이리저리 간신히 꾸며 대어 맞춤을 이르는 말.
- 동두철신(銅頭鐵身) 구리 덩이 같은 얼굴에 쇳덩이 같은 몸이라는 뜻으로, 성질(性質)이 모질고 완강(頑强)한 사람을 비유적으로 이르는 말.
- 동량지기(棟梁之器) 마룻대와 들보로 쓸 만한 재목(材木)이라는 뜻으로, 나라의 중임(重任)을 맡을 만한 큰 인재(人材)를 이르는 말.
- 동량지재(棟梁之材) 한 나라나 집안을 떠받들어 이끌어 갈 젊은이를 비유적으로 이르는 말. =간성지재(干城之材), 명세지재(命世之才)
- 동문동궤(同文同軌) 온 천하(天下)의 수레가 바퀴의 폭이 같고 문서(文書)는 글자가 같다는 뜻으로, 통일(統一)된 천하를 이르는 말.
  ※ 서동문(書同文)거동궤(車同軌)가 원문(原文).
- 동문서답(東問西答) 질문(質問)과 상관(相關)없는 엉뚱한 대답(對答)을 말함.
- 동문수학(同門受學) 한 스승 밑에서 함께 공부함. =동문동학(同門同學)
- 동문수학(同門修學) 한 스승 또는 한 학교(學校)에서 같이 학문(學問)을 닦고 배움을 이르는 말.
- 동방화촉(洞房華燭) 동방(洞房)에 비치는 환한 촛불이라는 뜻으로, 혼례(婚禮)를 치르고 나서 첫날밤에 신랑(新郞)이 신부(新婦) 방에서 자는 의식(儀式)을 이르는 말.
- 동병상련(同病相憐) 같은 병(病)을 앓는 사람끼리 서로 가엾게 여긴다는 뜻으로, 어려운 처지(處地)에 있는 사람끼리 서로 동정(同情)하고 도움을 이르는 말.
  =유유상종(類類相從), 동주상구(同舟相救)
- 동분서주(東奔西走) 동(東)쪽으로 달리고 서(西)쪽으로 뛴다는 뜻으로, 여기저기 사방(四方)으로 분주(奔走)하게 돌아다님을 이르는 말.
  = 동주서분(東走西奔), 동치서주(東馳西走)

- 동빙가절(凍氷可折)　물도 얼음이 되면 쉽게 부러진다는 뜻으로, 사람의 강유(剛柔)의 성질(性質)도 때에 따라 변한다는 말.
- 동빙한설(凍氷寒雪)　얼어붙은 얼음과 차가운 눈이라는 뜻으로, 매서운 추위를 비유적으로 이르는 말. ↔화풍난양(和風暖陽)
- 동산고와(東山高臥)　속세(俗世)의 번잡(煩雜)함을 피하여 산중(山中)에 은거(隱居)함을 이르는 말. =매처학자(梅妻鶴子)
  ※ 진(晉)나라의 사안(謝安)이 속진(俗塵)을 피(避)하여 저장성(浙江省)의 동산(東山)에 은거(隱居)하였다는 고사에서 유래.
  출전(出典) 『세설신어(世說新語)』「배조(排調)」
- 동상이몽(同床異夢)　한자리에서 같이 자면서도 서로 다른 꿈을 꾼다는 뜻으로, 겉으로는 같이 행동(行動)하면서 속으로는 각기 다른 생각을 하는 것을 비유적으로 이르는 말. =동상각몽(同牀各夢)
- 동서고금(東西古今)　동양(東洋)과 서양(西洋), 옛날과 지금이라는 뜻으로, 사람이 살아온 모든 시대(時代)와 모든 장소(場所)를 아울러 이르는 말.
- 동선하로(冬扇夏爐)　겨울철의 부채와 여름철의 화로(火爐)라는 뜻으로, 때에 맞지 않아 쓸데없는 사물(事物)을 비유적으로 이르는 말. =하로동선(夏爐冬扇)
- 동성동본(同姓同本)　성(姓)과 본관(本貫)이 같은 겨레붙이를 말함.
- 동성상응(同聲相應)　같은 소리끼리는 서로 응(應)하여 울린다는 뜻으로, 같은 무리끼리는 서로 통(通)하여 자연(自然)히 모인다는 말. =유유상종(類類相從), 동기상구(同氣相求)
- 동성이속(同聲異俗)　사람이 날 때는 다 같은 소리를 가지고 있으나, 자라면서 그 나라의 풍속(風俗)으로 인해 서로 달라짐을 이르는 말. ↔동성상응(同聲相應)

- 동식서숙(東食西宿) 　동(東)쪽에서 먹고 서(西)쪽에서 잔다는 뜻으로, 부평초(浮萍草)와 같은 떠돌이 신세(身世)를 이르는 말.
- 동심단금(同心斷金) 　여러 사람이 마음을 합하면 그 날카로움이 쇠를 끊는다는 말.
- 동심동덕(同心同德) 　서로 같은 마음으로 덕(德)을 함께한다는 뜻으로, 같은 목표(目標)를 위하여 여럿이 마음을 합쳐 힘씀을 이르는 말.
- 동온하정(冬溫夏凊) 　추운 겨울에는 따뜻하게, 더운 여름에는 서늘하게 한다는 뜻으로, 부모(父母)를 잘 섬기어 효도(孝道)함을 이르는 말.
- 동우지곡(童牛之牿) 　송아지를 외양간에 동여맴과 같이 자유(自由)가 없는 것을 이르는 말.
- 동이불화(同而不和) 　뇌동(雷同)만 하고 진실(眞實)로 화합(和合)하지는 않는다는 말.
- 동정서벌(東征西伐) 　동(東)쪽을 정복(征服)하고 서(西)쪽을 친다는 뜻으로, 이리저리로 여러 나라를 정벌(征伐)함을 이르는 말.
- 동족방뇨(凍足放尿) 　언 발에 오줌 누기라는 뜻으로, 잠시(暫時) 동안만 효력(效力)이 있을 뿐 곧 없어짐을 이르는 말. =하석상대(下石上臺)
- 동족상잔(同族相殘) 　같은 겨레나 같은 혈족(血族)끼리 서로 싸우고 해친다는 말.
- 동주상구(同舟相救) 　같은 배를 탄 사람끼리 서로 돕는다는 뜻으로, 같은 운명(運命)이나 처지(處地)에 놓이면 아는 사람이나 모르는 사람이나 서로 돕게 됨을 이르는 말. =오월동주(吳越同舟)
- 동해양진(東海揚塵) 　동해(東海)에 티끌이 오른다는 뜻으로 바다가 육지(陸地)로 변하는 것처럼 세상(世上)일의 변화(變化)가 큼을 이르는 말. =상전벽해(桑田碧海)
- 동호지필(董狐之筆) 　동호(董狐)의 붓이라는 뜻으로, 권력(權力)을 의식(意識)하지 않고 기록(記錄)을 곧이곧대로 바르게 써서 남기는 것을 이르는 말. =태사지간(太史之簡)

※춘추(春秋) 시대 진(晉)나라의 사관(史官)이었던 동호(董

狐)가 위세(威勢)를 두려워하지 않고 사실(史實)을 사실(事實)대로 직필(直筆)하였다는 고사에서 유래.

출전(出典) 『좌전(左傳)』「선공(宣公) 2년」

- 동홍선생(冬烘先生) 겨울철에 방(房)안에 앉아서 불만 쬐고 있는 훈장(訓長)이라는 뜻으로, 학문(學問)에만 열중(熱中)하여 세상(世上) 물정(物情)을 잘 모르는 사람을 이르는 말.

- 두남일인(斗南一人) 두남(斗南)의 한 사람이라는 뜻으로, 온 천하(天下)에서 제일가는 훌륭한 인물(人物)을 이르는 말.
  ※두남(斗南) : 북두칠성(北斗七星)의 남쪽.

- 두문불출(杜門不出) 문(門)을 닫고 나오지 않는다는 뜻으로, 세상(世上)과의 인연(因緣)을 끊고 집안에만 은거(隱居)함을 이르는 말.

- 두점방맹(杜漸防萌) 애시 당초(當初) 싹이 나오지 못하도록 막는다는 뜻으로, 어떤 일의 싹트는 시초(始初)를 막아 후환(後患)이 없게함을 이르는 말.

- 두주불사(斗酒不辭) 말술도 사양(辭讓)하지 않는다는 뜻으로, 술을 매우 잘 마심을 이르는 말.

- 득롱망촉(得隴望蜀) 농(隴)나라를 얻고 나니 촉(蜀)나라를 갖고 싶다는 뜻으로, 사람은 만족(滿足)할 줄을 모르고 계속(繼續) 욕심(慾心)을 부림을 이르는 말.
  ※중국(中國) 후한(後漢)의 광무제(光武帝)가 농(隴) 지방을 평정(平定)한 후에 다시 촉(蜀) 지방까지 원하였다는 고사에서 유래.

  출전(出典) 『후한서(後漢書)』「잠팽전(岑彭傳)」

- 득부상부(得斧喪斧) 얻은 도끼나 잃은 도끼나 마찬가지라는 뜻으로, 얻고 잃은 것이 같아서 이익(利益)도 손해(損害)도 없음을 이르는 말.
  =득실상반(得失相半)

- 득불보실(得不補失) 얻은 것으로 그 잃은 것을 메워 채우지 못한다는 뜻으로, 손해(損害)가 됨을 이르는 말.
- 득실상반(得失相半) 득실(得失)이 서로 반(半)이라는 뜻으로, 이로움과 해로움이 서로 마찬가지임을 이르는 말.
- 득어망전(得魚忘筌) 물고기를 잡으면 통발을 잊는다는 뜻으로, 바라던 바를 이루고 나면 이를 이루기 위하여 했던 일들을 잊어버림을 이르는 말. ＝토사구팽(兎死狗烹)
- 득의만면(得意滿面) 일이 뜻대로 이루어져서 기쁜 표정(表情)이 얼굴에 가득함. 또는 그런 태도(態度)를 이르는 말.
- 득의양양(得意揚揚) 뜻을 얻고 자랑스러워 한다는 뜻으로, 뜻하는 바를 이루어 뽐내고 으쓱댄다는 말. ＝의기양양(意氣揚揚)
- 득일망십(得一忘十) 한 가지 일을 알면 다른 열 가지 일을 잊어버린다는 뜻으로, 기억력(記憶力)이 좋지 않아 잘 잊어버리는 사람을 비유적으로 이르는 말.
- 득전전창(得全全昌) 무릇 일을 꾀하는 데 만전지책(萬全之策)을 쓰면 성공(成功)하여 창성(昌盛)하고 그렇지 않으면 실패(失敗)하여 망한다는 말.
- 득친순친(得親順親) 부모(父母)님의 뜻에서 얻고, 부모님의 뜻에 순종(順從) 함을 이르는 말.
- 등고자비(登高自卑) 높은 곳에 오르기 위해서 낮은 곳에서부터 시작(始作)한다는 뜻으로, 모든 일은 순서(順序)대로 하여야 함을 이르는 말.
- 등고필부(登高必賦) 군자(君子)는 높은 산(山)에 오르면 반드시 시(詩)를 지어 회포(懷抱)를 푸는 것을 이르는 말.
- 등루거제(登樓去梯) 다락에 오르게 하고 사다리를 치운다는 뜻으로, 사람을 꾀어서 어려운 처지(處地)에 빠지게 함을 비유적으로 이르는 말.

- 등태소천(登泰小天)　　태산(泰山)에 오르면 천하(天下)가 작게 보인다는 뜻으로, 큰 도리(道理)를 익힌 사람은 사물(事物)에 얽매이지 않는다는 말.
- 등하불명(燈下不明)　　등잔(燈盞) 밑이 어둡다는 뜻으로, 가까이에서 일어난 일을 오히려 잘 모를 때를 비유적으로 이르는 말.
- 등화가친(燈火可親)　　등(燈)불을 가까이 할 수 있다는 뜻으로, 가을밤은 시원하고 상쾌(爽快)하므로 등불을 가까이 하여 글 읽기에 좋음을 이르는 말.
- 등활지옥(等活地獄)　　[불교] 팔열지옥(八熱地獄)의 하나. 생전(生前)에 살생(殺生)한 사람들이 들어오는 곳으로, 이 지옥(地獄)에 떨어지면 갖은 형벌(刑罰)을 받고 고통(苦痛) 속에 죽었다가 찬바람이 불어오면 살아나 다시 같은 형벌(刑罰)을 받으므로 괴롭고 쓰라림이 한이 없음을 이르는 말.

【ㅁ】

- 마각노출(馬脚露出) 말의 다리가 겉으로 드러난다는 뜻으로, 숨기던 일이나 본성(本性)이 드러남을 이르는 말.
- 마고소양(麻姑搔癢) 전설(傳說)에 나오는 신선(神仙) 할미인 마고(麻姑)가 긴 손톱으로 가려운 데를 긁는다는 뜻으로, 일이 뜻대로 잘됨을 이르는 말. =마고파양(麻姑爬癢)
- 마두출령(馬頭出令) 말을 세워 놓고 명령(命令)을 내린다는 뜻으로, 갑자기 명령(命令)을 내림을 이르는 말.
- 마부위침(磨斧爲針) 도끼를 갈아서 바늘을 만든다는 뜻으로, 아무리 어려운 일이라도 끊임없이 노력(努力)하면 반드시 이룰 수 있음을 이르는 말.
- 마우금거(馬牛襟裾) 말이나 소에 의복(衣服)을 입혔다는 뜻으로, 학식(學識)이 없거나 예의(禮儀)를 모르는 사람을 조롱(嘲弄)해 이르는 말.
- 마이동풍(馬耳東風) 말의 귀에 동풍(東風)이 불어도 말은 아랑곳하지 않는다는 뜻으로, 남의 말에 귀 기울이지 않고 그냥 지나쳐 흘려버림을 이르는 말. =우이독경(牛耳讀經), 오불관언(吾不關焉)
- 마중지봉(麻中之蓬) 삼밭에 난 쑥이라는 뜻으로, 선량(善良)한 사람과 사귀면 그 영향(影響)을 받아 자연히 선량하게 된다는 말. ↔근주자적(近朱者赤)
- 마천철연(磨穿鐵硯) 쇠로 만든 벼루를 갈아서 구멍을 뚫는다는 뜻으로, 게으름 없이 학문(學問)에 정열(情熱)을 쏟는다는 말.

- 마혁과시(馬革裹屍) 말가죽으로 자기(自己) 시체(屍體)를 싼다는 뜻으로, 전쟁(戰爭)터에서 살아 돌아오지 않겠다는 굳은 뜻을 비유적으로 이르는 말.
- 막감수하(莫敢誰何) 어느 누구도 감히 어찌하지 못함.
- 막무가내(莫無可奈) 한번 굳게 고집(固執)하면 도무지 융통성(融通性)이 없음을 이르는 말. =무가내하(無可奈何)
- 막상막하(莫上莫下) 더 낫고 더 못함의 차이(差異)가 거의 없음. =난형난제(難兄難弟)
- 막역지우(莫逆之友) 거스름이 없는 벗이라는 뜻으로, 허물이 없이 매우 가까운 친구(親舊)를 이르는 말. =지란지교(芝蘭之交)
- 막지동서(莫知東西) 동서(東西)를 분간(分揀)하지 못한다는 뜻으로, 사리(事理)를 모르고 날뛰는 사람을 이르는 말.
- 막천석지(幕天席地) 하늘을 장막(帳幕) 삼고 땅을 자리 삼는다는 뜻으로, 땅의 기운(氣運)이 웅대(雄大)함을 비유적으로 이르는 말.
- 만경창파(萬頃蒼波) 만(萬) 이랑의 푸른 물결이라는 뜻으로, 한없이 넓고 푸른 바다를 이르는 말. =만리창파(萬里滄波)
- 만고불변(萬古不變) 아무리 오랜 세월(歲月)이 흘러도 변하지 않음.
- 만고불후(萬古不朽) 아무리 오랜 세월(歲月)이 흘러도 변하거나 썩지 않고 오래 감. =만고불멸(萬古不滅)
- 만고절색(萬古絕色) 세상(世上)에 다시는 태어나지 않을 뛰어난 미인(美人)을 이르는 말. =무비일색(無比一色)
- 만고천추(萬古千秋) 아주 먼 옛날부터 한없는 세월(歲月)이라는 뜻으로, 과거(過去). 미래(未來)에 걸친 영원(永遠)한 세월을 이르는 말.
- 만고풍상(萬古風霜) 오랜 세월(歲月) 동안 겪어온 서릿바람 같은 고통(苦痛)이라는 뜻으로, 살면서 겪는 여러 가지 고생(苦生)과 역경(逆境)을 이르는 말. =만고풍설(萬古風雪)

- 만구성비(萬口成碑) 많은 사람의 말이 비석(碑石)을 이룬다는 뜻으로, 많은 사람이 칭찬(稱讚)하는 것은 마치 송덕비(頌德碑)를 세우는 것과 같다는 말.
- 만단수심(萬端愁心) 수 만(數萬) 가지의 수심(愁心)이라는 뜻으로, 가슴 속에 서리고 서린 온갖 근심 걱정을 이르는 말.
- 만단정회(萬端情懷) 마음에 품고 있는 수많은 생각을 이르는 말.
- 만대불역(萬代不易) 아무리 오랜 세월(歲月)이 흘러도 바뀌지 않음을 이르는 말.
- 만뢰구적(萬籟俱寂) 밤이 깊어 아무 소리 없이 아주 고요해짐을 이르는 말.
- 만리동풍(萬里同風) 만 리(萬里)에 걸쳐 같은 바람이 분다는 뜻으로, 천하(天下)가 통일(統一) 되어 만 리나 떨어진 먼 곳까지 풍속(風俗)이 같아짐을 이르는 말.
- 만리장성(萬里長城) 중국(中國)의 역대(歷代) 왕조(王朝)가 변경(邊境)의 방위(防衛)를 목적으로 쌓은 긴 성벽(城壁)을 이르는 말.
  ※전국(戰國)시대 조(趙)나라, 연(燕)나라 등이 쌓은 것을 진(秦)나라의 시황제(始皇帝)가 흉노(匈奴)의 침략(侵略)에 대비(對備)하여 크게 증축(增築)하고 이 이름으로 불렀다. 현존(現存)하는 것은 길이 약 2,400킬로미터로, 서쪽 자위관(嘉峪關)에서 동쪽 산하이관(山海關)에 달한다.
- 만리장천(萬里長天) 끝도 없이 높고 넓은 하늘을 이르는 말.
- 만리전정(萬里前程) 만 리(萬里)까지 펼쳐진 앞길이라는 뜻으로, 젊은이의 희망(希望)에 찬 앞길을 비유적으로 이르는 말.
- 만면수색(滿面愁色) 얼굴에 가득 찬 근심의 빛을 이르는 말.
- 만반진수(滿盤珍羞) 상 위에 가득 차린 귀(貴)하고 맛있는 음식(飮食)을 이르는 말.
- 만부득이(萬不得已) 마지못해 어쩔 수 없이.
- 만불성설(萬不成說) 이치(理致)에 맞지 않아 말이 도무지 되지 않음.
- 만불실일(萬不失一) 조금도 과실(過失)이나 틀림이 없음.

- 만사무석(萬死無惜) 죄가 무거워 만(萬) 번을 죽어도 아까울 것이 없음.
- 만사여의(萬事如意) 모든 일이 뜻한 바와 같음을 이르는 말.
- 만사와해(萬事瓦解) 모든 일이 기왓장처럼 무너지고 흩어진다는 뜻으로, 모든 일이 다 틀려 버린 것을 이르는 말.
- 만사형통(萬事亨通) 모든 일이 형통(亨通)하다는 뜻으로, 모든 일이 뜻대로 잘 이루어지는 것을 이르는 말. ↔만사휴의(萬事休矣)
- 만사휴의(萬事休矣) 모든 일이 헛수고로 돌아감. ↔능사필의(能事畢矣)
- 만산홍엽(滿山紅葉) 단풍(丹楓)이 들어 온 산이 붉게 물들어 있음. 또는 온 산에 붉게 물든 나뭇잎을 이르는 말.
- 만세무강(萬世無疆) 오랜 세월(歲月)에 걸쳐 끝이 없음. 또는 사람이 아무 병(病) 없이 오래오래 삶. =만수무강(萬壽無疆)
- 만수무강(萬壽無疆) 아무 병(病) 없이 오래오래 삶. 또는 건강(健康)과 장수(長壽)를 축원(祝願)할 때 쓰는 말. =만세무강(萬世無疆)
- 만승지국(萬乘之國) 병거(兵車) 일 만(一萬) 대를 갖출만한 힘이 있는 나라라는 뜻으로, 곧 천자(天子)가 다스리는 나라를 이르는 말.
- 만승천자(萬乘天子) 천자(天子)를 높여 이르는 말.
- 만시지탄(晚時之歎) 때늦은 한탄(恨歎)이라는 뜻으로, 시기(時期)가 늦어 기회(機會)를 놓친 것이 원통(冤痛)해서 탄식(歎息)함을 이르는 말. =후시지탄(後時之歎)
- 만식당육(晚食當肉) 배가 고플 때는 무엇을 먹든지 고기를 먹는 것과 같이 맛이 있음을 이르는 말.
- 만신창이(滿身瘡痍) 어떤 충격(衝擊)이나 실패(失敗) 따위로 마음이 심히 상하여 모든 의욕(意慾)을 잃은 상태(狀態)를 비유적으로 이르는 말.
- 만우난회(萬牛難回) 만(萬) 마리의 소가 끌어도 돌리기 어렵다는 뜻으로, 고집(固執)이 아주 센 사람을 비유적으로 이르는 말.
- 만자천홍(萬紫千紅) 울긋불긋한 여러 가지의 빛깔이라는 뜻으로, 가지각색(各

色)의 여러 가지 꽃이 만발(滿發)해 있음을 이르는 말.

- 만장일치(滿場一致) 　회장(會場)에 모인 모든 사람의 의견(意見)이 완전히 일치(一致)함을 이르는 말.

- 만장폭포(萬丈瀑布) 　매우 높은 곳에서 떨어지는 폭포(瀑布)를 이르는 말.

- 만전지계(萬全之計) 　실패(失敗)할 위험(危險)이 전혀 없는 안전한 계책(計策)을 이르는 말. =만전지책(萬全之策)

- 만절필동(萬折必東) 　황하(黃河)는 아무리 굽이가 많아도 마침내 동(東)쪽으로 흘러간다는 뜻으로, 충신(忠臣)의 절개(節槪)는 꺾을 수 없음을 비유적으로 이르는 말.

- 만촉지쟁(蠻觸之爭) 　만(蠻)씨와 촉(觸)씨의 다툼이라는 뜻으로, 사소(些少)한 일로 다툼을 이르는 말.

  ※위(魏)나라의 혜왕(惠王)이 제(齊)나라의 위왕(威王)에게 배반(背反)당하고 군사(軍事)를 일으키려 했을 때 대진인(戴晉人)이라는 자가 달팽이의 왼쪽 뿔에 촉(觸)씨가 오른쪽 뿔에 만(蠻)씨가 나라를 세워, 서로 영토(領土)를 다투어 싸운 일이 있다는 우화(寓話)를 들려준 고사에서 유래.

  출전(出典) 『장자(莊子)』「즉양편(則陽篇)」

- 만추가경(晚秋佳景) 　늦가을의 아름다운 경치(景致)라는 뜻으로, 아름다운 풍경(風景) 또는 뒤늦게 큰 결실(結實)을 맺음을 이르는 말.

- 만파식적(萬波息笛) 　나라의 모든 근심과 걱정이 해결(解決)된다는 신라(新羅) 전설(傳說)상의 피리를 이르는 말.

  ※신라(新羅) 신문왕(神文王)이 아버지 문무왕(文武王)을 위하여 감은사(感恩寺)를 짓고 추모(追慕)하는데, 죽어서 바다의 용(龍)이 된 문무왕과 하늘의 신(神)이 된 김유신(金庾信)이 합심(合心)하여 동해(東海)의 한 섬에 대나무를 보냈다. 이 대나무로 피리를 만들어 부니, 적(敵)의 군

사(軍事)는 물러가고, 병(病)은 낫고 물결은 평온(平穩)해졌다는 고사에서 유래.

출전(出典) 『삼국유사(三國遺事)』 2권(二卷) 「만파식적설화(萬波息笛說話)」

- 만학천봉(萬壑千峰) 첩첩이 겹친 골짜기와 수많은 봉우리.
- 만화방창(萬化方暢) 따뜻한 봄이 되어 온갖 생물(生物)이 나서 자람.
- 만휘군상(萬彙群象) 세상(世上)의 온갖 사물(事物)과 현상(現象)을 이르는 말.
- 말대필절(末大必折) 가지가 크면 줄기가 부러진다는 뜻으로, 지족(支族)이 강대(強大)하면 종가(宗家)가 쓰러진다는 말.
- 망국지음(亡國之音) 나라를 망치는 음악(音樂)이라는 뜻으로, 저속(低俗)하고 난잡(亂雜)한 음악을 이르는 말. =정위지음(鄭衛之音)
- 망국지탄(亡國之歎) 나라가 망(亡)한 것에 대한 한탄(恨歎)을 이르는 말. =맥수지탄(麥秀之歎)
- 망극지은(罔極之恩) 끝없이 베풀어 주는 혜택(惠澤)이나 고마움을 이르는 말. =호천망극(昊天罔極)
- 망년지우(忘年之友) 나이 차이(差異)를 생각하지 않고, 재주와 학문(學問)만으로 사귀는 친구(親舊)를 이르는 말. =망년지교(忘年之交)
- 망루탄주(網漏吞舟) 큰 고기도 새어나갈 그물이란 뜻으로, 법령(法令)이 관후(寬厚)하여 큰 죄(罪)를 짓고도 능히 빠져나갈 수 있음을 비유적으로 이르는 말.
- 망리투한(忙裡偸閑) 바쁜 중에도 틈을 타서 마음을 즐겁게 함.
- 망망대해(茫茫大海) 한없이 넓고 큰 바다를 이르는 말.
- 망매해갈(望梅解渴) 매실(梅實)은 신맛이 나기 때문에 그것을 보기만 해도 침이 돌아 목마름을 없애 준다는 뜻으로, 공상(空想)으로 마음의 위안(慰安)을 얻는다는 말.
- 망목불소(網目不疎) 그물코가 성기지 않다는 뜻으로, 법률(法律)이 상세(詳細)

	함을 비유적으로 이르는 말. ↔망루탄주(網漏吞舟)
• 망사지죄(罔赦之罪)	용서(容恕)할 수 없을 정도의 큰 죄(罪).
• 망신망가(忘身忘家)	자기 몸과 가족(家族)들을 마음속에서 잊는다는 뜻으로, 자기(自己) 자신(自身)을 돌보지 않고 오직 공중(公衆)을 위해서 헌신(獻身) 봉공(奉公)한다는 말.
• 망양득우(亡羊得牛)	양(羊)을 잃고 그 대신 소를 얻는다는 뜻으로, 작은 것을 잃고 아까워하고 있는데 더 큰 이득(利得)이 생기게 되는 경우(境遇)를 이르는 말.
• 망양보뢰(亡羊補牢)	양(羊)을 잃고 우리를 고친다는 뜻으로, 어떤 일이 이미 실패(失敗)한 뒤에는 뉘우쳐 보아야 소용(所用)이 없음을 이르는 말. =망우보뢰(亡牛補牢), ↔유비무환(有備無患)
• 망양지탄(望洋之歎)	큰 바다를 보고 탄식(歎息)한다는 뜻으로, 자신(自身)의 힘이 미치지 못하거나, 능력(能力)이 부족(不足)한 것을 개탄(慨歎)함을 비유하여 이르는 말.
• 망양지탄(亡羊之歎)	갈림길이 많아 찾는 양(羊)을 결국 잃고 말았다는 뜻으로, 학문(學問)의 길이 여러 갈래이어서 진리(眞理)를 찾기가 어려움을 이르는 말. =다기망양(多岐亡羊)
• 망연자실(茫然自失)	황당(荒唐)한 일을 당하거나 어찌할 줄을 몰라 정신(精神)이 나간 듯이 멍함.
• 망운지정(望雲之情)	구름을 바라보는 정(情)이라는 뜻으로, 자식(子息)이 객지(客地)에서 고향(故鄕)에 계신 어버이를 그리는 마음을 이르는 말. =망운지회(望雲之懷)
• 망유택언(罔有擇言)	말이 모두 법률(法律)에 맞아서 골라 빼낼 것이 없음을 이르는 말.
• 망자계치(亡子計齒)	죽은 자식(子息) 나이 세기라는 뜻으로, 이미 그릇된 일은 생각하여도 아무 소용(所用)이 없음을 이르는 말.

- 망자재배(芒刺在背) 까끄라기와 가시를 등에 지고 있다는 뜻으로, 마음이 아주 조마조마하고 편(便)하지 아니함을 이르는 말.
- 망자존대(妄自尊大) 도리(道理)에 어긋나게 스스로를 높이고 크게 여긴다는 뜻으로, 스스로 잘난 체하고 우쭐대며 다른 사람을 무시(無視)하는 것을 이르는 말.
- 망지소조(罔知所措) 급(急)하거나 당황(唐慌)하여 어찌할 줄을 모르고 갈팡질팡함을 이르는 말. =방황실조(彷徨失措)
- 망촉지탄(望蜀之歎) 농(隴)나라를 얻고 나니 촉(蜀)나라 땅을 얻고 싶어 하는 탄식(歎息)이라는 뜻으로, 인간(人間)의 욕심(慾心)은 한(限)이 없음을 비유적으로 이르는 말. =득롱망촉(得隴望蜀)
- 매검매우(賣劍買牛) 칼을 팔아 소를 산다는 뜻으로, 병사(兵事)를 그만두고 농사(農事)를 짓게 함. 곧 평화(平和)로운 세상(世上)이 됨을 이르는 말.
- 매사마골(買死馬骨) 죽은 말의 뼈를 산다는 뜻으로, 귀중(貴重)한 것을 얻기 위해서는 먼저 공(功)을 들여야 함을 이르는 말.
  ※ 연(燕)나라의 소왕(昭王)이 스승 곽외(郭隗)에게 인재(人材)를 부탁하자 곽외는 말하였다. "옛날 어떤 임금이 천리마(千里馬)를 구하려고 무척 애를 썼으나 몇 년이 지나도록 구하지 못하던 어느 날 연인(涓人)이 와서 임금을 뵙고는 천금(千金)을 주면 천리마를 구해 오겠다고 하였다. 왕은 그 말을 믿고 천금을 그에게 준 후 기다렸다. 얼마 후 연인은 죽은 천리마 머리를 오백금(五百金)이나 주고 사온 것이었다.
  이 소문(所聞)이 퍼져 천리마를 천금에 쉽게 샀다"는 말로 왕(王)에게 인재(人材)를 구하는 방법을 알려준 고사에서 유래.

출전(出典) 『전국책(戰國策)』「연책(燕策)」

- 매염봉우(賣鹽逢雨) 소금을 팔다가 비를 만났다는 뜻으로, 하려는 일에 공교(工巧)롭게도 생각지 않던 장애(障碍)가 생기는 경우(境遇)를 이르는 말.

- 매육매장(買肉埋墻) 고기를 사서 담장 밑에 묻는다는 뜻으로, 가난한 형편(形便)임에도 불구하고 남을 위해 독(毒)이 있는 고기를 사서 담장 밑에 묻어서 버린 것을 이르는 말.

- 매처학자(梅妻鶴子) 아무 근심 없이 편안(便安)하게 풍류(風流)를 즐기며 사는 생활(生活)을 비유적으로 이르는 말. =안한자적(安閑自適)

- 맥수서유(麥秀黍油) 보리의 이삭과 기장의 윤기(潤氣)라는 뜻으로, 고국(故國)의 멸망(滅亡)을 탄식(歎息)함을 이르는 말.

- 맥수지탄(麥秀之歎) 무성(茂盛)하게 자라는 보리를 보고 하는 탄식(歎息)이라는 뜻으로, 고국(故國)의 멸망(滅亡)에 대한 탄식을 이르는 말. =망국지탄(亡國之歎), 맥수서유(麥秀黍油)

- 맹귀우목(盲龜遇木) 눈먼 거북이 우연(偶然)히 뜬 나무를 붙잡았다는 뜻으로, 어려운 형편(形便)에 우연히 행운(幸運)을 얻게 됨을 이르는 말. =맹귀부목(盲龜浮木)

- 맹모단기(孟母斷機) 맹자(孟子)가 학업(學業)을 중단(中斷)하고 집으로 돌아왔을 때 그 어머니가 짜던 베를 자름으로써 아들의 잘못을 훈계(訓戒)한 일을 이르는 말.

- 맹모삼천(孟母三遷) 세 번 이사(移徙)한 가르침. 맹자(孟子)의 어머니가 자식을 위해 세 번 이사했다는 뜻으로, 어머니가 자식을 훌륭하게 가르치기 위해 노력하는 것을 비유하거나, 인간의 성장(成長)에서 환경(環境)이 중요(重要)함을 이르는 말.

  ※ 처음에 묘지(墓地) 근처에 살았더니 맹자가 장사(葬事) 지내는 흉내를 내므로, 시전(市廛) 가까이로 이사를 했는

데 이번에는 물건을 사서 파는 흉내를 내므로, 다시 서당(書堂) 가까이로 이사를 했더니 예의범절(禮儀凡節)을 흉내 내므로 그곳에 거처(居處)를 정했다는 고사에서 유래.
출전(出典) 한(漢)나라 유향(劉向)「열녀전(列女傳)」

- 맹완단청(盲玩丹靑)　장님의 단청(丹靑)구경이라는 뜻으로, 보이지 않는 눈으로 단청을 구경해도 아무런 소득(所得)이나 분별이 있을 수 없듯이, 사물(事物)을 보아도 사리(事理)를 분별(分別)하지 못함을 비유적으로 이르는 말.
- 맹인모상(盲人摸象)　장님이 코끼리를 더듬는다는 뜻으로, 전체(全體)를 파악(把握)하지 못하고 자기(自己)가 알고 있는 작은 부분(部分)만 고집(固執)하는 것을 비유적으로 이르는 말.
- 맹인안질(盲人眼疾)　장님이 눈병이 걸렸다는 뜻으로, 별 상관(相關)이 없는 일이기 때문에 아무 영향(影響)이 없음을 이르는 말.
- 맹자직문(盲者直門)　장님이 정문(正門)을 바로 찾아 들어간다는 뜻으로, 어리석은 사람이 어쩌다 사리(事理)에 맞는 일을 함을 비유적으로 이르는 말. =맹인직문(盲人直門)
- 맹호위서(猛虎爲鼠)　호랑이도 위엄(威嚴)을 잃게 되면 쥐와 같다는 뜻으로, 군주(君主)도 권위(權威)를 잃게 되면 신하(臣下)에게 제압(制壓)을 당함을 비유적으로 이르는 말.
- 면무인색(面無人色)　몹시 놀라거나 겁에 질려 얼굴에 핏기가 없음. =면여토색(面如土色)
- 면장우피(面張牛皮)　얼굴에 쇠가죽을 발랐다는 뜻으로, 몹시 뻔뻔스러움을 비유적으로 이르는 말.
- 면종복배(面從腹背)　눈앞에서는 복종(服從)하고 등 뒤에서는 배반(背反)한다는 뜻으로, 겉으로는 복종하는 척하지만 내심(內心)으로는 딴 마음을 먹거나 배반하는 것을 이르는 말.

	=양봉음위(陽奉陰違), 구밀복검(口蜜腹劍)
• 면종후언(面從後言)	보는 앞에서는 복종(服從)하는 체하면서 뒤에서 비방(誹謗)과 욕설(辱說)을 한다는 뜻으로, 겉 다르고 속이 다른 일은 없어야 함을 이르는 말. =면종복배(面從腹背)
• 멸문지화(滅門之禍)	한집안이 다 죽임을 당하는 끔찍한 재앙(災殃)을 이르는 말.
• 멸사봉공(滅私奉公)	개인(個人)의 욕심(慾心)을 버리고 공공(公共)의 이익(利益)을 위하여 힘써 일함을 이르는 말.
• 명경고현(明鏡高懸)	높게 매달려 있는 맑은 거울이라는 뜻으로, 시비(是非)를 분명(分明)하게 따져 판단(判斷)하는 공정(公正) 무사(無事)한 법관(法官)을 비유적으로 이르는 말. =진경고현(秦鏡高懸)
• 명경지수(明鏡止水)	맑은 거울과 고요한 물의 뜻으로, 잡념(雜念)과 허욕(虛慾)이 없는 깨끗한 마음을 비유적으로 이르는 말. =운심월성(雲心月性)
• 명명백백(明明白白)	의심(疑心)의 여지(餘地)가 전혀 없을 만큼 아주 뚜렷함.
• 명명지지(冥冥之志)	마음속에 깊이 간직하여 외부(外部)에 드러내지 않고 힘쓰는 뜻을 이르는 말.
• 명모호치(明眸皓齒)	맑은 눈동자와 새하얀 이라는 뜻으로, 미인(美人)의 아름다운 모습을 이르는 말.
• 명목장담(明目張膽)	눈을 밝게 하고 담(膽)을 넓힌다는 뜻으로, 두려워하지 않고 용기(勇氣)를 내어 하는 일을 이르는 말.
• 명문거족(名門巨族)	뼈대가 있는 이름난 가문(家門)과 크게 번창(繁昌)한 집안을 이르는 말.
• 명불허전(名不虛傳)	명성(名聲)이 헛되이 퍼진 것이 아니라 이름이 날 만한 까닭이 있음을 이르는 말.
• 명산대천(名山大川)	이름난 산과 큰 내. 흔히 수려(秀麗)한 자연(自然)을 묘사(描寫)하는 데 쓰이는 표현(表現)을 이르는 말.

- 명세지재(命世之才) 한 시대(時代)를 바로잡아 구해 낼만한 큰 인재(人材)를 이르는 말. =동량지기(棟梁之器)
- 명실상부(名實相符) 이름과 실상(實像)이 서로 꼭 들어맞음. ↔명실불부(名實不符)
- 명심불망(銘心不忘) 마음에 깊이 새겨 오랫동안 잊지 않음.
- 명야복야(命也福也) 잇달아 여러 번 생기는 행복(幸福)을 이르는 말.
- 명약관화(明若觀火) 불을 보는 것 같이 밝게 보인다는 뜻으로, 더 말할 나위 없이 명백(明白)함을 이르는 말. =불문가지(不問可知)
- 명연의경(命緣義輕) 목숨도 의(義)와 비교해서는 가볍다는 뜻으로, 의를 위해서는 생명(生命)을 아끼지 않음을 이르는 말.
- 명예훼손(名譽毀損) 공공연(公公然)하게 다른 사람의 사회적(社會的) 평가(評價)를 떨어뜨리는 사실(事實). 또는 허위(虛僞) 사실을 널리 퍼뜨리는 일을 이르는 말.
- 명재경각(命在頃刻) 목숨이 경각(頃刻)에 달렸다는 뜻으로, 숨이 곧 끊어질 지경(地境)에 이름. 또는 거의 죽게 됨을 이르는 말. =명재조석(命在朝夕)
- 명존실무(名存實無) 이름만 있고 실상(實像)은 없다는 뜻으로, 공연(空然)히 유명(有名)하기만 하였지 아무 실속이 없음을 이르는 말.
- 명종주인(名從主人) 사물(事物)의 이름은 원래(元來) 주인(主人)이 붙인 이름을 따른다는 뜻으로, 사물(事物)의 명칭(名稱)은 현지(現地)의 호칭법(號稱法)을 따라야 함을 이르는 말.
- 명주암투(明珠闇投) 아름다운 구슬을 어둠 속에서 남에게 던져 준다는 뜻으로, 아무리 귀중(貴重)한 물건(物件)이라도 도리(道理)에 어긋나게 남에게 준다면 오히려 원망(怨望)을 사게 됨을 비유적으로 이르는 말.
- 명주탄작(明珠彈雀) 새를 잡는 데 구슬을 쓴다는 뜻으로, 작은 것을 탐(貪)내다가 큰 것을 손해(損害)보게 됨을 이르는 말.

- 명찰추호(明察秋毫)   눈이 아주 밝아 가을날 가늘어진 짐승의 털까지도 분별(分別)할 수 있다는 뜻으로, 사리(事理)가 분명(分明)해 극히 작은 일까지도 살피어 알 수 있다는 것을 비유적으로 이르는 말.
- 명철보신(明哲保身)   이치(理致)에 밝고 몸을 보전(保全)한다는 뜻으로, 총명(聰明)하고 사리(事理)에 밝아서 일을 잘 처리(處理)하여 일신(一身)을 잘 보전함을 이르는 말.
- 모골송연(毛骨悚然)   아주 끔찍한 일을 당하거나 볼 때, 두려움으로 인해서 몸 속 뼈에 한기(寒氣)가 들어오고 온 몸의 털이 곤두선다는 말.
- 모수자천(毛遂自薦)   모수(毛遂)가 자기(自己)를 천거(薦擧)하다는 뜻으로, 스스로 자신을 추천(推薦)하거나 자진(自進)해 나서는 것을 이르는 말.

  ※중국(中國) 조(趙)나라의 왕(王) 평원군(平原君)이 초(楚)나라에 구원(救援)을 청할 사자(使者)를 고르던 중에 모수라는 사람이 스스로 자기 자신을 천거했다는 고사에서 유래.

  출전(出典) 『사기(史記)』「평원군우경열전(平原君虞卿列傳)」

- 모순당착(矛盾撞着)   한 사람의 말이나 행동(行動)이 앞뒤가 서로 맞지 않고 모순(矛盾)이 됨을 이르는 말. =자가당착(自家撞着)
- 모순지설(矛盾之說)   말의 앞뒤가 맞지 않음. '모순(矛盾)'이라고도 함.

  ※초(楚)나라 장사꾼이 창(槍)과 방패(防牌)를 팔면서 이 창은 날카로워서 꿰뚫지 못하는 것이 없다고 하고, 또 이 방패는 견고(堅固)하여 아무리 날카로운 창도 막을 수 있다고 하자 구경꾼들이 그 창으로 그 방패를 찌르면 어떻게 되는 거요? 말하자 장사꾼은 대답을 못하고 서둘러 떠났다는 고사에서 유래.

출전(出典) 『한비자(韓非子)』「난세편(難勢篇)」

- 모우전구(冒雨剪韭) 　비가 오는데도 불구하고 부추를 솎아 손님을 대접(待接)한다는 뜻으로, 우정(友情)의 두터움을 이르는 말.

- 목광여거(目光如炬) 　눈빛이 횃불같이 빛난다는 뜻으로, 눈빛이 횃불같이 밝음. 또는 식견(識見)이 높고 원대(遠大)함을 이르는 말.

- 목불식정(目不識丁) 　한자(漢字) 중에서 쉬운 글자인 고무래 정(丁)자도 알아보지 못한다는 뜻으로, 한 글자도 읽을 수 없을 정도로 아는 것이 없음을 비유적으로 이르는 말.
  =어로불변(魚魯不辨), 일자무식(一字無識)

- 목불인견(目不忍見) 　눈으로 차마 보지 못할 광경(光景)이나 참상(慘狀)을 이르는 말.

- 목식이시(目食耳視) 　눈으로 먹고 귀로 본다는 뜻으로, 맛있는 것보다 보기에 아름다운 음식(飮食)을 좋아하고, 몸에 맞는 것보다 귀로 들은 유행(流行)하는 의복(衣服)을 입음. 곧 외관(外觀)을 위해서 의식(衣食) 본래(本來)의 목적(目的)을 버리고 사치(奢侈)로 흐름을 두고 이르는 말.

- 목왕지절(木旺之節) 　오행(五行)의 목기(木氣)가 성한 때라는 뜻으로, '봄철'을 달리 이르는 말.

- 목인석심(木人石心) 　나무 인형(人形)에 돌 같은 마음이란 뜻으로, 감정(感情)이 전혀 없거나, 세상(世上)의 유혹(誘惑)에 넘어가지 않는 사람을 비유적으로 이르는 말.

- 목전지계(目前之計) 　눈앞의 계책(計策)이라는 뜻으로, 눈앞에 보이는 일만을 생각하는 일시적(一時的)인 얕은꾀를 비유적으로 이르는 말.
  =고식지계(姑息之計)

- 목후이관(沐猴而冠) 　목후(沐猴)라는 원숭이가 관(冠)을 썼다는 뜻으로, 의관(衣冠)은 갖추었으나 마음이나 행동(行動)은 사람답지 못한 사

람을 비유적으로 이르는 말.
※목후(沐猴)는 미후(獼猴)라고도 하는 원숭이의 일종.

출전(出典) 『한서(漢書)』「항적전(項籍傳)」

- 몽매난망(夢寐難忘): 꿈에도 그리워 잊기가 어려움.
- 몽매지간(夢寐之間): 잠을 자며 꿈을 꾸는 동안.
- 몽중상심(夢中相尋): 꿈속에서 친구(親舊)를 찾는다는 뜻으로, 매우 친밀(親密)함을 비유적으로 이르는 말.
- 묘두현령(猫頭懸鈴): 쥐가 고양이 목에 방울 달기라는 뜻으로, 실행(實行)하지 못할 것을 헛되이 논의(論議)함을 이르는 말.
  =묘항현령(猫項懸鈴)
- 무계지언(無稽之言): 근거(根據)가 없는 터무니없는 말.
- 무골호인(無骨好人): 줏대가 없이 두루뭉술하여 남의 비위(脾胃)를 모두 맞추는 사람을 이르는 말.
- 무괴어심(無愧於心): 마음에 부끄러움이 없음.
- 무궁무진(無窮無盡): 끝도 없고 다함도 없음.
- 무근지설(無根之說): 아무런 근거(根據)도 없이 떠도는 말.
- 무념무상(無念無想): [불교] 선정(禪定) 수행(修行)에서 그릇된 분별(分別)이나 집착(執着)을 떠나 마음이 빈 상태(狀態)를 이르는 말.
- 무단향곡(武斷鄉曲): 예전에, 시골의 권세가(權勢家)가 백성(百姓)을 억압(抑壓)하고 수탈(收奪)하는 일을 이르는 말.
- 무량무변(無量無邊): 헤아릴 수 없고 끝도 없이 많음.
- 무릉도원(武陵桃源): 복숭아꽃이 만발(滿發)한 낙원(樂園)이라는 말로, 별천지(別天地)나 이상향(理想鄉)을 비유(比喻)하는 가상(假象)의 선경(仙境)을 말함. =소국과민(小國寡民), 별유천지(別有天地)
※무릉(武陵)이라는 곳에 살던 어부(漁夫)가 배를 타고 가다가 복숭아꽃 피는 마을에서 길을 잃었다. 배에서 내려

동굴(洞窟)을 따라가다 어느 마을에 들어섰는데, 풍경(風景)이 무척 아름답고 무엇보다 사람들이 즐겁게 살고 있었다. 그 평화로움이 어디로부터 비롯된 것인지를 쓴 글 「도화원기(桃花源記)」에서 유래.

출전(出典) 도연명(陶淵明)의 「도화원기(桃花源記)」

- 무망지복(毋望之福) 뜻하지 않은 행복(幸福)을 이르는 말. ↔무망지화(毋望之禍)
- 무망지인(毋望之人) 급(急)한 어려움에 처하였을 때 뜻밖에 구원(救援)을 주는 사람을 이르는 말.
- 무망지화(毋望之禍) 뜻하지 않게 닥친 재화(災禍)를 이르는 말.
- 무미건조(無味乾燥) 맛이 없고 메마르다는 뜻으로, 글이나 생활(生活) 따위가 딱딱하고 재미가 없음을 이르는 말.
- 무병자구(無病自灸) 병(病)도 없는데 스스로 뜸질을 한다는 뜻으로, 쓸데없는 일에 정력(精力)을 쏟아 화(禍)를 부른다는 말.
- 무병장수(無病長壽) 병(病)이 없이 오래 삶을 이르는 말.
- 무본대상(無本大商) 밑천 없이 하는 큰 장수라는 뜻으로, '도둑'을 놀림조로 이르는 말.
- 무부무군(無父無君) 아버지도 임금도 없다는 뜻으로, 어버이도 임금도 모르는 난신적자(亂臣賊子), 곧 행동(行動)이 막된 사람을 이르는 말.
- 무불간섭(無不干涉) 남의 일에 나서서 참견(參見)하지 않음이 없다는 뜻으로, 자기와는 상관(相關)도 없는 일에 공연히 간섭(干涉)하고 참견하지 말라는 것을 이르는 말.
- 무불통지(無不通知) 무슨 일이든지 두루 통(通)하여 모르는 것이 없음.
- 무비일색(無比一色) 비길 데 없이 매우 뛰어난 미인(美人)을 이르는 말. =천하절색(天下絕色)
- 무산지몽(巫山之夢) 무산(巫山)의 꿈이라는 뜻으로, 남녀(男女)간의 육체적(肉體的)인 관계(關係)를 비유적으로 이르는 말.

=운우지정(雲雨之情), 조운모우(朝雲暮雨)

※중국(中國) 초(楚)나라의 양왕(襄王)이 낮잠을 자다가 꿈 속에서 무산의 신녀(神女)를 만나 정(情)을 맺었다는 고사에서 유래.

출전(出典) 송옥(宋玉)의 「고당부(高唐賦)」

- 무상출입(無常出入) : 거리낌 없이 아무 때나 드나듦.
- 무소기탄(無所忌憚) : 아무것도 꺼릴 것이 없음.
- 무소부지(無所不知) : 알지 못하는 바가 없다는 뜻으로, 매우 박학다식(博學多識)하여 모르는 것이 없음을 이르는 말.
- 무소불위(無所不爲) : 못하는 것이 없음. 또는 권세(權勢)를 마음대로 부리는 사람이나 그런 경우(境遇)를 말함.
- 무수지수(貿首之讐) : 자기(自己)의 머리가 갈라져 달아나는 한이 있더라도 머리를 베어 죽이고 싶은 불구대천(不俱戴天)의 원수(怨讐)를 이르는 말.
- 무실역행(務實力行) : 참되고 실속 있도록 힘써 실행(實行)함.
- 무아도취(無我陶醉) : 자신의 존재(存在)를 완전히 잊고 흠뻑 취함.
- 무여열반(無餘涅槃) : [불교] 모든 번뇌(煩惱)가 끊기고 육신(肉身)까지 사라진 후 얻어지는 평온(平穩)의 경지(境地). 곧 죽은 후에 들어간다는 열반(涅槃)을 이르는 말.
- 무용지물(無用之物) : 쓸모가 없는 사람이나 물건(物件)을 이르는 말.
- 무용지변(無用之辯) : 아무런 필요(必要)가 없는 말.
- 무용지용(無用之用) : 언뜻 쓸모없는 것으로 보이는 것이 오히려 큰 구실을 함을 이르는 말.
- 무위도식(無爲徒食) : 일하지 아니하고 빈둥빈둥 놀고먹음.
- 무위이치(無爲而治) : 아무것도 하지 않고 능히 다스린다는 뜻으로, 군주(君主)의 덕(德)이 지극(至極)히 커서 천하(天下)가 저절로 잘 다스려

짐을 이르는 말. =무위지치(無爲之治)

- 무위이화(無爲而化): 애써 힘들이지 않아도 저절로 변화(變化)하여 잘 이루어 짐.
- 무위자연(無爲自然): 사람의 힘을 더하지 않은 그대로의 자연(自然). 또는 그런 이상적(理想的)인 경지(境地)를 이르는 말.
- 무의무탁(無依無托): 몸을 의지(依支)하고 의탁(依託)할 곳이 없음.
- 무인지경(無人之境): 사람이 살고 있지 않은 외진 곳. 또는 아무것도 거칠 것이 없거나 갖추어져 있지 않은 상태(狀態)를 이르는 말.
- 무일불성(無一不成): 한 가지도 안 되는 일이 없이 다됨.
- 무장공자(無腸公子): 창자가 없는 귀공자(貴公子)라는 뜻으로, '게'를 달리 이르는 말.
- 무장지졸(無將之卒): 장수(將帥)없는 병졸(兵卒). 즉 어떤 모임의 대장(隊長)이 없을 때 쓰는 말.
- 무전취식(無錢取食): 밥값을 치를 돈도 없이 남이 파는 음식(飲食)을 먹음.
- 무주공산(無主空山): 임자가 없는 빈산(山)을 이르는 말.
- 무지막지(無知莫知): 지나칠 정도로 사리(事理)를 모르고 우악(愚惡)스러움을 이르는 말.
- 무처부당(無處不當): 무슨 일을 당하든지 못 할 것이 없음. 곧 어떤 일이든지 감당(堪當)할 수 있음을 이르는 말.
- 무편무당(無偏無黨): 어느 쪽으로도 치우치지 않은 상태(狀態)를 이르는 말. =불편부당(不偏不黨)
- 무후위대(無後爲大): 불효(不孝) 중에서 가장 큰 것으로 자손(子孫)이 없는 것을 이르는 말.
- 묵묵부답(默默不答): 묻는 말에 잠자코 입을 다문 채 아무런 대답(對答)도 하지 않음을 이르는 말.
- 묵적지수(墨翟之守): 묵적(墨翟)의 지킴이라는 뜻으로, 성(城)의 수비(守備)가 굳세고 튼튼함. 또는 자기(自己) 의견(意見)이나 주장(主張)

을 굳이 지킴을 이르는 말.

※춘추(春秋)시대의 사상가(思想家)인 묵자(墨子: 이름은 적〈翟〉)의 이야기. 초(楚)왕 앞에서 기묘한 공방전(攻防戰)이 벌어졌다.

묵자는 허리띠를 풀어 성(城) 모양으로 사려 놓고 나뭇조각으로 방패(防牌)를 만들었다. 공수반(公輸盤)은 운제계(雲梯械)라는 새로운 공성기(攻城機)로 아홉 번 공격(攻擊)했다. 묵자는 아홉 번 다 굳게 지켜냈다.

이것을 본 초왕은 묵자에게 송(宋)나라를 치지 않겠다고 약속(約束)했다는 고사에서 유래.

출전(出典) 『전국책(戰國策)』「제책(齊策)」

- 문경지교(刎頸之交) 목을 베어 줄 수 있는 사귐이라는 뜻으로, 우정(友情)이 깊어 생사고락(生死苦樂)을 함께할 수 있는 친구(親舊)를 이르는 말.
- 문과수비(文過遂非) 허물을 꾸며서 그릇됨에 이르게 하다는 뜻으로, 허물을 어물어물 숨기고 뉘우치지 아니함을 이르는 말.
- 문도어맹(聞道於盲) 맹인(盲人)에게 길을 묻는다는 뜻으로, 모르는 사람에게 답(答)을 구(求)하는 어리석은 일을 하지 말라는 말.
- 문무겸비(文武兼備) 글자 그대로 문무(文武)를 두루 갖춘 뛰어난 인물(人物)을 이르는 말.
- 문방사우(文房四友) 종이와 붓, 먹, 벼루의 네 가지 문방구(文房具)를 아울러 이르는 말. =문방사보(文房四寶)
- 문일지십(聞一知十) 한 가지를 듣고 열 가지를 미루어 안다는 뜻으로, 지극히 총명(聰明)함을 이르는 말.
- 문전걸식(門前乞食) 이 집 저 집 남의 집을 돌아다니며 빌어먹음.
- 문전성시(門前成市) 문(門) 앞에 시장(市場)을 이룬다는 뜻으로, 찾아오는 사람

	이 많음을 비유적으로 이르는 말. =문정약시(門庭若市), ↔문전작라(門前雀羅)
• 문전옥답(門前沃畓)	집 가까이에 있는 기름진 논을 이르는 말.
• 문전작라(門前雀羅)	문(門) 앞에 참새 그물을 친다는 뜻으로, 권력(權力)이나 재물(財物)을 잃으면 찾아오는 사람이 드물어짐을 이르는 말. ↔문전성시(門前成市), 문정약시(門庭若市)
• 문정약시(門庭若市)	대문(大門) 안뜰이 시장(市場)과 같다는 뜻으로, 집에 드나드는 사람이 많음을 비유적으로 이르는 말.
• 문질빈빈(文質彬彬)	외양(外樣)의 아름다움과 내면(內面)의 미(美)가 서로 잘 어울린 모양을 이르는 말.
• 문필도적(文筆盜賊)	다른 사람이 쓴 글을 베낀 후 마치 자신(自身)이 지은 것으로 속이는 사람을 이르는 말.
• 물각유주(物各有主)	물건(物件)마다 제각기(各其) 주인(主人)이 있다는 뜻으로, 어떤 물건이라도 아무에게나 되는대로 들어가는 것이 아님을 이르는 말.
• 물경소사(勿輕小事)	조그만 일을 가볍게 여기지 말라는 뜻으로, 작은 일에도 정성(精誠)을 다하여야 함을 이르는 말.
• 물망재거(勿忘在莒)	거(莒)나라에 있던 일을 잊지 말라는 뜻으로, 잘 된 후에도 과거(過去)에 어려웠던 때를 잊지 말라는 것을 비유적으로 이르는 말. ※포숙(鮑叔)이 제(齊)나라 환공(桓公)에게 "거(莒) 땅에서 나올 때를 잊지 말라."고 부탁한 말에서 무망재거(毋忘在莒), 물망재거(勿忘在莒)의 고사에서 유래. 출전(出典) 『여씨춘추(呂氏春秋)』「직간(直諫)」
• 물부충생(勿腐蟲生)	생물(生物)이 썩은 다음에 벌레가 생긴다는 뜻으로, 내부(內部)에 문제(問題)가 생기면 외부(外部)의 침입(侵入)이

	있게 된다는 것을 비유적으로 이르는 말.
• 물실호기(勿失好機)	좋은 기회(機會)를 놓치지 않음.
• 물심양면(物心兩面)	물질적(物質的)인 것과 정신적(精神的)인 것의 두 면(面)을 이르는 말.
• 물아일체(物我一體)	일체(一體) 대상(對象)과 그것을 마주한 주체(主體) 사이에 어떠한 구별(區別)도 없는 것. 또는 주체(主體)와 객체(客體)의 분별심(分別心)이 사라져 조화(調和)를 이룬 진실(眞實)한 세계(世界)를 이르는 말. =물심일여(物心一如)
• 물외한인(物外閑人)	세상(世上)의 시끄러움에서 벗어나 한가(閑暇)롭게 지내는 사람을 이르는 말.
• 물환성이(物換星移)	사물(事物)이 바뀌고 별자리가 옮겨간다는 뜻으로, 사물은 바뀌고 세월(歲月)은 흘러감을 이르는 말.
• 미관말직(微官末職)	미천(微賤)한 하급(下級) 관직(官職)이라는 뜻으로, 지위(地位)가 아주 낮은 벼슬을 이르는 말.
• 미능면속(未能免俗)	아직도 속(俗)된 습관(習慣)을 버리지 못하였다는 뜻으로, 한번 물든 속물근성(俗物根性)은 버리기 어렵다는 말.
• 미사여구(美辭麗句)	아름답게 꾸민 말과 글귀.
• 미생지신(尾生之信)	미생(尾生)의 신의(信義)라는 뜻으로, 신의(信義)가 두터운 것을 가리키거나, 우직(愚直)하여 융통성(融通性)없이 약속(約束)만을 굳게 지킴을 이르는 말. ※중국(中國) 춘추(春秋)시대에 미생(尾生)이란 사람이 다리 밑에서 만나자고 한 여자와의 약속(約束)을 지키기 위해 홍수(洪水)에도 피하지 않고 기다리다가 마침내 익사(溺死)하였다는 고사에서 유래. **출전(出典)** 『사기(史記)』「소진전(蘇秦傳)」
• 미소망상(微小妄想)	모든 점에서 자기 자신(自身)을 지나치게 과소평가(過小評

價)하는 병적(病的)인 생각이나 판단(判斷)으로 유죄망상(有罪妄想)이나 자책망상(自責妄想) 따위가 있음.
↔발양망상(發揚妄想)

- 미연지전(未然之前) 아직 일이 그렇게 되기 전.
- 미인박명(美人薄命) 미인(美人)은 흔히 불행(不幸)하거나 병약(病弱)하여 요절(夭折)하는 일이 많다는 뜻으로, 운명(運命)이 기구(崎嶇)하거나 팔자(八字)가 사나움을 이르는 말.
=가인박명(佳人薄命)
- 미주신계(米珠薪桂) 쌀은 진주(眞珠)처럼 비싸고 땔나무는 계수(桂樹)나무처럼 비싸다는 뜻으로, 물가(物價)가 많이 올라 생활(生活)하기가 곤란(困難)함을 이르는 말.
- 미진보벌(迷津寶筏) 방향(方向)을 잡지 못하는 나루의 훌륭한 배라는 뜻으로, 삶에 가르침을 주는 책(冊)을 이르는 말. =암구명촉(暗衢明燭)
- 미풍양속(美風良俗) 예로부터 전해 오는 아름답고 좋은 풍속(風俗)을 이르는 말.
- 민고민지(民膏民脂) 백성(百姓)의 피와 땀이라는 뜻으로, 백성에게서 과다(過多)하게 거두어들인 세금(稅金)이나 재물(財物)을 이르는 말.
- 민심무상(民心無常) 백성(百姓)의 마음은 일정하지 않다는 뜻으로, 상황(狀況)에 따라서 민심(民心)이 변할 수 있음을 이르는 말.
- 민위방본(民爲邦本) 국민(國民)이 나라의 근본(根本)임을 이르는 말.
- 민첩혜힐(敏捷慧黠) 눈치가 빠르고 약삭빠름.
- 밀운불우(密雲不雨) 하늘에 구름만 빽빽하고 비가 되어 내리지 못한다는 뜻으로, 여건(與件)은 조성(造成)되었으나 일이 성사(成事)되지 않아 답답함과 불만(不滿)이 폭발(爆發)할 것 같은 상황(狀況)을 비유적으로 이르는 말.
- 밀월여행(蜜月旅行) 결혼식(結婚式)을 마치고 갓 부부(夫婦)가 된 사람이 함께 가는 여행(旅行)을 이르는 말.

【ㅂ】

- 박람강기(博覽强記) 여러 가지 책(冊)을 널리 많이 읽고 기억(記憶)을 잘함.
  =박학다식(博學多識)

- 박문약례(博文約禮) 널리 학문(學問)을 닦아 사리(事理)에 밝고 언행(言行)을 바로 하며 예절(禮節)을 잘 지킴을 이르는 말.

- 박물군자(博物君子) 온갖 사물(事物)에 대하여 견문(見聞)이 썩 넓은 사람을 이르는 말.

- 박빙여림(薄氷如臨) 살얼음을 밟는다는 뜻으로, 대단히 위태(危殆)로운 상태(狀態)를 이르는 말.

- 박시제중(博施濟衆) 사랑과 은혜(恩惠)를 널리 베풀어서 뭇사람을 구제(救濟)함을 이르는 말.

- 박옥혼금(璞玉渾金) 아직 쪼지 않은 옥(玉)과 불리지 않은 금(金)이라는 뜻으로, 수수하고 꾸밈이 없음을 이르는 말.

- 박이부정(博而不精) 널리 알되 정밀(精密)하지 못함. =주마간산(走馬看山)

- 박장대소(拍掌大笑) 손뼉을 치며 크게 웃음. =가가대소(呵呵大笑)

- 박학다식(博學多識) 학문(學問)에 대한 소양(素養)이 넓고 아는 것이 많음.
  =박람강기(博覽强記)

- 박학심문(博學審問) 널리 배우고 깊이 묻는다는 뜻으로, 널리 배우고 상세(詳細)하게 묻는 『중용(中庸)』에 서술(敍述)된 학문(學問) 연구(研究) 방법을 이르는 말. =광학상문(廣學詳問)

- 반갱주낭(飯坑酒囊) 밥 구덩이와 술 자루라는 뜻으로, 먹고 마실 줄만 알지 일

	할 줄은 모르는 쓸모없는 사람을 이르는 말.
• 반계곡경(盤溪曲徑)	서려 있는 계곡(溪谷)과 구불구불한 길이라는 뜻으로, 일을 순리(順理)대로 하지 않고, 부당(不當)한 방법(方法)으로 억지로 함을 이르는 말.
• 반근착절(盤根錯節)	뒤얽힌 뿌리와 엉클어진 마디라는 뜻으로, 일이 얼크러져 처리(處理)하기가 몹시 힘듦을 이르는 말.
• 반대급부(反對給付)	어떤 일에 대응(對應)하는 이익(利益)을 이르는 말.
• 반도이폐(半途而廢)	어떤 일을 하다가 중간(中間)에서 그만둠을 이르는 말.
• 반룡부봉(攀龍附鳳)	용(龍)을 끌어 잡고 봉황(鳳凰)에 붙는다는 뜻으로, 훌륭한 인물(人物) 특히 임금을 붙좇아서 공명(功名)을 세움을 이르는 말.
• 반면교사(反面敎師)	본(本)이 되지 않는 남의 말이나 행동(行動)이 도리어 자신의 인격(人格)을 수양(修養)하는 데 도움을 주는 경우를 이르는 말. ↔타산지석(他山之石)
• 반면지교(半面之交)	반쪽 얼굴의 사귐의 뜻으로, 잠깐 만나 얼굴도 제대로 기억(記憶)할 수 없는 사이. 또는 친분(親分)이 돈독(敦篤)하지 않은 사이를 비유적으로 이르는 말. =반면지분(半面之分)
• 반면지식(半面之識)	얼굴을 반(半)만 아는 사이라는 뜻으로, 서로 알아보지만 친(親)하게 지내지 않는 사이를 이르는 말. =반면지분(半面之分)
• 반목질시(反目嫉視)	서로 눈을 돌리고 미워하거나 눈으로 흘겨보고 노려 보다는 뜻으로, 서로 사이가 좋지 않아 시기(猜忌)하거나 미워하고 대립(對立)함을 이르는 말.
• 반문농부(班門弄斧)	기술(技術)의 달인(達人) 노반(魯班)의 문(門) 앞에서 도끼를 자랑한다는 뜻으로, 자기(自己)의 실력(實力)도 헤아리지 아니하고 어떤 일을 하려고 당치 아니하게 덤비는 일을

이르는 말.

※중국(中國) 노(魯)나라에 기계(器械)를 잘 만드는 반수(班輸)라는 사람을 흉내 내어, 그의 집 문 앞에서 도끼를 가지고 기계를 만들려고 한 어리석은 사람이 있었다는 고사에서 유래.

출전(出典) 『제이백묘시(題李白墓詩)』

- 반박지탄(斑駁之歎)   편파적(偏頗的)이고 공정(公正)하지 못함에 대한 한탄(恨歎)을 이르는 말.
- 반부논어(半部論語)   반권(半卷)의 논어(論語)라는 뜻으로, 자신의 지식(知識)을 겸손(謙遜)하게 이르거나 배움의 중요(重要)함을 비유적으로 이르는 말.
- 반상낙하(半上落下)   반(半)쯤 올라가다가 아래로 떨어진다는 뜻으로, 어떤 일을 처음에는 정성껏 하다가 중도(中途)에 그만두어 이루지 못함을 이르는 말.
- 반생반사(半生半死)   거의 죽게 되어 죽을지 살지 모를 지경(地境)에 이름.
- 반식재상(伴食宰相)   곁에 모시고 밥을 먹는 재상(宰相)이라는 뜻으로, 무위도식(無爲徒食)으로 자리만 차지하고 있는 무능(無能)한 재상을 비꼬아 이르는 말.
- 반신반의(半信半疑)   한편으로는 믿으면서도 다른 한편으로는 의심(疑心)함.
- 반신불수(半身不隨)   몸의 일부가 마비(痲痺)된 사람. 또는 정상적(正常的)인 상황(狀況)을 벗어난 사물(事物)을 비유적으로 이르는 말.
- 반승반속(半僧半俗)   반(半)은 승려(僧侶)이고 반은 속인(俗人)이라는 뜻으로, 이것도 아니고 저것도 아닌, 뚜렷한 명목(名目)을 붙이기 어려움을 비유적으로 이르는 말.
- 반야심경(般若心經)   [불교] 불교(佛敎)의 중심이 되는 경전(經典)으로「대반야바라밀다심경(大般若波羅蜜多心經)」의 요점(要點)을 간략(簡

略)하게 설명(說明)한 짧은 경전을 이르는 말.

※반야심경: 당(唐)나라 삼장법사(三藏法師)인 현장(玄奘)이 번역(飜譯)한 것으로 260자로 되어 있음.

- 반양지호(潘楊之好) 중국(中國) 진(晉)나라의 반악(潘岳)과 그의 처(妻) 양경(楊經)의 다정(多情)한 사이라는 뜻으로, 두 집안이 대대(代代)로 친족(親族) 혼인(婚姻)으로 인척(姻戚)관계까지 겹친 오래 된 좋은 사이를 이르는 말.

- 반의지희(斑衣之戲) 때때옷을 입고 노는 놀이라는 뜻으로, 늙어서도 부모에게 효양(孝養)함을 이르는 말. =노래지희(老萊之戲)(참조)

- 반자불성(半字不成) 글자를 쓰다가 다 쓰지 못하고 중간(中間)에 그만둔다는 뜻으로, 일을 중도(中途)에서 그만두면 아무것도 안 됨을 이르는 말.

- 반포지효(反哺之孝) 까마귀 새끼가 자라서 늙은 어미에게 먹이를 물어다 주는 효(孝)라는 뜻으로, 자식(子息)이 자라서 어버이의 은혜(恩惠)에 보답하는 효성(孝誠)을 이르는 말.
=오조사정(烏鳥私情), 원걸종양(願乞終養)

- 반화위복(反禍爲福) 재앙(災殃)이 바뀌어 오히려 복(福)이 된다는 뜻으로, 좋지 않은 일이 계기(契機)가 되어 오히려 좋은 일이 생김을 이르는 말. =전화위복(轉禍爲福)

- 발본색원(拔本塞源) 근본(根本)을 뽑고 근원(根源)을 막아 버린다는 뜻으로, 근본적(根本的)인 차원(次元)에서 그 폐단(弊端)을 없애버림을 이르는 말.

- 발분망식(發憤忘食) 분발(奮發)하여 끼니를 챙겨 밥을 먹는 것조차 잊는다는 뜻으로, 어떤 일을 해 내려고 끼니까지 잊을 정도로 열중(熱中)하여 노력(努力)함을 이르는 말.

- 발산개세(拔山蓋世) 힘이 산(山)이라도 뽑아 던질만하고 세상(世上)을 덮을 정

도라는 뜻으로, 기력(氣力)이 웅대(雄大)함을 이르는 말.

- 발연대로(勃然大怒) 크게 노(怒)하여 왈칵 성을 냄.
- 발췌초록(拔萃抄錄) 여럿 속에서 뛰어난 것을 뽑아 간단(簡單)히 적어 둔 것.
- 방기곡경(旁岐曲徑) 곧은길을 놔두고 샛길이나 굽은 길로 간다는 뜻으로, 일을 순리(順理)대로 하지 않고, 부당(不當)한 방법(方法)으로 억지로 함을 이르는 말.
- 방방곡곡(坊坊曲曲) 한 군데도 빠짐이 없는 모든 곳.
- 방성통곡(放聲痛哭) 목 놓아 슬피 욺. =방성대곡(放聲大哭)
- 방약무인(傍若無人) 곁에 사람이 없다는 뜻으로, 마치 제 세상(世上)인 것처럼 거리낌 없이 함부로 말하거나 행동(行動)함을 이르는 말. =안하무인(眼下無人), 안중무인(眼中無人)
- 방어정미(魴魚赬尾) 방어(魴魚)의 꼬리는 원래 흰 것이지만 과로(過勞)하면 붉어진다는 뜻으로, 백성(百姓)들이 고생(苦生)이 심하고 몹시 노고(勞苦)함을 비유적으로 이르는 말.
- 방장부절(方長不折) 한창 자라는 풀이나 나무를 꺾지 아니한다는 뜻으로, 앞길이 유망(有望)한 사람이나 사업(事業)에 대하여 짓궂게 일을 방해(妨害)하지 않음을 이르는 말.
- 방저원개(方底圓蓋) 네모진 밑바닥에 둥근 뚜껑이란 뜻으로, 사물(事物)이 서로 맞지 않음의 비유적으로 이르는 말.
- 방휼지쟁(蚌鷸之爭) 조개와 도요새의 다툼이란 뜻으로, 둘이 싸우면 엉뚱한 제삼자(第三者)가 이익(利益)을 보게 됨을 비유적으로 이르는 말. =어부지리(漁父之利), 전부지공(田夫之功)

  ※도요새가 조개를 쪼아 먹으려고 부리로 조개의 살을 쪼자, 조개도 부리를 물고 놓지 않고 서로 다투니 지나가는 사람이 도요새와 조개를 함께 잡았다는 고사에서 유래.

  출전(出典) 『전국책(戰國策)』「연책(燕策)」

- 배반낭자(杯盤狼藉) 술잔과 쟁반이 어지럽게 흩어져 있다는 뜻으로, 술을 마시며 흥겹게 노는 모습이나, 연회(宴會)가 끝난 후 술잔과 접시가 어지럽게 흩어져 있는 광경(光景)을 이르는 말.
- 배수지진(背水之陣) 물러설 수 없도록 강이나 바다를 등지고 진(陣)을 친다는 뜻으로, 목숨을 걸고 싸우는 경우(境遇). 또는 어떤 일을 성취(成就)하기 위하여 더 이상 물러설 수 없음을 비유적으로 이르는 말. =제하분주(濟河焚舟), 파부침주(破釜沈舟)
  ※ 중국(中國) 한(漢)나라의 한신(韓信)이 강(江)을 등지고 진을 쳐서 병사(兵士)들이 물러서지 못하고 힘을 다하여 싸우도록 하여 조(趙)나라의 군사를 물리쳤다는 고사에서 유래.
  출전(出典) 『사기(史記)』「회음후열전(淮陰侯列傳)」 십팔사략(十八史略)
- 배은망덕(背恩忘德) 남에게 입은 은혜(恩惠)를 잊고 배반(背反)함을 이르는 말.
- 배중사영(杯中蛇影) 술잔 속에 비친 활 그림자를 뱀으로 착각(錯覺)한다는 뜻으로, 쓸데없는 의심(疑心)을 품고 지나치게 근심하는 것을 비유적으로 이르는 말.
- 백가쟁명(百家爭鳴) 많은 학자(學者) 등이 각기 자기(自己)의 주장(主張)을 펴고 논쟁(論爭)하는 일을 이르는 말.
- 백계무책(百計無策) 어려운 일을 당하여 온갖 꾀를 써 보아도 방법(方法)이나 대책(對策)이 없어 해결(解決)을 하지 못함.
  =계무소출(計無所出)
- 백골난망(白骨難忘) 죽어서 뼈만 남은 뒤에도 잊을 수 없다는 뜻으로, 남에게 큰 은혜(恩惠)나 덕(德)을 입었을 때 고마움을 이르는 말.
  =결초보은(結草報恩)
- 백공천창(百孔千瘡) 구멍투성이와 상처투성이라는 뜻으로, 온갖 폐단(弊端)으로 엉망이 됨을 비유적으로 이르는 말.

- 백구과극(白駒過隙) 흰 망아지가 빨리 달리는 것을 본다는 뜻으로, 세월(歲月)과 인생(人生)이 덧없이 짧음을 비유적으로 이르는 말.
- 백귀야행(百鬼夜行) 온갖 귀신(鬼神)들이 밤에 돌아다닌다는 뜻으로, 야릇한 모습에 흉악(凶惡)한 짓을 하는 무리가 소란(騷亂)하게 돌아다님을 비유적으로 이르는 말.
- 백년가약(百年佳約) 남녀(男女)가 결혼(結婚)하여 평생(平生)을 함께 지낼 것을 다짐하는 아름다운 언약(言約)을 이르는 말.
=백년언약(百年言約), 백년가기(百年佳期)
- 백년대계(百年大計) 먼 장래(將來)까지 내다보고 세우는 큰 계획(計劃)을 이르는 말.
- 백년동락(百年同樂) 부부(夫婦)가 되어 평생(平生)을 같이 살며 함께 즐거워 함을 이르는 말.
- 백년지객(百年之客) 한평생(平生)을 두고 늘 어렵게 여기고 예의(禮儀)를 갖추어 맞아야 하는 손님이라는 뜻으로, 처가(妻家)에서 '사위'를 이르는 말.
- 백년하청(百年河淸) 황하(黃河)가 맑아지기를 기다리기 어렵다는 뜻으로, 아무리 기다려도 이루어지기 힘든 일이나, 기대(期待)할 수 없는 일을 비유적으로 이르는 말. =천년일청(千年一淸)
- 백년해로(百年偕老) 부부(夫婦)가 되어 평화(平和)롭게 살면서 함께 늙음.
=백년동락(百年同樂), 해로동혈(偕老同穴)
- 백두여신(白頭如新) 백발(白髮)이 다 되도록 사귀었어도 서로 마음을 알지 못하면 새로 사귄 사람이나 조금도 다름이 없다는 뜻으로, 오래 사귀어 온 사이지만 정(情)이 두텁지 못함을 비유적으로 이르는 말. ↔경개여고(傾蓋如故)
- 백락일고(伯樂一顧) 명마(名馬)가 백락(伯樂)을 만나 세상(世上)에 알려진다는 뜻으로, 자기(自己)의 재능(才能)을 알아주는 사람을 만나

대접(待接)을 잘 받음을 이르는 말.

※어떤 사람이 백락을 만나서 '제게 준마(駿馬)가 한 필(匹) 있는데 이를 팔려고 시장(市場)에 내 놓았지만 사흘이 지나도 아무도 거들떠보지를 않습니다. 사례(謝禮)는 충분(充分)히 하겠으니 제 말을 한번 살펴봐 주시기 바랍니다.'고 말하자, 백락이 가서 그 말의 주위(周圍)를 돌면서 살피고, 가면서도 되돌아보자 하루아침에 말 값이 열배로 치솟았다는 고사에서 유래.

출전(出典) 『전국책(戰國策)』「연책(燕策)」

- 백리부미(百里負米) 백 리(百里)나 되는 먼 곳으로 쌀을 진다는 뜻으로, 비록 가난하게 살지만 부모(父母)를 잘 봉양(奉養)한다는 말.

- 백면서생(白面書生) 방(房) 안에 앉아 오로지 글만 읽어 얼굴이 희다는 뜻으로, 글만 읽어 세상(世上) 물정(物情)에 어둡고 경험(經驗)이 없는 사람을 이르는 말. =책상퇴물(册床退物)

- 백무일실(百無一失) 백(百)에 하나도 잃은 것이 없다는 뜻으로, 일마다 하나도 실패(失敗)가 없음을 이르는 말.

- 백무일취(百無一取) 백(百)에 하나도 취(取)할 것이 없다는 뜻으로, 많은 말과 행실(行實) 가운데 하나도 쓸 만한 것이 없음을 이르는 말. ↔백무일실(百無一失)

- 백발백중(百發百中) 백 번(百番) 쏘아 백 번 모두 맞힌다는 뜻으로, 일 또는 계획(計劃)한 것이 들어맞거나, 하는 일마다 실패(失敗)없이 잘되는 것을 비유적으로 이르는 말.

- 백사대길(百事大吉) 모든 일이 잘 풀리고 이루어짐.

- 백사일생(百死一生) 여러 차례 죽을 고비를 겪고 겨우 살아남.

- 백사청송(白沙靑松) 흰모래와 푸른 소나무라는 뜻으로, 바닷가의 아름다운 경치(景致)를 비유적으로 이르는 말.

- 백세지사(百世之師) 오랜 후세(後世)까지도 모든 사람의 스승으로 존경(尊敬) 받을 만한 훌륭한 사람을 이르는 말.
- 백수건달(白手乾達) 가진 것이 아무것도 없이 건들거리고 돌아다니는 사람.
- 백수북면(白首北面) 흰머리를 하고 북쪽을 대함이라는 뜻으로, 재주와 덕(德)이 없는 사람은 늙어 백발(白髮)이 되어서도 북쪽을 향하여 스승의 가르침을 받아야 함을 이르는 말.
- 백수풍신(白首風神) 머리가 하얗게 센 늙은이의 점잖고 위엄(威嚴) 있는 풍채(風采)를 이르는 말.
- 백아절현(伯牙絶絃) 백아(伯牙)가 거문고 줄을 끊었다는 뜻으로, 자기(自己)를 알아주는 참다운 벗을 잃은 슬픔을 비유적으로 이르는 말.
  ※거문고를 잘 타는 춘추시대의 백아가 그의 거문고 소리를 좋아하던 종자기(鍾子期)가 죽자 거문고 줄을 끊어 버리고 다시는 타지 않았다는 고사에서 유래.
  출전(出典) 『열자(列子)』「탕문편(湯問篇)」
- 백왕흑귀(白往黑歸) 나갈 때는 희었는데 돌아올 때는 검다는 뜻으로, 겉모양이 변(變)한 것을 보고 속까지 변한 것으로 잘못 앎을 이르는 말. =양포지구(楊布之狗)
- 백운고비(白雲孤飛) 흰 구름이 외로이 난다는 뜻으로, 고향(故鄕)을 멀리 떠난 자식(子息)이 부모(父母)를 그리워함을 이르는 말.
- 백의민족(白衣民族) 흰옷을 즐겨 입고 흰색을 숭상(崇尙)하는 오랜 전통(傳統)에서 유래(由來)하여, 한민족(韓民族)을 이르는 말.
- 백의종군(白衣從軍) 흰 옷을 입고 전쟁(戰爭)터로 나간다는 뜻으로, 벼슬이나 직위(職位)가 없이 군대(軍隊)를 따라 싸움터로 나감을 이르는 말.
- 백의천사(白衣天使) 간호사(看護士)를 미화(美化)하여 이르는 말.
- 백이사지(百爾思之) 어떤 일을 여러 가지로 이리저리 생각하여 봄.

- 백이숙제(伯夷叔齊) 　중국(中國) 주(周)나라 때의 백이(伯夷)와 숙제(叔齊)를 아울러 이르는 말. 또는 마음이 맑고 곧은 사람을 이르는 말. ※백이와 숙제는 은(殷)나라 고죽군(孤竹君)의 아들인데 왕위(王位)를 서로 양보(讓步)했고, 주(周)나라 무왕(武王)이 은나라 주(紂)를 토벌(討伐)하자 천자(天子)를 공격한 신하(臣下)라며 섬기기를 거부하고 수양산(首陽山)에 들어가 고사리를 캐어 먹다 죽은 충신(忠臣)에 대한 고사에서 유래.
  출전(出典) 『사기(史記)』「백이열전(伯夷列傳)」
- 백일승천(白日昇天) 　도(道)를 극진(極盡)히 닦아서 제 육신(肉身)을 가진 채 신선(神仙)이 되어 대낮에 하늘로 올라감을 이르는 말.
- 백일청천(白日靑天) 　해가 밝게 비치고 하늘이 맑게 갠 날씨를 이르는 말.
- 백전노장(百戰老將) 　세상(世上)의 온갖 풍파(風波)를 많이 겪어서 여러 가지 일에 노련(老鍊)한 사람을 비유적으로 이르는 말.
- 백절불굴(百折不屈) 　수없이 많이 꺾여도 굽히지 않고 이겨 나감.
  =백절불요(百折不撓)
- 백절불요(百折不撓) 　백 번 꺾여도 휘어지지 않는다는 뜻으로, 어떠한 어려움에도 굽히지 않는 강인(強靭)한 정신력(精神力)과 꿋꿋한 자세(姿勢)를 비유적으로 이르는 말.
- 백주지조(栢舟之操) 　잣나무처럼 굳은 절개(節槪)라는 뜻으로, 남편(男便)을 일찍 여읜 아내가 재혼(再婚)하지 않고 절개를 지키는 것을 비유적으로 이르는 말.
- 백중숙계(伯仲叔季) 　백(伯)은 맏이, 중(仲)은 둘째, 숙(叔)은 셋째, 계(季)는 막내라는 뜻으로, 네 형제(兄弟)의 차례를 이르는 말.
- 백중지간(伯仲之間) 　첫째 형(兄)과 둘째 형 사이라는 뜻으로, 세력(勢力)이 엇비슷해 우열(優劣)을 가릴 수 없는 것을 비유적으로 이르는 말. =난백난중(難伯難仲)

- 백중지세(伯仲之勢)   힘이나 능력(能力) 따위가 서로 엇비슷하여 누가 더 낫고 못함을 가리기 힘든 형세(形勢)를 이르는 말.
  =백중지간(伯仲之間)
- 백척간두(百尺竿頭)   백(百) 자나 되는 높은 장대 위에 올라섰다는 뜻으로, 더 할 수 없이 어렵고 위태(危殆)로운 지경을 이르는 말.
  =풍전등화(風前燈火)
- 백팔번뇌(百八煩惱)   [불교] 불교(佛敎)에서 중생(衆生)의 번뇌(煩惱)를 백여덟 가지로 분류(分類)한 것으로, 인간이 지닌 백여덟 가지의 번뇌(煩惱)를 이르는 말.
- 백해무익(百害無益)   온통 해롭기만 하고 하나도 이로울 것이 없음.
- 백화난만(百花爛漫)   온갖 꽃이 활짝 피어 아름답게 흐드러진 상태(狀態)를 이르는 말.
- 번리지안(藩籬之鷃)   담장에 앉아 있는 '종달새'라는 뜻으로, 식견(識見)이 좁고 옹졸(壅拙)한 사람을 이르는 말.
- 번문욕례(繁文縟禮)   번거로운 규칙(規則)과 까다로운 예절(禮節)을 이르는 말.
- 번언쇄사(煩言碎辭)   번거롭고 너더분한 말. 또는 그런 말을 함을 이르는 말.
- 벌성지부(伐性之斧)   사람의 성명(性命)이나 목숨을 끊는 도끼라는 뜻으로, 여색(女色)이나 요행(僥倖) 따위를 경계(警戒)하여 이르는 말.
- 벌제위명(伐齊爲名)   겉으로는 정당(正當)하게 하는 체하고 속으로 딴 짓을 하는 일을 두고 이르는 말.
- 벽사진경(辟邪進慶)   사귀(邪鬼)를 쫓고 경사(慶事)로운 일을 맞이함.
- 벽사초복(辟邪招福)   요란스런 귀신(鬼神)을 물리치고 복(福)을 불러들인다는 말. =원화소복(遠禍召福)
- 벽파문벌(劈破門閥)   인재(人材)를 등용(登用)할 때 문벌(門閥)을 가리지 아니함을 이르는 말.
- 변상가변(邊上加邊)   변리(邊利)를 본전(本錢)에 합친 것을 다시 본전으로 삼아 그 본전에 덧붙인 변리를 이르는 말.

- 변화난측(變化難測)	변화(變化)가 너무 심하여 예측(豫測)하기가 무척 어려움을 이르는 말.
- 변화무쌍(變化無雙)	사물(事物)의 모양(模樣)이나 성질(性質) 따위가 바뀌고 달라지는 일이 매우 많거나 심함을 이르는 말.
- 별무신통(別無神通)	결과(結果)나 효과(效果) 따위가 그다지 놀라울 정도로 대단한 것이 없음을 이르는 말.
- 별무장물(別無長物)	따로 남아도는 물건(物件)이 없다는 뜻으로, 몹시 가난하거나 검소(儉素)한 것을 비유적으로 이르는 말.
- 별유천지(別有天地)	속세(俗世)와는 달리 경치(景致)나 분위기(雰圍氣)가 아주 좋은 세상(世上)을 비유적으로 이르는 말.
=별유건곤(別有乾坤)
- 병가상사(兵家常事)	전쟁(戰爭)에서 이기고 지는 일은 흔히 있는 일이라는 뜻으로, 한 번의 실패(失敗)에 낙심(落心)하지 말라는 말.
- 병불염사(兵不厭詐)	군사(軍事)에 관한 일이라면 간사(奸詐)한 꾀도 꺼리지 아니함을 이르는 말. =군불염사(軍不厭詐)
- 병상첨병(病床添病)	병(病)을 앓고 있는데 또 다른 병이 겹쳐 생김.
- 병여일성(炳如日星)	해와 별처럼 밝고 빛남.
- 병입고황(病入膏肓)	병(病)이 고황(膏肓)에까지 들었다는 뜻으로, 병이 깊어져 더 이상 치료(治療)가 불가능(不可能)한 것을 비유적으로 이르는 말.
- 보거상의(輔車相依)	수레에서 덧방나무와 바퀴처럼 뗄 수 없다는 뜻으로, 서로 돕고 의지(依支)함을 이르는 말.
- 보국안민(輔國安民)	나라님을 도와 국정(國政)을 보살피고 백성(百姓)을 편안(便安)하게 함을 이르는 말.
- 보무당당(步武堂堂)	걸음걸이가 씩씩하고 활기(活氣)참.
- 보원이덕(報怨以德)	덕(德)으로써 원한(怨恨)을 갚는다는 뜻으로, 원한을 원한

• 복거지계(覆車之戒)	으로 갚지 않고 오히려 덕을 베푸는 것을 이르는 말.
• 복거지계(覆車之戒)	앞의 수레가 엎어지는 것을 보고 뒤의 수레는 미리 경계(警戒)하여 엎어지지 않도록 한다는 뜻으로, 남의 실패(失敗)를 거울삼아 자기(自己)를 경계(警戒)함을 이르는 말. =은감불원(殷鑑不遠)
• 복고여산(腹高如山)	배가 산(山)같이 높다는 뜻으로, 아이 밴 여자의 배부른 모양(模樣)을 이르는 말.
• 복과재생(福過災生)	복(福)이 지나면 재앙(災殃)이 생긴다는 뜻으로, 인생(人生)은 즐거움과 괴로움이 서로 교차(交叉)하며 살아간다는 것을 이르는 말.
• 복배지수(覆盃之水)	엎지른 물이라는 뜻으로, 한 번 저지른 일은 다시 바로 잡거나 돌이킬 수 없음을 이르는 말.
• 복수불수(覆水不收)	엎지른 물은 다시 담을 수 없다는 뜻으로, 한 번 저지른 일은 어찌할 수 없다거나 또는 다시 중지(中止)할 수 없음을 이르는 말. =복배지수(覆盃之水)
• 복심지우(腹心之友)	마음이 맞는 극진(極盡)한 벗을 말함.
• 복용봉추(伏龍鳳雛)	엎드려 있는 용(龍)과 봉황(鳳凰)의 새끼라는 뜻으로, 초야(草野)에 숨어있는 인재(人材)를 이르는 말.
• 복잡다단(複雜多端)	마구 뒤섞여 갈피를 잡기가 어려움.
• 복지부동(伏地不動)	땅에 엎드려 움직이지 않는다는 뜻으로, 일이나 업무(業務) 등 주어진 상황(狀況)에서 몸을 사린다는 것을 비유적으로 이르는 말.
• 본립도생(本立道生)	사물(事物)의 근본(根本)이 서면 도(道)는 저절로 생겨난다는 뜻으로, 기본(基本)이 바로 서야 나아갈 길이 생김을 이르는 말.
• 본말전도(本末顚倒)	사물(事物)의 순서(順序)나 위치(位置) 또는 이치(理致)가 거꾸로 된 것을 이르는 말.

- 본연지성(本然之性) 사람이 본디부터 가지고 태어난 심성(心性)을 이르는 말.
- 본제입납(本第入納) 본집으로 들어가는 편지(便紙)라는 뜻으로, 자기(自己) 집으로 편지를 보낼 때 겉봉에 자기(自己) 이름을 적고 그 밑에 쓰는 말.
- 봉격지희(奉檄之喜) 부모(父母)가 살아 있는 동안에 그 고을의 원(員)으로 임명(任命)되는 기쁨을 이르는 말.

  ※ 원(員): 조선 시대에, 고을을 다스리는 부윤·목사·부사·군수·현감·현령 등 관원(官員)을 말함.

- 봉고파직(封庫罷職) 창고(倉庫)를 봉(封)하고 관직(官職)을 파(罷)한다는 뜻으로, 예전에, 암행어사(暗行御使)나 감사(監司)가 바르지 못한 관리(官吏)를 파면(罷免)시키고 관가(官家)의 창고를 잠그던 일을 이르는 말.
- 봉공여법(奉公如法) 공적(公的)인 일을 법대로 받들어 행한다는 뜻으로, 법(法)은 만인(萬人)에게 공평(公平)해야 한다는 말.
- 봉두구면(蓬頭垢面) 흐트러진 머리와 때 묻은 얼굴이라는 뜻으로, 성질(性質)이 털털하여 겉모습에 별 관심(關心)을 두지 않음을 이르는 말.
- 봉두난발(蓬頭亂髮) 쑥대강이같이 헙수룩하게 마구 흐트러진 머리털을 이르는 말. = 봉두돌빈(蓬頭突鬢)
- 봉린지란(鳳麟芝蘭) 봉황(鳳凰), 기린(麒麟)처럼 잘난 남자(男子)와 지초(芝草), 난초(蘭草)처럼 예쁜 여자(女子)라는 뜻으로, 젊은 남녀(男女)의 아름다움을 이르는 말.
- 봉생마중(蓬生麻中) 삼(麻)밭 속의 쑥은 곧게 자랄 수 있다는 뜻으로, 좋은 환경(環境)을 맞이하면 좋아짐을 이르는 말.
- 봉인첩설(逢人輒說) 사람을 만나는 대로 족족 이야기하여 소문(所聞)을 널리 퍼뜨림을 이르는 말.
- 부관참시(剖棺斬屍) 예전에, 죽은 뒤에 큰 죄(罪)가 드러난 사람을 다시 극형(極

刑)에 처하는 형벌(刑罰)로, 관(棺)을 쪼개어 시체(屍體)를 베거나 목을 잘라 거리에 걸던 일을 이르는 말.

- 부귀공명(富貴功名) 　재물(財物)이 많고 지위(地位)가 높으며 공(功)을 세워 이름을 떨침을 이르는 말.
- 부귀영화(富貴榮華) 　많은 재산(財産)과 높은 지위(地位)로 누릴 수 있는 영광(榮光)스럽고 호화(豪華)로운 생활(生活)을 이르는 말.
- 부귀재천(富貴在天) 　부귀(富貴)는 하늘에 달렸다는 뜻으로, 사람의 힘으로는 어쩔 수 없음을 이르는 말.
- 부득요령(不得要領) 　요령(要領)을 얻지 못하다는 뜻으로, 핵심(核心)이나 요점(要點)을 파악(把握)하거나 터득(攄得)하지 못하는 것을 이르는 말.
- 부마도위(駙馬都尉) 　고구려(高句麗) 때와 고려(高麗), 조선(朝鮮)시대에 임금의 사위에게 주던 칭호(稱號). =부마(駙馬)
- 부복장주(剖腹藏珠) 　배를 가르고 보물(寶物)을 감춘다는 뜻으로, 재물(財物)에 눈이 어두워 자신(自身)에게 해(害)가 되는 일도 서슴지 않고 자행(恣行)함을 이르는 말.
- 부부유별(夫婦有別) 　오륜(五倫)의 하나. 남편(男便)과 아내 사이에는 엄격(嚴格)히 지켜야 할 인륜(人倫)의 구별(區別)이 있다는 말.
- 부부자자(父父子子) 　아버지는 아버지답게 모범(模範)을 보이고, 아들은 아들로서 책임(責任)을 다하는 아들다움을 이르는 말.
- 부생여몽(浮生如夢) 　인생(人生)은 항상(恒常) 허무(虛無)한 꿈과 같음을 이르는 말.
- 부석입해(負石入海) 　돌을 지고 바다에 뛰어든다는 뜻으로, 지사(志士)가 자기(自己)의 뜻을 세상(世上)에 펴지 못하여 돌을 짊어지고 바다 속으로 뛰어 들어갔다는 고사에서 유래한 말.
- 부신입화(負薪入火) 　섶을 지고 불로 들어간다는 뜻으로, 무모(無謀)하여 화(禍)를 자초(自招)함을 이르는 말.

- 부신지우(負薪之憂)   병(病)이 들어 땔나무를 질 수 없다는 뜻으로, 자기(自己)의 병을 겸손(謙遜)하게 이르는 말.
- 부염기한(附炎棄寒)   권세(權勢)를 떨칠 때에는 그를 섬겨서 가까이 따르다가 권세가 쇠(衰)하면 버리고 떠난다는 뜻으로, 인정(人情)의 경박(輕薄)함을 이르는 말.
- 부운지지(浮雲之志)   뜬구름과 같은 한때의 부귀공명(富貴功名)을 바라는 마음을 이르는 말.
- 부위부강(夫爲婦綱)   남편(男便)과 아내와의 사이에 마땅히 지켜야 할 도리(道理). 유교(儒敎)의 도덕(道德)에서 기본이 되는 세 가지 강령(綱領)중 하나를 이르는 말.
- 부위자강(父爲子綱)   삼강(三綱)의 하나로. 부모(父母)와 자식(子息) 사이에 마땅히 지켜야 할 도리(道理)를 이르는 말.
- 부유인생(蜉蝣人生)   하루살이 인생(人生)이란 뜻으로, 허무(虛無)하고 덧없는 인생을 비유적으로 이르는 말.
- 부자유친(父子有親)   오륜(五倫)의 하나. 아버지와 아들 사이의 도(道)는 친애(親愛)에 있다는 말로, 아버지는 아들을 사랑하며 아들은 아버지를 잘 섬김으로써 진정한 부자(父子)간의 도리(道理)를 이르는 말.
- 부자자효(父慈子孝)   어버이는 자식(子息)에게 도타운 사랑을 베풀고 자식(子息)은 부모(父母)를 잘 섬기는 일을 이르는 말.
- 부전자전(父傳子傳)   아버지가 자신(自身)의 태도(態度)나 성향(性向)을 아들에게 대대(代代)로 전함을 이르는 말.
- 부중생어(釜中生魚)   솥 안에 물고기가 생겼다는 뜻으로, 매우 가난함을 이르는 말.
  ※범염(范冉)이라는 사람이 오랫동안 밥을 하지 못하여 솥 안에 물고기가 생겼다는 고사에서 유래.

  출전(出典) 『후한서(後漢書)』「범염전(范冉傳)」

- 부중지어(釜中之魚) 솥 안에 든 물고기, 즉 가마솥의 물고기가 곧 삶겨 죽을 줄도 모르고 헤엄을 치고 있다는 뜻으로, 눈앞에 생명(生命)을 위협(威脅)하는 위험(危險)이 닥쳤거나, 자기(自己) 명대로 살지 못한다는 것을 비유적으로 이르는 말.
- 부중치원(負重致遠) 무거운 짐을 지고 먼 곳까지 간다는 뜻으로, 중요(重要)한 직책(職責)을 맡을 수 있는 역량(力量)이 있음을 이르는 말.
- 부즉다사(富則多事) 재물(財物)이 많으면 일도 많아진다는 말.
- 부즉불리(不卽不離) 두 관계(關係)가 붙지도 않고 떨어지지도 않음. 또는 찬성(贊成)도 아니고 반대(反對)도 아님을 이르는 말.
- 부지기수(不知其數) 그 수를 알 수 없다는 뜻으로, 헤아릴 수 없을 만큼 매우 많음을 이르는 말.
- 부집존장(父執尊長) 아버지의 친구(親舊)로 아버지와 나이가 비슷한 어른을 이르는 말.
- 부창부수(夫唱婦隨) 남편(男便)이 주장(主張)하고 아내가 이에 잘 따름의 뜻으로, 부부(夫婦) 사이의 화합(和合)하는 도리(道理)를 비유적으로 이르는 말. =여필종부(女必從夫)
- 부침지려(浮沈之慮) 물 위에 떴다 잠겼다 함으로 인한 심려(心慮)의 뜻으로, 세상(世上)의 무상(無常)함을 슬퍼한다는 말.
- 부형청죄(負荊請罪) 가시나무를 지고 벌(罰)을 주기를 청(請)한다는 뜻으로, 자신의 잘못을 사과(謝過)하면서 엄한 처벌(處罰)을 요구(要求)하는 것을 비유적으로 이르는 말.
- 부화뇌동(附和雷同) 천둥소리에 맞춰 함께 한다는 뜻으로, 자신(自身)의 소신(所信)없이 남이 하는 대로 따라 함을 이르는 말. =여진여퇴(旅進旅退), 수중축대(隨衆逐隊)
- 부화수행(附和隨行) 자기(自己) 주견(主見)이 없이 남의 의견(意見)에 따라서 움직임을 이르는 말.

- 북두칠성(北斗七星) 큰곰자리의 일곱 개의 별로 북쪽 하늘에 국자 모양을 이루고 있는 별을 이르는 말.
  ※국자의 자루 끝에 있는 요광(搖光)은 하루에 열두 방위(方位)를 가리키므로 옛날에는 시각(時刻)의 측정(測定)이나 항해(航海)의 지침(指針)으로 삼음.
- 북망산천(北邙山川) 사람이 죽어서 묻히는 곳을 이르는 말. =북망산(北邙山)
  ※옛날 중국(中國)의 북망산(北邙山, 하남성(河南省) 낙양(洛陽) 북쪽에 있는 산)에 제왕(帝王)이나 명사(名士)들의 무덤이 많았다는 데서 온 말.
- 북문지탄(北門之歎) 벼슬자리에 나가기는 하였으나 뜻대로 성공(成功)하지 못하여 그 곤궁(困窮)함을 한탄(恨歎)함을 이르는 말.
- 북산지감(北山之感) 북산(北山)에서 느끼는 감회(感懷)란 뜻으로, 나랏일에 바빠 부모(父母) 봉양(奉養)을 제대로 못하는 자식(子息)의 안타까운 마음을 비유적으로 이르는 말.
  ※북산(北山)은 주(周)나라 유왕(幽王) 때 백성(百姓)들이 부역(賦役)에 끌려 나가 부모(父母)를 봉양(奉養)할 수 없음을 탄식(歎息)한 노래로, 모두 6장으로 구성(構成). 여기에서 '북산지감'이 유래.
  출전(出典) 『시경(詩經)』 「소아(小雅)」 북산(北山)
- 북원적초(北轅適楚) 수레의 머리를 북(北)쪽으로 향하게 하고 남(南)쪽인 초(楚)나라로 가려 한다는 뜻으로, 뜻하는 바와 행하는 바가 서로 어긋남을 이르는 말.
- 북창삼우(北窓三友) 북(北)쪽 창(窓)의 세 가지 벗의 뜻으로, 거문고·술·시(詩)를 아울러 이르는 말.
- 북풍한설(北風寒雪) 북(北)쪽에서 불어오는 된바람과 차가운 눈.
- 분골쇄신(粉骨碎身) 뼈를 빻고 몸을 부순다는 뜻으로, 자기(自己) 몸을 돌보지

	않고 지극(至極)한 정성(精誠)으로 있는 힘을 다한다는 말. =진충갈력(盡忠竭力)
• 분기충천(憤氣衝天)	분(憤)한 기운(氣運)이 하늘을 찌른다는 뜻으로, 분한 마음이 하늘을 찌를 듯 격렬(激烈)하게 북받쳐 오른다는 말.
• 분방자재(奔放自在)	규율(規律) 따위에 따르지 않고 자기(自己) 마음대로 함.
• 분붕이석(分崩離析)	집단(集團)이 나눠져 무너지고 쪼개지다는 뜻으로, 자기(自己)편 끼리의 싸움이나 내부(內部)에서 일어나는 갈등(葛藤)으로 사분오열(四分五裂)되어 와해(瓦解)됨을 이르는 말.
• 분서갱유(焚書坑儒)	서석(書籍)을 불사르고 유생(儒生)을 구덩이에 묻는다는 뜻으로, 상황(狀況)을 고려하지 않고 무조건 발본색원(拔本塞源)을 하거나 폭정(暴政)을 저지르는 것을 비유적으로 이르는 말. ※중국(中國)의 진(秦)나라 시황제(始皇帝) 34년(기원전 213년)에 학자(學者)들의 정치적(政治的) 비판(批判)을 막기 위하여 의약(醫藥), 점복(占卜), 농업(農業)에 관한 것을 제외(除外)한 민간의 모든 서적(書籍)을 불태우고, 유생(儒生)들을 생매장(生埋葬)한 '분서갱유' 고사에서 유래. **출전(出典)** 공안국(孔安國)의 『상서(尙書)』「서(序)」
• 분청사기(粉靑沙器)	회색(灰色) 계통(系統)의 바탕흙으로 빚어 흰 흙으로 겉면을 입히고, 그 뒤에 회청색(灰靑色)의 유약(釉藥)을 발라 구운 것. '분장회청사기(粉粧灰靑沙器)'의 준말 임.
• 분토지언(糞土之言)	이치(理致)에 닿지 않는 터무니없는 말.
• 불가구약(不可救藥)	치료(治療)할 약(藥)을 구할 수 없다는 뜻으로, 어떤 사람의 나쁜 습관(習慣)을 고치거나 악(惡)한 사람을 구제(救濟)할 길이 전혀 없음을 비유적으로 이르는 말.
• 불가사의(不可思議)	마음으로 생각할 수도 없다는 뜻으로, 보통(普通) 사람의

	생각으로는 도저히 미루어 헤아릴 수 없을 만큼 이상야릇함을 이르는 말.
• 불간지서(不刊之書)	길이길이 전(傳)할 불후(不朽)의 양서(良書)를 이르는 말.
• 불감생심(不敢生心)	감히 마음이 생기지 않는다는 뜻으로, 힘에 부쳐 감히 엄두도 내지 못함을 이르는 말.
• 불계지주(不繫之舟)	정처 없이 방랑(放浪)하는 사람을 비유적으로 이르는 말.
• 불고염치(不顧廉恥)	염치(廉恥)를 돌아보지 않음의 뜻으로, 염치없이 행동(行動)하거나, 염치를 무릅쓰고 강행(强行)할 때 쓰는 말.
• 불공대천(不共戴天)	하늘을 함께 이지 못한다는 뜻으로, 이 세상(世上)에서 같이 살 수 없을 만큼 큰 원한(怨恨)을 가진 것을 비유적으로 이르는 말. =불구대천(不俱戴天), 대천지수(戴天之讐)
• 불구문달(不求聞達)	이름이 널리 알려져 현달(顯達)하기를 구하지 않다는 뜻으로, 다른 사람이 자기(自己)를 알아주는 것을 바라지 않거나, 명예(名譽)나 지위(地位)를 좇지 않는 것을 이르는 말.
• 불궤지심(不軌之心)	마땅히 지켜야 할 법(法)이나 도리(道理)에 어긋나는 마음, 또는 모반(謀叛)을 꾀하는 마음을 이르는 말.
• 불념구악(不念舊惡)	지나간 잘못을 염두(念頭)에 두지 않음.
• 불두저분(佛頭著糞)	부처님 머리에 붙은 똥이란 뜻으로, 경멸(輕蔑)이나 모욕(侮辱)을 당함을 이르는 말.
• 불두착분(佛頭着糞)	부처의 머리에 똥을 묻힌다는 뜻으로, 매우 깨끗한 것을 더럽힘을 비유적으로 이르는 말.
• 불로불사(不老不死)	늙지도 않고 죽지도 않음.
• 불립문자(不立文字)	[불교] 선종(禪宗)에서, 불도(佛道)의 깨달음은 마음에서 마음으로 전하는 것이므로 언어(言語)나 문자(文字)에 의지(依支)하지 않는다는 말. =이심전심(以心傳心), 교외별전(敎外別傳)

- 불망지은(不忘之恩) 잊지 못할 은혜(恩惠)를 이르는 말.
- 불면불휴(不眠不休) 자지도 않고 쉬지도 않는다는 뜻으로, 쉬지 않고 힘써 일함을 이르는 말.
- 불모지지(不毛之地) 아무 식물(植物)도 자라지 못하는 거칠고 메마른 땅.
- 불문가지(不問可知) 묻지 않아도 빤히 알 수 있음. =불언가상(不言可想)
- 불문곡직(不問曲直) 사리(事理)의 옳고 그름을 따져 묻지 않음.
  =불문곡절(不問曲折), 곡직불문(曲直不問)
- 불면호구(不免虎口) 호랑이 아가리를 면치 못한다는 뜻으로, 위험(危險)을 면치 못함을 이르는 말.
- 불벌부덕(不伐不德) 자기(自己)의 공적(功績)을 과시(誇示)하지 않음.
- 불사이군(不事二君) 한 사람이 두 임금을 섬기지 아니하는 것.
- 불생불멸(不生不滅) 생겨나지도 않고 없어지지도 않고 항상 그대로 변함이 없다는 말.
- 불세지재(不世之才) 보기 드물게 아주 뛰어난 재주.
- 불시지수(不時之需) 제 때가 아닌 때에 먹게 된 음식(飮食)을 이르는 말.
- 불식지공(不息之工) 쉬지 않고 천천히 늘 꾸준하게 하는 일.
- 불실원수(不失元數) 본래(本來)의 분수(分數)를 잊지 않고 잘 지킨다는 말.
- 불안돈목(佛眼豚目) 부처의 눈과 돼지의 눈이라는 뜻으로, 세상(世上) 만물(萬物)을 부처의 눈으로 보면 다 부처 같이 보이고, 돼지의 눈으로 보면 다 돼지같이 보인다는 말.
- 불언가상(不言可想) 아무 말을 아니 하여도 넉넉히 생각할 수가 있음.
- 불언가지(不言可知) 말을 하지 않아도 알 수 있음.
- 불요불굴(不撓不屈) 어떠한 어려움에도 굽히지 않는 강인(强靭)한 정신력(精神力)과 꿋꿋한 자세(姿勢)를 비유적으로 이르는 말.
- 불요불급(不要不急) 필요(必要)하지도 않고 급(急)하지도 않음.
- 불원천리(不遠千里) 천 리(千里) 길도 멀다 하지 않다는 뜻으로, 먼 길을 오는

	수고도 마다하지 않은 정성(精誠)을 비유적으로 이르는 말. =불원만리(不遠萬里)
• 불철주야(不撤晝夜)	어떤 일을 함에 있어 밤낮을 가리지 않음. =야이계주(夜以繼晝), 주이계야(晝而繼夜)
• 불초소자(不肖小子)	아버지를 닮지 않아 현명(賢明)하지 못하고 어리석은 자식(子息)을 이르는 말.
• 불초지부(不肖之父)	선대(先代)의 덕망(德望)을 닮지 못한 어리석은 아버지를 이르는 말.
• 불취동성(不娶同姓)	같은 성(姓)을 가진 사람끼리는 결혼(結婚)을 하지 아니함.
• 불치불검(不侈不儉)	의식주(衣食住)에 있어 사치(奢侈)하지도 검소(儉素)하지도 않음. 또는 모든 면에 있어 수수함을 이르는 말.
• 불치하문(不恥下問)	아랫사람에게 묻는 것을 부끄러워하지 않다는 뜻으로, 손아랫사람이나 지위(地位)나 학식(學識)이 자기(自己)만 못한 사람에게 모르는 것을 묻는 일을 부끄러워하지 않는다는 말. =공자천주(孔子穿珠)
• 불편부당(不偏不黨)	어느 한쪽으로 치우치지 않아 아주 공정(公正)함.
• 불피탕화(不避湯火)	물불을 가리지 않는 것을 말함.
• 불한이율(不寒而慄)	날씨가 춥지 않아도 벌벌 떨린다는 뜻으로, 포악(暴惡)한 정치(政治)로 공포(恐怖)에 떨며 두려워하는 것을 비유적으로 이르는 말.
• 불혹지년(不惑之年)	무엇을 당해도 망설이지 않는 나이라는 뜻으로, 나이 '마흔 살(40세)'을 이르는 말.
• 불황계처(不遑啓處)	집 안에서 편히 쉴 틈이 없음.
• 붕성지통(崩城之痛)	성(城)이 무너질 만큼 큰 슬픔이라는 뜻으로, 남편(男便)의 죽음을 슬퍼하며 우는 아내의 울음을 이르는 말. ↔고분지통(鼓盆之痛)

- 붕우강습(朋友講習)　벗이 모여 서로 학식(學識)을 닦는 것을 이르는 말.
- 붕우유신(朋友有信)　오륜(五倫)의 하나로, 벗 사이에 지켜야 할 도리(道理)는 믿음에 있다는 말.
- 붕정만리(鵬程萬里)　붕새가 날아가는 길이 만 리(萬里)라는 뜻으로, 앞날이 밝고 창창(蒼蒼)한 것. 또는 원대(遠大)한 계획(計劃)이나 사업(事業)을 비유적으로 이르는 말.
- 비례물시(非禮勿視)　예의(禮儀)에 어긋나는 일은 보지 말라는 말.
- 비례지례(非禮之禮)　예의(禮儀)가 아닌 예(禮)라는 뜻으로, 예의에 맞는듯하면서 실상(實狀)은 위배(違背)된 예절(禮節)을 이르는 말.
- 비명횡사(非命橫死)　뜻밖의 재난(災難)이나 사고(事故) 따위로 허망(虛妄)하게 죽음을 이르는 말.
- 비몽사몽(非夢似夢)　완전(完全)히 잠이 들지도, 잠에서 깨어나지도 않아 정신(精神)이 어렴풋한 상태를 이르는 말.
- 비분강개(悲憤慷慨)　슬프고 분(憤)하여 의분(義憤)이 북받침.
- 비비유지(比比有之)　어떤 일이나 현상(現象) 따위가 흔히 있음.
- 비승비속(非僧非俗)　승려(僧侶)도 아니고 속인(俗人)도 아니라는 뜻으로, 이것도 저것도 아닌 어중간(於中間)한 사람이나 사물(私物)을 이르는 말.
- 비옥가봉(比屋可封)　집집마다 가히 표창(表彰)할만한 인물(人物)이 많다는 뜻으로, 백성(百姓)이 모두 성인(聖人)의 덕(德)에 교화(敎化)되어 어진 사람이 많음을 이르는 말.
- 비위난정(脾胃難定)　비위(脾胃)가 뒤집혀 가라앉지 아니한다는 뜻으로, 밉살스런 꼴을 보고 마음이 아니꼬움을 이르는 말.
- 비육지탄(髀肉之歎)　넓적다리에 살이 찌는 것을 한탄(恨歎)하다는 뜻으로, 재능(才能)을 발휘(發揮)할 기회를 가지지 못하고 헛되이 세월(歲月)만 보냄을 탄식(歎息)하는 말.

※중국(中國) 촉(蜀)나라의 유비(劉備)가 은거(隱居)하고 있던 시절(時節)에 오랫동안 말을 타지 못하여 넓적다리에 살이 찌는 것을 한탄한 고사에서 유래.
출전(出典) 『삼국지(三國志)』 촉서(蜀書) 「선주전(先主傳)」

- 비이장목(飛耳長目) 먼 데서 일어나는 일을 능히 듣고 보는 귀와 눈이란 뜻으로, 널리 여러 가지 정보(情報)를 모아 사물(事物)을 명확(明確)하게 판단(判斷)하는 능력(能力)을 이르는 말.

- 비익연리(比翼連理) 비익조(比翼鳥)와 연리지(連理枝)의 뜻으로, 부부(夫婦)의 사이가 매우 좋음을 비유적으로 이르는 말.

- 비일비재(非一非再) 어떤 현상(現象)이나 사실(事實)이 한두 번이나 한둘이 아니고 많음.

- 비전지죄(非戰之罪) 싸우지 못한 죄라는 뜻으로, 일을 잘못한 것이 아니라 운수(運數)가 나빠 실패(失敗)함을 탄식(歎息)하는 말.
※중국(中國) 초(楚)나라의 항우(項羽)가 해하(垓下)의 싸움에서 패(敗)하고 난 뒤에 한 '비전지죄'의 고사에서 유래.
출전(出典) 『사기(史記)』 「항우본기(項羽本紀)」

- 비조불입(飛鳥不入) 나는 새도 들어가지 못한다는 뜻으로, 성(城), 진지(陣地) 따위의 방비(防備)가 빈틈이 없이 튼튼하고 완벽(完璧)함을 이르는 말.

- 비조즉석(非朝卽夕) 아침이 아니면 곧 저녁이라는 뜻으로, 시기(時期)가 매우 임박(臨迫)함을 이르는 말.

- 빈계사신(牝鷄司晨) 암탉이 새벽에 우는 일을 맡았다는 뜻으로, 아내가 남편(男便)의 할 일을 가로 막아 자기(自己) 마음대로 처리(處理)함을 비꼬아 이르는 말.

- 빈계지신(牝鷄之晨) 암탉이 새벽에 먼저 운다는 뜻으로, 남편(男便)을 제쳐놓고 부인(婦人)이 집안일을 마음대로 처리(處理)함을 이르는

말. =빈계사신(牝鷄司晨)

- 빈자소인(貧者小人)　가난한 사람은 남에게 굽히는 일이 많아 저절로 낮은 사람이 된다는 말.
- 빈자일등(貧者一燈)　가난한 사람이 바치는 등(燈) 하나라는 뜻으로, 물질(物質)의 많고 적음보다 정성(精誠)이 중요(重要)함을 비유적으로 이르는 말.

  ※왕(王)이 부처 앞에 바친 백 개(百個)의 등(燈)은 밤사이에 기름이 다 되어 꺼졌는데, 가난한 노파(老婆)가 전 재산(財産)을 털어 바친 등 하나만은 계속 불이 켜져 있었다는 고사에서 유래.

  출전(出典) 『현우경(賢愚經)』「빈녀난타품(貧女難陀品)」

- 빈즉다사(貧則多事)　가난한 살림에 번거로운 일이 많음.
- 빈천지교(貧賤之交)　가난하고 천(賤)할 때 가까이 사귄 사이.
- 빈황모려(牝黃牡驪)　검은 수컷 말이 누런 암컷을 찾는다. 즉 암수와 색깔을 구별(區別) 못한다는 뜻으로, 사물(事物)을 인식(認識)하려면 외형(外形)이 아니라 그 실질(實質)을 파악(把握)하여야 함을 이르는 말.
- 빙공영사(憑公營私)　공적(公的)인 일을 핑계하여 사사(私事)로운 이익(利益)을 꾀함을 이르는 말. ↔멸사봉공(滅私奉公)
- 빙기옥골(氷肌玉骨)　살결이 깨끗하고 고운 미인(美人). 또는 '매화(梅花)'의 깨끗하고 고운 모습을 비유적으로 이르는 말.
  =빙자옥질(氷姿玉質)
- 빙산일각(氷山一角)　빙산(氷山)의 뿔이라는 뜻으로, 대부분(大部分)이 숨겨져 있고 외부(外部)로 나타나 있는 것은 극히 일부분(一部分)에 지나지 않음을 비유적으로 이르는 말.
- 빙심옥호(氷心玉壺)　얼음 같은 마음이 옥(玉) 항아리에 있다는 뜻으로, 마음이

	티 없이 맑고 깨끗함을 이르는 말.
• 빙자옥질(氷姿玉質)	얼음같이 맑고 깨끗한 살결과 구슬같이 아름다운 자질(資質). 또는 '매화(梅花)'를 달리 이르는 말. =선자옥질(仙姿玉質)
• 빙청옥결(氷淸玉潔)	얼음 같이 맑고 구슬 같이 깨끗하다는 뜻으로, 마음이 맑고 깨끗한 덕성(德性)을 비유적으로 이르는 말.
• 빙탄지간(氷炭之間)	얼음과 숯의 사이라는 뜻으로, 서로 맞지 않아 화합(和合)하지 못하는 관계(關係)를 이르는 말. =불구대천(不俱戴天)

【ㅅ】

- 사가망처(徙家忘妻)　이사(移徙)를 갈 때 아내를 잊고 두고 간다는 뜻으로, 무엇을 잘 잊음을 비유적으로 이르는 말.
- 사고무친(四顧無親)　사방(四方)을 둘러보아도 친척(親戚)이 없다는 뜻으로, 의지(依支)할 사람이 없음을 이르는 말. =사고무탁(四顧無託)
- 사군이충(事君以忠)　세속오계(世俗五戒)의 하나. 충성(忠誠)으로써 임금을 섬긴다는 말.
- 사귀일성(四歸一成)　넷이 모여 하나를 이룬다는 뜻으로, 목화(木花) 4근이 솜 1근, 수삼(水蔘) 4근이 건삼(乾蔘) 1근이 되는 따위를 이르는 말. =사구일생(四俱一生)
- 사근취원(捨近取遠)　가까운 것을 버리고 먼 것을 취(取)한다는 뜻으로, 일의 순서(順序)나 차례(次例)를 바꾸어서 함을 이르는 말.
- 사기종인(捨己從人)　자기(自己)를 버리고 남을 따른다는 뜻으로, 자신(自身)의 이전 행위(行爲)를 버리고 다른 사람의 착한 행실(行實)을 따르는 것을 이르는 말.
- 사기충천(士氣衝天)　사기(士氣)가 하늘을 찌를 듯이 높음.
- 사농공상(士農工商)　고려(高麗)와 조선(朝鮮) 시대, 직업(職業)을 기준(基準)으로 가른 신분(身分) 계급(階級). 곧 선비(士), 농부(農夫), 공장(工匠), 상인(商人)의 네 계급을 이르는 말.
- 사단칠정(四端七情)　성리학(性理學)의 철학적(哲學的) 개념(概念) 가운데 하나. 사단(四端): 인간(人間)의 본성(本性)에서 우러나오는 네가

지 마음씨. 즉 선천적(先天的)이며 도덕적(道德的) 능력(能力)을 말함.

인(仁)에서 우러나는 측은지심(惻隱之心), 의(義)에서 우러나는 수오지심(羞惡之心), 예(禮)에서 우러나는 사양지심(辭讓之心), 지(智)에서 우러나는 시비지심(是非之心).

칠정(七情): 인간의 본성(本性)이 사물(事物)을 접하면서 표현(表現)되는 기쁨(喜), 노여움(怒), 슬픔(哀), 두려움(懼), 사랑(愛), 미움(惡), 욕망(欲) 일곱 가지 자연적(自然的) 감정(感情)을 말함.

- 사리부재(詞俚不載) 가사(歌詞)가 속(俗)되어 싣지 않는다는 뜻으로, 조선시대(朝鮮時代) 도학자(道學者)들이 고려(高麗) 가사(歌詞)를 남녀상열지사(男女相悅之詞)라 하여 추(醜)하게 보아『악학궤범(樂學軌範)』에 싣는 것을 꺼린 데서 나온 말.

- 사리사욕(私利私慾) 사사(私事)로운 이익(利益)과 개인적(個人的)인 욕심(慾心)을 이르는 말.

- 사면초가(四面楚歌) 사방(四方)에서 들리는 초(楚) 나라의 노래라는 뜻으로, 적(敵)에게 둘러싸인 상태(狀態)나 누구의 도움도 받을 수 없는 고립(孤立)된 상태에 처하게 된 것을 이르는 말.
  =고립무원(孤立無援)
  ※초(楚)나라와 한(漢)나라의 싸움에서, 초패왕(楚覇王) 항우(項羽)가 한(漢) 고조(高祖)의 군(軍)에 패(敗)하여 해하(垓下)에서 사면(四面)이 포위(包圍)되었을 때, 한나라 군사(軍事) 쪽에서 들려오는 초(楚)의 노래를 듣고, 초나라 군사가 이미 항복(降伏)한 줄 알고 놀라서 애첩(愛妾) 우미인과 함께 자결(自決)했다는 고사에서 유래.
  출전(出典)『사기(史記)』「항우본기(項羽本紀)」

- 사면춘풍(四面春風) 원칙(原則)을 따지거나 까다롭게 굴지 않고, 누구에게나 좋은 얼굴로 대하는 일을 이르는 말.
  =도처춘풍(到處春風), 사시춘풍(四時春風)
- 사목지신(徙木之信) 나무를 옮기는 믿음이란 뜻으로, 나무를 옮긴 사람에게 상(賞)을 주어 믿음을 갖게 함. 또는 남을 속이지 않거나 약속(約束)을 반드시 지킨다는 것을 이르는 말.
  =이목지신(移木之信)
  ※중국(中國) 진(秦)나라의 정치가(政治家) 상앙(商鞅)이 법령(法令)을 개정(改正)할 때, 남문(南門)에 큰 나무를 세워 두고 이를 북문(北門)으로 옮기는 이에게 상(賞)을 내리겠다고 알린 후, 실제로 이를 행한 사람에게 상을 내려서 법령의 신뢰성(信賴性)을 보인 고사에서 유래.
  출전(出典) 『사기(史記)』「상군열전(商君列傳)」
- 사문난적(斯文亂賊) 유교(儒敎), 특히 성리학(性理學)에서 교리(敎理)를 어지럽히고 그 사상(思想)에 어긋나는 말이나 행동(行動)을 하는 사람을 이르는 말.
- 사반공배(事半功倍) 일은 반(半)밖에 하지 않았으나 그 공(功)은 배(倍)가 된다는 뜻으로, 노력(努力)을 조금밖에 하지 않았는데도 그 일의 효과(效果)가 아주 큰 것을 비유적으로 이르는 말.
- 사발통문(沙鉢通文) 격문(檄文)이나 호소문(呼訴文) 따위를 쓸 때 누가 주모자(主謀者)인가를 알지 못하도록, 서명(署名)에 참여(參與)한 사람들의 이름을 둥글게 뺑 돌려가며 적은 통문(通文)을 이르는 말.
- 사분오열(四分五裂) 넷으로 나뉘고 다섯으로 찢어진다는 뜻으로, 의견(意見)이나 지역(地域)이 여러 갈래로 갈기갈기 갈라지거나 세력(勢力)이 여러 갈래로 찢어져 약화(弱化)되는 것을 이르는 말.
  =삼분오열(三分五裂)

- 사불급설(駟不及舌) 아무리 빠른 사마(駟馬)라도 혀를 놀려서 하는 말을 따르지 못한다는 뜻으로, 소문(所聞)은 순식간(瞬息間)에 퍼지는 것이므로 말을 조심(操心)하여야 함을 이르는 말.
  =구화지문(口禍之門), 사마난추(駟馬難追)
- 사불명목(死不瞑目) 근심이나 한(恨)이 남아 있어 죽어서도 눈을 편히 감지 못함을 이르는 말.
- 사불범정(邪不犯正) 바르지 못한 것이 바른 것을 범(犯)하지 못함의 뜻으로, 정의(正義)가 반드시 이김을 이르는 말.
- 사불여의(事不如意) 일이 뜻과 같지 않다는 뜻으로, 일이 뜻한 대로 이루어지지 않는 상황(狀況)을 이르는 말.
- 사상누각(沙上樓閣) 모래 위에 세운 누각(樓閣)이라는 뜻으로, 기초(基礎)가 튼튼하지 못하여 오래가지 못할 일이나 사물(事物)을 비유적으로 이르는 말.
- 사상제자(泗上弟子) 공자(孔子)의 제자(弟子)를 이르는 말.
  ※사상(泗上): 공자(孔子)의 문하(門下). 또는 그 학파(學派). 공자가 화이수이 강(淮水江)의 지류(支流)인 쓰수이 강(泗水江) 변에서 제자를 가르쳤다는 고사에서 유래.
  출전(出典) 『사기(史記)』
- 사생결단(死生決斷) 죽고 사는 것을 돌보지 아니하고 끝장을 내려고 함.
- 사생관두(死生關頭) 죽고 사는 것이 달린 매우 위험(危險)하고 위태(危殆)로운 고비를 말함. =명재경각(命在頃刻)
- 사생유명(死生有命) 죽고 사는 일이 타고난 운명(運命)에 매여 있어 사람의 힘으로 어찌할 수 없음을 이르는 말.
- 사생지심(捨生之心) 자기(自己)의 목숨을 버리면서까지 희생(犧牲)하겠다는 마음을 이르는 말.
- 사생취의(捨生取義) 목숨을 버리고 의로움을 따른다는 뜻으로, 목숨을 버릴지

언정 옳은 일을 함을 이르는 말. =살신성인(殺身成仁)

- **사서삼경(四書三經)** 유교(儒敎)의 경전(經典)인 사서(四書)와 삼경(三經)을 아울러 이르는 말.

  ※사서(四書) : 「논어(論語)」, 「맹자(孟子)」, 「중용(中庸)」, 「대학(大學)」.

   삼경(三經) : 「시경(詩經)」, 「서경(書經)」, 「주역(周易)」.

- **사서오경(四書五經)** 유교(儒敎)의 기본적(基本的) 경전(經典)인 사서(四書)와 삼경(三經)에 「춘추(春秋)」와 「예기(禮記)」를 합해 오경(五經)을 아울러 이르는 말.

  ※사서(四書) : 「논어(論語)」, 「맹자(孟子)」, 「중용(中庸)」, 「대학(大學)」

   오경(五經) : 「시경(詩經)」, 「서경(書經)」, 「역경(易經)」, 「예기(禮記)」, 「춘추(春秋)」가 있다. 이 중 「대학(大學)」과 「중용(中庸)」은 「예기(禮記)」에서 독립(獨立)되어 별책(別冊)이 됨. 사서오경(四書五經) 또는 사서삼경(四書三經)은 유교(儒敎)의 교육(敎育) 및 교양서적(敎養書籍)으로 교육의 가장 핵심적(核心的)인 책.

- **사석위호(射石爲虎)** 돌을 호랑이로 알고 쏘았더니 돌에 화살이 꽂혔다는 뜻으로, 어떤 일이든 최선(最善)을 다하면 이룰 수 있음을 이르는 말.

- **사소취대(捨小取大)** 작은 것을 버리고 큰 것을 취(取)함을 이르는 말.

- **사시이비(似是而非)** 겉으로는 비슷하게 보이지만 실제(實際)로는 완전(完全)히 다름. 또는 언뜻 보기에는 옳은 것처럼 보이나 사실(事實)은 그름을 이르는 말. =사이비(似而非)의 원말

- **사시장춘(四時長春)** 늘 봄과 같음. 또는 늘 잘 지내는 것을 비유적으로 이르는 말.

- 사신공양(捨身供養) [불교] 불사(佛事)를 이루기 위해서나 깨달음을 얻기 위하여 손, 발 따위의 신체(身體)의 일부(一部), 또는 온몸을 부처나 보살(菩薩)에게 바침을 이르는 말.

- 사신성도(捨身成道) [불교] 속계(俗界)에서의 몸을 버리고 불문(佛門)에 들어 도(道)를 이룸을 이르는 말.

- 사신인수(蛇身人首) 뱀의 몸에 사람의 머리라는 뜻으로, 중국(中國) 상고(上古) 시대(時代)의 제왕(帝王) 복희(伏羲)씨의 괴상(怪狀)한 모양(模樣)을 이르는 말.

- 사실무근(事實無根) 일이 실제(實際)로 근거(根據)가 없거나 전혀 사실(事實)과 다름. 또는 그러한 일을 이르는 말.

- 사심불구(蛇心佛口) 뱀의 마음에 부처의 입이라는 뜻으로, 속으로는 간악(奸惡)한 마음을 품고 있으면서 입으로는 착한 말을 하는 행동(行動)이나 그런 행동을 하는 사람을 이르는 말.

- 사양지심(辭讓之心) 인간(人間)의 본성(本性)에서 우러나오는 네 가지 마음씨인 사단(四端)의 하나로, 겸손(謙遜)하여 남에게 사양(辭讓)할 줄 아는 마음을 이르는 말.

- 사이후이(死而後已) 죽은 뒤에야 그만둔다는 뜻으로, 살아 있는 한 끝까지 그 일에 힘씀을 이르는 말.

- 사인물의(使人勿疑) 사람을 부리면 그 사람을 의심(疑心)하지 말아야 함을 이르는 말.

- 사자분신(獅子奮汛) [불교] 사자(獅子)가 성낸 듯 맹렬(猛烈)한 기세(氣勢)로 일어남. 또는 부처의 위엄(威嚴)을 비유적으로 이르는 말.

- 사제삼세(師弟三世) 스승과 제자(弟子)의 인연(因緣)은 전세(前世), 현세(現世), 내세(來世)에 까지 계속(繼續)된다는 뜻으로, 스승과 제자(弟子)의 관계는 매우 깊고 밀접(密接)함을 이르는 말.

- 사주팔자(四柱八字) 사람을 하나의 집으로 비유(譬喻)하고 생년(生年)·생월(生

月)·생일(生日)·생시(生時)를 그 집의 네 기둥(四柱)이라고 보아 붙여진 명칭(名稱)이다. 각각 간지(干支) 두 글자씩 모두 여덟 자로 나타내므로 팔자(八字)라고도 한다. 이를 풀어보면 그 사람의 타고난 운명(運命), 길흉화복(吉凶禍福)을 알 수 있다 해서 통상(通常) 운명이나 숙명(宿命)의 뜻으로 쓰이기도 함.

- 사중구생(死中求生) 죽을 수밖에 없는 처지(處地)에서 한 가닥 살길을 찾음.
- 사차불후(死且不朽) 죽더라도 썩어 없어지지 않는다는 뜻으로, 몸은 비록 죽어 없어져도 그 명성(名聲)만은 후세(後世)에 길이 전함을 이르는 말.
- 사친이효(事親以孝) 세속오계(世俗五戒)의 하나. 효도(孝道)로써 어버이를 섬김을 이르는 말.
- 사택망처(徙宅忘妻) 집을 옮기면서 아내를 잊어버린다는 뜻으로, 정말 중요(重要)한 것을 잊어버리는 사람을 비유적으로 이르는 말. =사가망처(徙家忘妻)
- 사통오달(四通五達) 도로망(道路網), 교통망(交通網), 통신망(通信網) 따위가 이리저리 사방(四方)으로 통함. =사통팔달(四通八達)
- 사통팔달(四通八達) 도로망(道路網), 교통망(交通網), 통신망(通信網) 따위가 사방(四方), 팔방(八方)으로 막힌 곳 없이 잘 통함.
- 사풍세우(斜風細雨) 비스듬하게 비껴 부는 바람과 가늘게 내리는 비를 이르는 말.
- 사필귀정(事必歸正) 일은 반드시 바른 곳으로 돌아간다는 뜻으로, 무슨 일이든 결국(結局) 옳은 이치(理致)대로 돌아간다는 말. =사불범정(邪不犯正)
- 사해형제(四海兄弟) 온 세상(世上)에 있는 사람은 모두 형제(兄弟)라는 뜻으로, 온 세상 사람은 다 형제와 같다는 말. =사해동포(四海同胞)

- **사회부연(死灰復燃)**   죽은 불씨에 다시 불이 붙었다는 뜻으로, 세력(勢力)을 잃었던 사람이 다시 세력을 얻음을 이르는 말.

- **삭탈관직(削奪官職)**   예전에, 죄(罪)를 지은 사람의 벼슬과 품계(品階)를 빼앗고 벼슬아치의 명부(名簿)에서 이름을 지우는 일을 이르는 말.

- **산고수장(山高水長)**   산(山)은 높고 물은 유유히 흐른다는 뜻으로, 군자(君子)의 덕행(德行)이나 지조(志操)의 높고 깨끗함을 산의 우뚝솟음과 큰 냇물의 흐름에 비유적으로 이르는 말.

- **산고수청(山高水淸)**   산(山)은 높고 물은 맑다는 뜻으로, 경치(景致)가 좋음을 이르는 말.

- **산궁수진(山窮水盡)**   산(山)이 막히고 물줄기가 끊어져 더 갈 길이 없다는 뜻으로, 막다른 지경(地境)에 이름을 이르는 말.
  =산진수궁(山盡水窮), 산진해갈(山盡海渴)

- **산류천석(山溜穿石)**   산(山)에서 졸졸 흐르는 물이 바위를 뚫는다는 뜻으로, 끊임없이 열심(熱心)히 하면 어떠한 일도 성취(成就)할 수 있음을 이르는 말.

- **산명수려(山明水麗)**   산수(山水)의 경치(景致)가 맑고 아름다움.

- **산자수명(山紫水明)**   산(山)은 자줏빛이며 물은 깨끗하다는 뜻으로, 경치(景致)가 아름다움을 이르는 말. =산자수려(山紫水麗)

- **산전수전(山戰水戰)**   세상(世上)일의 어려운 고비를 다 겪어 본 것을 비유적으로 이르는 말.

- **산지사방(散之四方)**   사방(四方)으로 흩어짐. 또는 흩어져 있는 각 방향(方向)을 말함.

- **산천초목(山川草木)**   산(山)과 내와 풀과 나무라는 뜻으로, 자연(自然)을 이르는 말.

- **산해진미(山海珍味)**   산(山)과 바다의 온갖 진귀(珍貴)한 산물(産物)을 다 갖추어 차린 음식(飮食)이라는 뜻으로, 매우 맛이 좋은 음식을 이르는 말. =용미봉탕(龍味鳳湯)

- 산화공덕(散花功德)   [불교] 불교(佛敎)의 전통(傳統) 의식(儀式). 부처님이 지나가시는 길에 꽃을 뿌려 그 발길을 영화(榮華)롭게 한다는 축복(祝福)의 의미(意味)를 이르는 말.
- 살계경후(殺鷄儆猴)   닭을 죽여 원숭이에 경고(警告)한다는 뜻으로, 한 사람을 벌(罰)해 다른 사람에게 경고한다는 의미로, 공포심(恐怖心)을 자극(刺戟)하여 뜻하는 바를 도모(圖謀)한다는 말.
- 살생유택(殺生有擇)   세속오계(世俗五戒)의 하나. 살생(殺生)하는 데에 가림이 있다는 뜻으로, 살생을 함부로 하지 말고 가려서 해야 함을 이르는 말.
- 살신보국(殺身報國)   목숨을 바쳐 나라에 은혜(恩惠)를 갚음.
- 살신성인(殺身成仁)   자기(自己) 몸을 희생(犧牲)하여 인(仁)을 이룸을 이르는 말.
- 살처구장(殺妻求將)   부인(婦人)을 죽여 장군(將軍)이 되기를 구한다는 뜻으로, 명성(名聲)이나 이익(利益)을 얻기 위하여 수단(手段), 방법(方法)을 가리지 않음을 비유적으로 이르는 말.
- 삼간초가(三間草家)   세 칸밖에 안 되는 초가(草家)라는 뜻으로, 아주 작은 집을 비유적으로 이르는 말.
- 삼강오륜(三綱五倫)   유교(儒敎)의 도덕(道德)에서 기본(基本) 덕목(德目)인 삼강(三綱)과 오륜(五倫)을 아울러 이르는 말.

    ※ 삼강(三綱): 윤리(倫理)의 근본이 되는 세 가지 벼리(綱). 군위신강(君爲臣綱), 부위자강(父爲子綱), 부위부강(夫爲婦綱).

    오륜(五倫): 사람으로서 지켜야 하는 다섯 가지의 윤리(倫理). 부자유친(父子有親), 군신유의(君臣有義), 장유유서(長幼有序), 부부유별(夫婦有別), 붕우유신(朋友有信)
- 삼고초려(三顧草廬)   초가(草家)집을 세 번 돌아보다는 뜻으로, 유능(有能)한 인재(人材)를 맞아들이기 위하여 참을성 있게 노력(努力)하는

것을 비유적으로 이르는 말. =삼고지례(三顧之禮)

※중국(中國) 삼국(三國) 시대, 촉한(蜀漢)의 유비(劉備)가 제갈량(諸葛亮)을 자기 인재(人材)로 쓰기 위해 그 집을 세 번이나 찾아갔다는 고사에서 유래.

출전(出典) 『출사표(出師表)』

- 삼국정립(三國鼎立) 세 나라가 솥발과 같이 서로 맞섬을 이르는 말.
- 삼년불비(三年不飛) 삼 년(三年) 동안이나 날지 않는다는 뜻으로, 훗날 웅비(雄飛)할 기회(機會)를 기다림을 이르는 말.
- 삼라만상(森羅萬象) 우주(宇宙) 사이에 벌여 있는 온갖 사물(事物)과 모든 현상(現象)을 이르는 말. =만휘군상(萬彙群象)
- 삼령오신(三令五申) 세 번 호령(號令)하고 다섯 번 거듭 말하는 일의 뜻으로, 군령(軍令)을 되풀이하여 자세히 말함을 이르는 말.
- 삼분오열(三分五裂) 어떤 사물(事物)이나 견해(見解) 따위가 여러 갈래로 갈라지거나 흩어짐을 이르는 말.
- 삼삼오오(三三五五) 서너 사람이나 대여섯 사람씩 떼를 지어 여기저기 다니거나 무슨 일을 하는 모양(模樣)을 이르는 말.
- 삼상지탄(參商之歎) 삼성(參星)과 상성(商星)이 동서(東西)로 멀리 떨어져 있는 데서, 두 사람이 떨어져 있어서 만나기 어려움을 한탄(恨歎)함. 또는 서로 친하지 않은 사이를 이르는 말.

  ※삼성(參星): 동양(東洋) 천문학(天文學)에서 28수 중 스물한 번째에 위치(位置)한 오리온자리로 서쪽에 위치.
  상성(商星): 28수에서 여섯 번째인 심수(心宿)의 다른 이름이며, 전갈(全蠍)자리로 동쪽에 위치. 지구(地球) 사람이 보는 관점(觀點)에서 두 별은 절대 만날 수 없게 되어 있음.
- 삼성오신(三省吾身) 하루에 여러 번씩 자신(自身)의 행동(行動)을 살피고 반성(反省)하는 일.

※삼(三)이란 수는 단순히 숫자 '3'만을 가리키는 것이 아니라 '여러 차례', '많은', '오랜' 등의 뜻도 가지고 있음

출전(出典) 『논어(論語)』「학이(學而)」

- 삼순구식(三旬九食) : 서른 날에 아홉 끼니를 먹는다는 뜻으로, 집안이 몹시 가난함을 이르는 말.
- 삼십육계(三十六計) : 형편(形便)이 불리(不利)할 때는 달아나는 것이 상책(上策)이란 말로 뺑소니치는 일을 이르는 말.
- 삼위일체(三位一體) : 세 가지의 것이 하나의 목적(目的)을 위하여 연관(聯關)되고 통합(統合)되는 일.
- 삼인성호(三人成虎) : 세 사람이 범을 만들어낸다는 뜻으로, 근거(根據)가 없는 말이라도 여러 사람이 말하면 믿게 된다는 말.
- 삼일유가(三日遊街) : 예전에, 과거(科擧)에 급제(及第)한 사람이 사흘 동안 시관(試官)과 선배(先輩), 친척(親戚)을 방문(訪問)하며 인사하는 일을 이르는 말.
- 삼족지죄(三族之罪) : 죄(罪)를 지은 본인(本人)과 함께 삼족(三族)이 벌(罰)을 받는 죄를 이르는 말.
  ※삼족(三族) : 부계(父系), 모계(母系), 처계(妻系)의 족속.
- 삼종지도(三從之道) : 예전에, 여자(女子)가 따라야 할 세 가지의 도리(道理). 시집가기 전에는 아버지를, 시집가서는 남편(男便)을, 남편이 죽은 뒤에는 아들을 좇는 것을 이르는 말.
- 삼척동자(三尺童子) : 키가 아직 석 자밖에 자라지 않은 아이라는 뜻으로, 철모르는 어린아이를 이르는 말.
- 삼천지교(三遷之敎) : 맹자(孟子)의 어머니가 아들의 교육(敎育)을 위하여 세 번 거처(居處)를 옮겼다는 고사(故事)로, 생활환경(生活環境)이 교육에 있어 큰 구실을 함을 이르는 말.
  =맹모삼천(孟母三遷)(참조)

- 삼취정계(三聚淨戒) [불교] 대승불교(大乘佛敎)의 세 가지 기본적인 계법(戒法). 곧 악(惡)을 막는 섭률의계(攝律儀戒), 선(善)을 행하는 섭선법계(攝善法戒), 남에게 공덕(功德)을 베푸는 섭중생계(攝衆生戒)를 이르는 말.
- 삼한갑족(三韓甲族) 예로부터 대대로 문벌(門閥)이 높은 집안.
- 삼한사온(三寒四溫) 겨울철에 우리나라와 중국(中國), 만주(滿洲) 등지에서 주기적(週期的)으로 삼 일 가량 추운 날씨가 계속되다가, 다음 사 일 가량은 따뜻한 날씨가 이어지는 기후(氣候) 현상을 이르는 말.
- 삼황오제(三皇五帝) 중국(中國) 고대(古代) 전설(傳說)에 나오는 삼황(三皇)과 오제(五帝)를 아울러 이르는 말.

  ※삼황과 오제: 누구를 가리키는가에 대해서는 여러 학설(學說)이 있다. 삼황오제는 중국(中國) 최초의 왕조(王朝)인 하(夏) 왕조 이전에 출현한 전설(傳說)상의 제왕(帝王)을 말하는데, 역사적(歷史的) 사실은 아니지만 중국(中國)의 신화(神話) 전설로서 중요한 의미를 지니고 있다.

  출전(出典) 삼황(三皇):『상서대전(尙書大傳)』, 오제(五帝):『대대례기(大戴禮記)』

- 상가지구(喪家之狗) 상갓집의 개라는 뜻으로, 여위고 기운(氣運)없이 초라한 모습으로 이곳저곳 기웃거리는 사람을 놀림조로 이르는 말.
- 상감청자(象嵌靑瓷) 상감(象嵌) 장식(裝飾) 기법(技法)으로 만든 고려자기(高麗瓷器)를 이르는 말.

  ※바탕흙으로 그릇을 빚은 다음 마르기 전에 겉면에 그림이나 무늬를 새겨 넣고 여기에 백토(白土)나 자토(赭土)를 메워 초벌구이를 한 다음 다시 청자유(靑瓷釉)를 발라 정식(正式)으로 구워서 만들어 냄.

- 상궁지조(傷弓之鳥) 화살에 맞은 경험(經驗)이 있어 활을 두려워하는 새라는 뜻으로, 어떤 일로 한 번 혼이 난 뒤에 그것을 두려워하는 마음을 가짐을 이르는 말. =오우천월(吳牛喘月)
- 상로지병(霜露之病) 한냉(寒冷)으로 인하여 생긴 병(病)을 이르는 말.
- 상루담제(上樓擔梯) 다락에 올라가게 하고는 사닥다리를 치워 버린다는 뜻으로, 남을 속여서 궁지(窮地)에 몰아넣음을 이르는 말.
- 상루하습(上漏下濕) 위에서는 비가 새고 아래에서는 습기(濕氣)가 오른다는 뜻으로, 매우 가난한 집을 비유적으로 이르는 말.
- 상마지교(桑麻之交) 뽕나무와 삼나무를 벗 삼아 지낸다는 뜻으로, 전원(田園)에 은거(隱居)하여 시골 사람들과 사귀며 지냄을 비유적으로 이르는 말.
- 상명지통(喪明之痛) 눈이 멀 정도(程度)로 슬프다는 뜻으로, 아들이 죽은 슬픔을 비유적으로 이르는 말.
  ※옛날 중국(中國)의 자하(子夏)가 아들을 잃고 슬피 운 끝에 눈이 멀었다는 고사에서 유래.
  출전(出典) 『사기(史記)』
- 상봉지지(桑蓬之志) 남자(男子)가 세상을 위하여 공(功)을 세우고자 하는 큰 뜻.
- 상봉하솔(上奉下率) 웃어른을 모시고 처자(妻子)를 거느림.
- 상부상조(相扶相助) 서로서로 도움을 이르는 말.
- 상사불망(相思不忘) 서로 그리워하여 잊지 못함을 이르는 말.
- 상색탁기(上色琢器) 품질(品質)이 아주 좋으며 틀에 박아 내어 다시 쪼아서 고르게 만든 그릇을 이르는 말.
- 상석하대(上石下臺) 아랫돌 빼서 윗돌 괴고, 윗돌 빼서 아랫돌 괴기라는 뜻으로, 임시변통(臨時變通)으로 이리저리 둘러맞춤을 이르는 말. =상하탱석(上下撐石)
- 상선약수(上善若水) 가장 좋은 것은 물과 같다는 뜻으로, 몸을 낮추어 겸손(謙

遜)하며 남에게 이로움을 주는 삶을 비유적으로 이르는 말.

- 상자지향(桑梓之鄕) 조상(祖上)의 무덤이 있는 고향(故鄕)이나 고향의 집을 비유적으로 이르는 말. =상자(桑梓)
- 상전벽해(桑田碧海) 뽕나무밭이 변하여 푸른 바다가 된다는 뜻으로, 세상(世上) 일의 변천(變遷)이 심함을 비유적으로 이르는 말.
  =고안심곡(高岸深谷), 창상지변(滄桑之變)
- 상통하달(上通下達) 위로 통(通)하고 아래로 전달(傳達)된다는 뜻으로, 아랫사람의 뜻이 윗사람에게 잘 통하고 윗사람의 뜻이 아랫사람에게 잘 전해짐을 이르는 말.
- 상풍고절(霜風高節) 어떠한 어려움에 처하여도 굽히지 아니하는 높은 절개(節槪)를 이르는 말.
- 상풍패속(傷風敗俗) 풍속(風俗)을 상(傷)하게 하고 썩게 한다는 뜻으로, 풍속을 문란(紊亂)하게 함. 또는 부패(腐敗)하고 문란한 풍속을 의미하는 말.
- 상하탱석(上下撑石) 아랫돌 빼서 윗돌 괴고 윗돌 빼서 아랫돌 괸다는 뜻으로, 몹시 꼬이는 일을 당하여 임시변통(臨時變通)으로 이리저리 맞추어서 겨우 유지해 감을 이르는 말.
- 상형문자(象形文字) 한자(漢字) 육서(六書)의 하나로, 물체(物體)의 형상(形狀)을 본떠서 만드는 상형법(象形法)에 의해 만들어진 문자(文字)를 이르는 말.
  ※육서(六書): 한자의 여섯 가지 구성(構成) 방법(方法). 곧 상형(象形), 지사(指事), 회의(會意), 형성(形聲), 전주(轉注), 가차(假借)가 있다.
- 상화하택(上火下澤) 위에는 불 아래는 연못이라는 뜻으로, 불이 위에 놓이고 연못이 아래에 놓인 모습으로 사물들이 서로 이반(離反)하고 분열(分裂)하는 현상(現象)을 이르는 말.

- 상후하박(上厚下薄)　윗사람은 후(厚)하게 대접(待接)하고 아랫사람은 박(薄)하게 대함을 이르는 말.
- 새옹득실(塞翁得失)　한때의 이익(利益)이 장래(將來)의 손해(損害)가 되기도 하고, 한때의 화(禍)가 장래에 복(福)을 가져오기도 한다는 말.
- 새옹지마(塞翁之馬)　변방(邊方)에 사는 늙은이의 말이란 뜻으로, 인생(人生)의 길흉화복(吉凶禍福)은 변화(變化)가 많아 예측(豫測)하기 어렵다는 것을 이르는 말.
  =전화위복(轉禍爲福), 새옹득실(塞翁得失)
  ※옛날에 중국(中國) 북쪽 변방(邊方)에 사는 노인(老人)이 기르던 말이 오랑캐 땅으로 달아나 낙심(落心)하였는데, 얼마뒤에 그 말이 한 필(匹)의 준마(駿馬)를 데리고 와서 노인이 좋아하였다. 이후 그 노인의 아들이 그 말을 타다가 말에서 떨어져 절름발이가 되어 다시 낙담(落膽)하지만, 그 일 때문에 아들은 전쟁(戰爭)에 나가지 않고 목숨을 구하게 되어 노인이 다시 기뻐하였다는 고사에서 유래.
  출전(出典)『회남자(淮南子)』「인생훈(人生訓)」
- 색은행괴(索隱行怪)　궁벽(窮僻)한 것을 캐내고 괴상(怪狀)한 일을 행함.
- 생구불망(生口不網)　산 사람의 입에 거미줄을 치지 않는다는 뜻으로, 사람이 아무리 가난하더라도 먹고살 수 있음을 이르는 말.
- 생기사귀(生寄死歸)　사람이 이 세상(世上)에 사는 것은 잠시(暫時) 머무는 것일 뿐이며 죽는 것은 원래 자기가 있던 본집으로 돌아가는 것임을 이르는 말.
- 생면부지(生面不知)　한 번도 만나 본 일이 없어 서로 전혀 알지 못함.
- 생무살인(生巫殺人)　선무당이 사람을 잡는다는 뜻으로, 미숙(未熟)한 사람이 일을 그르침을 이르는 말.
- 생불여사(生不如死)　살아 있음이 차라리 죽는 것만 못하다는 뜻으로, 몹시 괴롭

고 어려운 처지(處地)에 빠져 있음을 이르는 말.

- 생살여탈(生殺與奪) 생물(生物)을 살리고 죽이는 일과 무엇을 주고 빼앗는 일. 또는 어떤 사람이나 사물(事物)을 제 마음대로 쥐고 흔듦을 비유적으로 이르는 말.

- 생이지지(生而知之) 삼지(三知)의 하나. 배우지 않아도 스스로 도(道)를 깨달아 아는 것을 이르는 말.

- 생자필멸(生者必滅) [불교] 발생(發生)한 것은 반드시 소멸(消滅)한다는 뜻으로, 인생(人生)의 무상(無常)함을 이르는 말.
  =설니홍조(雪泥鴻爪), 인생조로(人生朝露)

- 생지안행(生知安行) 천성(天性)이 총명(聰明)하여 배우지 아니하고도 사물(事物)의 이치(理致)를 깨달으며 편안(便安)한 마음으로 쉽게 도(道)를 행함.

- 서간충비(鼠肝蟲臂) 쥐의 간(肝)과 벌레의 팔이라는 뜻으로, 쓸모없고 하찮은 사람이나 물건(物件)을 이르는 말.

- 서과피지(西瓜皮知) 수박 겉핥기라는 속담(俗談)의 한역(漢譯)으로, 어떤 일 또는 물건(物件)의 내용(內容)도 모르고 겉만 건드린다는 말.

- 서기지망(庶幾之望) 거의 이루어 질 듯 하는 희망(希望)을 이르는 말.

- 서동부언(胥動浮言) 서로 떠돌아다니는 말을 선동(煽動)한다는 뜻으로, 유언비어(流言蜚語)등 거짓말을 퍼뜨려 민심(民心)을 소란(騷亂)하게 함을 이르는 말.

- 서리지탄(黍離之歎) 멸망(滅亡)한 조국(祖國)의 옛 궁(宮)터에 무성(茂盛)한 기장(黍)을 바라보며 탄식(歎息)한다는 뜻으로, 세상(世上)의 흥망성쇠(興亡盛衰)와 부귀영화(富貴榮華)가 무상(無常)함을 탄식하여 이르는 말.
  ※기장(黍): 볏과에 속한 한해살이풀. 높이는 50~120cm 곧게 자라며 잎은 어긋난다.

- 서방정토(西方淨土)   [불교] 아미타불(阿彌陀佛)이 살고 있는 정토(淨土). 괴로움과 걱정이 없는 지극히 안락(安樂)하고 자유로운 세상(世上)이며 인간 세계(世界)에서 서쪽으로 십만 억 불토(佛土)를 지난 곳에 있다고 함.
- 서불차인(書不借人)   책(冊)은 귀중(貴重)하므로 남에게 잘 빌려 주지 아니함을 이르는 말.
- 서사불이(誓死不二)   맹세(盟誓)와 죽음은 다르지 않다는 뜻으로, 의지(意志)가 결연(決然)하여 죽어도 굽히지 않음을 이르는 말.
- 서산낙일(西山落日)   서산(西山)에 지는 해.
- 서시빈목(西施嚬目)   눈살을 찌푸리는 것을 흉내내다는 뜻으로, 자기 특성(特性)은 고려하지 않고 무조건(無條件) 남의 흉내를 내어 웃음거리가 된다는 말. =동시효빈(東施效顰)
  - ※옛날 중국(中國)의 미인(美人) 서시(西施)가 속병 때문에 눈을 찌푸리자, 이를 본 마을의 못난 여자들이 눈을 찌푸리면 아름답게 보이는 줄 알고 덩달아 눈을 찌푸렸다는 고사에서 유래.
  - **출전(出典)** 『장자(莊子)』 「천운(天運)」
- 서자여사(逝者如斯)   가는 것은 이와 같다는 뜻으로, 세월(歲月) 가는 것은 저 흐르는 물과 같다는 의미로, 세월은 흘러가는데 헛되이 늙어만 가는 자신을 한탄(恨歎)하는 말.
- 서절구투(鼠竊狗偸)   쥐가 물건을 훔치고 개가 남의 눈을 속인다는 뜻으로, 남모르게 숨어서 부당한 물건(物件)을 취하는 '좀도둑'을 이르는 말.
- 서제막급(噬臍莫及)   배꼽을 물려고 해도 입이 미치지 않는다는 뜻으로, 이미 저지른 잘못에 대하여 후회(後悔)하여도 어쩔 수 없음을 이르는 말.
  - ※사람에게 잡힌 사향(麝香)노루가 배꼽의 향(香)내 때문에

잡혔다고 제 배꼽을 물어뜯었다는 고사에서 유래.
출전(出典) 『좌전(左傳)』「장공(莊公) 6년」

- 석고대죄(席藁待罪) 예전에, 거적을 깔고 엎드려 윗사람의 처벌(處罰)을 기다리는 일을 이르는 말.
- 석과불식(碩果不食) 큰 과실(果實)은 다 먹지 않고 남긴다는 뜻으로, 자기의 욕심(慾心)을 버리고 후손(後孫)들에게 복(福)을 준다는 말.
- 석불가난(席不暇暖) 앉은 자리가 따뜻할 겨를이 없다는 뜻으로, 자리나 주소(住所)를 자주 옮기거나 매우 바쁘게 돌아다니는 것을 이르는 말.
- 석불반면(石佛反面) 돌부처가 얼굴을 돌린다는 뜻으로, 아주 미워하고 싫어함을 비유하여 이르는 말.
- 석화광음(石火光陰) 돌이 부딪칠 때 불빛이 한 번 번쩍하고 곧 없어진다는 뜻으로, 아주 빨리 지나가는 세월(歲月)을 비유적으로 이르는 말.
- 선견지명(先見之明) 다가올 일을 미리 짐작(斟酌)하는 밝은 지혜(智慧)를 이르는 말.
- 선공후사(先公後私) 공적(公的)인 일을 먼저 하고 사사(私事)로운 일은 나중에 함.
- 선남선녀(善男善女) 젊은 남자(男子)와 젊은 여자(女子)를 귀하고 좋게 여기는 뜻으로 아울러 이르는 말.
- 선망후실(先忘後失) 앞에서는 잊고, 뒤에서는 잃는다는 뜻으로, 자꾸 잊어 버리기를 잘한다는 말.
- 선발제인(先發制人) 남의 꾀를 미리 알아차리고 일이 생기기 전에 막아 냄.
- 선시어외(先始於隗) 먼저 곽외(郭隗)부터 시작(始作)하라는 뜻으로, 가까이 있는 사람부터 시작하라는 말. =선종외시(先從隗始)
  ※전국(戰國) 시대의 연(燕)나라 사람 곽외가 소왕(昭王)이 천하(天下)에 현자(賢者)를 구할 적에, 연인(涓人)이 천리마(千里馬) 뼈를 사온 뒤 천리마를 가진 사람들이 팔러 왔던 예를 들며 "먼저 이 곽외부터 써 주십시오."라고 자천

(自薦)하였다.

연 소왕이 곽외를 스승으로 삼자, 악의(樂毅), 추연(鄒衍) 등을 등용했다는 고사에서 유래.

출전(出典) 『사기(史記)』卷34「연세가(燕世家)」

- 선우후락(先憂後樂)　근심할 일은 남보다 먼저 근심하고, 즐거워할 일은 남보다 나중에 즐거워함을 이르는 말.

- 선자옥질(仙姿玉質)　신선(神仙)의 자태(姿態)에 옥(玉)의 바탕이라는 뜻으로, 매우 아름다운 사람을 이르는 말.

- 선제공격(先制攻擊)　상대편(相對便)을 제압(制壓)하기 위하여 먼저 공격(攻擊)함을 이르는 말.

- 선종외시(先從隗始)　먼저 곽외(郭隗)로부터 시작(始作)하라는 말로, 큰일을 이루려면 먼저 작은 일부터 시작하여야 함을 이르는 말.
  =선시어외(先始於隗)

- 선즉제인(先則制人)　남보다 먼저 일을 도모(圖謀)하면 남을 쉽게 누를 수 있다는 뜻으로, 아무도 하지 않는 일을 앞서서 하면 유리(有利)함을 이르는 말. =선발제인(先發制人)

- 선참후계(先斬後啓)　군율(軍律)을 어긴 자를 먼저 베고 나중에 임금에게 아뢰는 것을 말함.

- 선풍도골(仙風道骨)　신선(神仙)의 풍채(風采)와 도인(道人)의 골격(骨格)이라는 뜻으로, 뛰어나게 고상(高尙)하고 우아(優雅)한 풍채를 비유적으로 이르는 말.

- 설니홍조(雪泥鴻爪)　눈 위에 난 기러기의 발자국이 눈이 녹으면 없어진다는 뜻으로, 인생(人生)의 자취가 흔적(痕迹)이 없음을 비유적으로 이르는 말.

- 설망어검(舌芒於劍)　혀가 칼보다 날카롭다는 뜻으로, 말로 남을 해칠 수 있음을 이르는 말.

- 설부화용(雪膚花容) 눈처럼 흰 살갗과 꽃처럼 고운 얼굴이라는 뜻으로, 아름다운 여자(女子)의 모습을 이르는 말. =단순호치(丹脣皓齒)
- 설상가상(雪上加霜) 눈이 내리는 위에 서리까지 더한다는 뜻으로, 어려운 일이나 불행(不幸)이 겹쳐서 일어남을 비유적으로 이르는 말. =전호후랑(前虎後狼), ↔금상첨화(錦上添花)
- 설왕설래(說往說來) 여러 말이 서로 오고감. 또는 무슨 일의 옳고 그름을 따지느라고 말로 옥신각신함을 이르는 말. =언왕설래(言往說來), 언삼어사(言三語四)
- 설중송백(雪中松柏) 눈 속의 소나무와 잣나무라는 뜻으로, 높고 굳은 절개(節槪)를 비유적으로 이르는 말.
- 설중송탄(雪中送炭) 눈 속에 있는 사람에게 숯을 보낸다는 뜻으로, 어려움에 처한 사람을 마침맞게 도와줌을 이르는 말.
- 섬섬옥수(纖纖玉手) 가냘프고 고운 여자의 손을 이르는 말.
- 성동격서(聲東擊西) 동(東)쪽에서 소리를 내고 서(西)쪽에서 적(敵)을 친다는 뜻으로, 동쪽을 쳐들어 가는듯하면서 적을 교란(攪亂)시켜서 실제(實際)로는 서쪽을 공격(攻擊)하는 것을 이르는 말.
- 성수불루(盛水不漏) 가득찬 물이 조금도 새지 않는다는 뜻으로, 사물(事物)이 빈틈없이 꽉 짜였거나 매우 정밀(精密)함을 이르는 말.
- 성심성의(誠心誠意) 성실(誠實)하고 정성(精誠)스러운 마음과 뜻을 이르는 말.
- 성자필쇠(盛者必衰) 성(盛)한 것은 반드시 쇠(衰)한다는 뜻으로, 한 번 성한 자는 반드시 쇠할 때가 온다는 말. =월영즉식(月盈則食)
- 성중형외(誠中形外) 안에 있는 진실(眞實)함은 겉으로 드러난다는 뜻으로, 마음 속에 품은 순수(純粹)한 마음은 저절로 밖으로 드러남을 이르는 말. =낭중지추(囊中之錐)
- 성하지맹(城下之盟) 성(城) 아래의 맹약(盟約)이란 뜻으로, 힘에 굴복(屈伏)하여 굴욕(屈辱)적인 조약(條約)을 맺는 것을 비유적으로 이

르는 말.

- 성호사서(城狐社鼠) 성(城)안에 사는 여우와 사당(祠堂)에 사는 쥐라는 뜻으로, 왕(王)의 곁에 있는 간신(奸臣)의 무리나 권력(權力)에 기대어 사는 무리를 비유적으로 이르는 말.
- 세궁역진(勢窮力盡) 곤궁(困窮)한 처지(處地)에 빠져서 기세(氣勢)가 꺾이고 힘이 다 빠져 꼼짝 할 수 없게 됨을 이르는 말.
- 세답족백(洗踏足白) 상전(上典)의 빨래를 하는 종의 발꿈치가 희어진다는 뜻으로, 남을 위하여 한 일이 자기에게도 이득(利得)이 되는 경우(境遇)를 비유적으로 이르는 말.
- 세리지교(勢利之交) 권세(權勢)와 이익(利益)을 목적(目的)으로 하는 교제(交際)를 이르는 말.
- 세상만사(世上萬事) 세상(世上)에서 일어나는 여러 가지 일.
- 세성기호(勢成騎虎) 범을 타고 다니는 기세(氣勢)가 되었다는 뜻으로, 호랑이를 타면 내리기 어렵듯이 무슨 일을 하다가 도중(途中)에 그만두려 하여도 그만둘 수 없는 상황(狀況). 또는 이러지도 저러지도 못하는 입장(立場)에 빠짐을 이르는 말.
=기호지세(騎虎之勢)
- 세속오계(世俗五戒) 신라(新羅) 때, 원광(圓光)이 화랑(花郞)에게 일러 준 다섯 가지 계율(戒律). 사군이충(事君以忠), 사친이효(事親以孝), 교우이신(交友以信), 임전무퇴(臨戰無退), 살생유택(殺生有擇)을 이르는 말.
- 세여파죽(勢如破竹) 기세(氣勢)가 매우 대단하여 감히 대항(對抗)할만한 적(敵)이 없음. =요원지화(燎原之火)
- 세태염량(世態炎凉) 더웠다가 서늘하여지는 세태(世態)라는 뜻으로, 권세(權勢)가 있으면 아첨(阿諂)하고, 몰락(沒落)하면 냉대(冷待)하는 세상(世上)의 인심(人心)을 이르는 말.

- 세한삼우(歲寒三友)　추운 겨울철의 세 친구(親舊)라는 뜻으로, 추위에 잘 견디는 소나무, 대나무, 매화(梅花)나무를 이르는 말.
- 세한송백(歲寒松柏)　추운 겨울의 소나무와 잣나무라는 뜻으로, 어떤 역경(逆境) 속에서도 지조(志操)를 굽히지 않는 사람. 또는 그 지조를 비유적으로 이르는 말.
  =설중송백(雪中松柏)
- 소강상태(小康狀態)　소란(騷亂)하던 것이 그치고 다소 잠잠(潛潛)해진 상태(狀態)를 이르는 말.
- 소국과민(小國寡民)　작은 나라 적은 백성(百姓)이라는 뜻으로, 노자(老子)가 말한 가장 이상적(理想的)인 나라 형태(形態)를 말함.
  ※문명(文明)의 발달(發達)도 없고 갑옷과 무기(武器)도 쓸 데가 없는 작은 나라에 적은 백성들이 스스로의 삶에 만족(滿足)하며 사는 이상적인 나라를 말함.
  출전(出典) 『노자(老子)』 80장
- 소규조수(蕭規曹隨)　소하(蕭何)가 법(法)을 만들고 조참(曹參)은 그대로 따랐다는 뜻으로, 예전부터 쓰던 제도(制度)를 그대로 따르는것을 비유적으로 이르는 말.
  ※소하와 조참 : 초한(楚漢) 전쟁(戰爭) 승리(勝利) 후의 논공행상(論功行賞) 때문에 사이가 벌어졌다. 소하가 일등공신(一等功臣)이 되어 승상(丞相)으로 임명(任命)된 반면, 조참은 산동(山東)지방 제후국(諸侯國)의 상국(相國)으로 임명되어 황제(皇帝)의 곁에서 멀어졌다. 후에 조참은 승상에 오른 뒤 오로지 전임(前任) 승상이 만든 법을 충실(充實)히 따를 뿐, 무엇 하나 고치는 일이 없었다는 고사에서 유래.
  출전(出典) 『사기(史記)』「조상국세가(曹相國世家)」

- 소력탈국(消力奪國)   다른 나라의 국력(國力)이 빠지게 한 다음 그 나라를 침공(侵攻)하여 빼앗는다는 뜻으로, 적(敵)을 공격(攻擊)할 때 미리 상대(相對)의 힘을 쇠진(衰盡)하게 한 다음 침공하여 이긴다는 말.
- 소리장도(笑裏藏刀)   웃는 마음속에 칼이 있다는 뜻으로, 겉으로는 웃고 있으나 마음속에는 해칠 마음을 품고 있음을 이르는 말.
  =구밀복검(口蜜腹劍)
- 소림일지(巢林一枝)   크기나 규모(規模)가 작은 집.
- 소미지급(燒眉之急)   눈썹에 불이 붙었다는 뜻으로, 매우 위급(危急)함을 이르는 말. =초미지급(焦眉之急)
- 소변해의(小辯害義)   쓸데없는 변설(辯舌)은 의리(義理)를 해친다는 뜻으로, 사익(私益)에 집착(執着)한 궤변(詭辯)을 늘어놓음으로서 사회적 정의(正義)를 방해(妨害)한다는 것을 이르는 말.
- 소복단장(素服丹粧)   아래위를 흰옷으로 차리고 몸을 곱게 꾸밈.
- 소심익익(小心翼翼)   마음을 세심(細心)하게 쓰고 조심(操心)하다는 뜻으로, 매사에 조심하고 삼가하다는 말.
- 소양지차(霄壤之差)   하늘과 땅의 차이(差異)라는 뜻으로, 두 사물(事物) 사이의 엄청난 차이를 비유적으로 이르는 말.
- 소원성취(所願成就)   바라던 바를 이루어 냄.
- 소인묵객(騷人墨客)   시문(詩文)과 서화(書畵)를 일삼는 사람으로 시인(詩人), 문사(文士), 서가(書家), 화가(畵家)를 이르는 말.
  ※소인(騷人): 초(楚)의 굴원(屈原)을 따르던 무리를 일컫던 말로, 풍류인(風流人), 소객(騷客)이라고도 함.
- 소인지용(小人之勇)   소인(小人)이 혈기(血氣)로 내는 용기(勇氣)를 이르는 말.
- 소장지변(蕭墻之變)   내부에서 일어난 변란(變亂)으로 인한 소란(騷亂)을 이르는 말.

- 소중유검(笑中有劍) 　웃음 속에 칼이 있다는 뜻으로, 겉으로는 웃으면서 속으로는 해칠 마음을 품고 있음을 이르는 말. =소리장도(笑裏藏刀)
- 소탐대실(小貪大失) 　욕심(慾心)을 부려 작은 것을 탐(貪)하다가 큰 것을 잃음.
- 소풍농월(嘯風弄月) 　휘파람을 불고, 달을 희롱(戲弄)한다는 뜻으로, 자연(自然) 풍경(風景)을 관상(觀賞)하며 즐김을 이르는 말.
- 소혼단장(消魂斷腸) 　혼(魂)이 사라지고 창자가 끊어진다는 뜻으로, 근심과 슬픔으로 넋이 빠지고 창자가 끊어지는 듯이 괴로움을 비유적으로 이르는 말.
- 소훼난파(巢毀卵破) 　둥지가 부서지면 알도 깨진다는 뜻으로, 공동체(共同體)가 붕괴(崩壞)되면 그 구성원(構成員)도 온전할 수 없음을 이르는 말.
- 속수무책(束手無策) 　손을 묶어놓아 방책(方策)이 없다는 뜻으로, 손을 묶은듯이 꼼짝할 수 없음을 이르는 말.
- 속전속결(速戰速決) 　싸움을 오래 끌지 않고 되도록 빨리 끝장을 냄.
- 손강영설(孫康映雪) 　중국(中國) 진(晉)나라 때, 학자 손강(孫康)이 집이 가난하여 겨울밤에는 눈빛으로 공부하였다는 고사(故事)에서 유래. =차윤취형(車胤聚螢)
- 손여지언(巽與之言) 　귀에 거슬리지 않도록 완곡(婉曲)한 말로 사람을 깨우침을 이르는 말.
- 손자삼우(損者三友) 　사귀었을 때 자신에게 손해(損害)를 끼칠 세 유형(類型)의 벗. 편벽(偏僻)한 벗, 말만 잘하고 성실(誠實)하지 못한 벗, 착하기만 하고 줏대가 없는 벗을 이르는 말.
  ↔익자삼우(益者三友)
- 솔수식인(率獸食人) 　짐승을 거느리고 와서 사람을 잡아먹게 한다는 뜻으로, 위정자(爲政者)가 폭정(暴政)으로 백성(百姓)을 고통(苦痛)스럽게 함을 이르는 말.

- 송구영신(送舊迎新) 묵은해를 보내고 새해를 맞음.
- 송도삼절(松都三絕) 송도(松都)의 세 가지 유명(有名)한 것. 학자(學者) 서경덕(徐敬德), 명기(名妓) 황진이(黃眞伊), 명승(名勝) 박연폭포(朴淵瀑布)를 이르는 말.
- 송무백열(松茂栢悅) 소나무가 무성(茂盛)하면 잣나무가 기뻐한다는 뜻으로, 벗이 잘되는 것을 기뻐함을 비유적으로 이르는 말.
- 송백지질(松柏之質) 소나무와 잣나무는 서리를 맞고 더욱더 무성(茂盛)해진다는 뜻으로, 건강(健康)한 체질(體質)을 이르는 말.
- 송양지인(宋襄之仁) 송(宋)나라 양공(襄公)의 인(仁)이란 뜻으로, 너무 착하기만 하고 실속이 없는 어리석은 행동(行動)을 비유적으로 이르는 말.

  ※중국(中國) 춘추(春秋) 시대, 송(宋)나라의 양공(襄公)이 적(敵)을 불쌍히 여겨 공자목이(公子目夷)의 진언(進言)을 받아 들이지 않아 오히려 초(楚)나라에 패배(敗北) 당함으로써 세상 사람의 조소(嘲笑)를 받았다는 고사에서 유래.

  출전(出典) 『십팔사략(十八史略)』
- 송왕영래(送往迎來) 가는 사람을 배웅하고 오는 사람을 맞이한다는 뜻으로, 손님 접대(接待)에 바쁨을 이르는 말.
- 쇄소응대(灑掃應對) 물을 뿌려 쓸고 응대(應對)한다는 뜻으로, 집 안팎을 깨끗이 거두고 웃어른의 부름이나 물음에 응(應)하여 상대(相對)함을 이르는 말.
- 수과하욕(受袴下辱) 가랑이 사이를 기어가며 굴욕(屈辱)을 참는다는 뜻으로, 큰 뜻을 품은 사람은 쓸데없이 작은 일로 시비(是非)를 벌이지 않는 것을 뜻하는 말.
- 수구여병(守口如瓶) 입을 병마개 막듯이 꼭 막는다는 뜻으로, 비밀(秘密)을 잘 지켜서 남에게 알리지 않음을 이르는 말.

- 수구초심(首丘初心) 여우가 죽을 때 제가 살던 굴(窟)이 있는 언덕 쪽으로 머리를 둔다는 뜻으로, 고향(故鄕)을 그리워하는 마음을 이르는 말. =호마망북(胡馬望北), 호사수구(狐死首丘)
- 수기응변(隨機應變) 그때그때의 기회(機會)에 따라 일을 적절(適切)히 처리(處理)함.
- 수다원과(須陀洹果) [불교] 사과(四果)의 하나. 그릇된 견해(見解), 진리(眞理)에 대한 의심(疑心) 따위를 버리고 성자(聖者)의 무리에 들어가는 성문(聲聞)의 마지막 지위(地位)를 이르는 말.
  ※사과(四果: 수다원(須陀洹), 사다함(斯陀含), 아나함(阿那含), 아라한(阿羅漢)의 네 불제자(佛弟子).
- 수도거성(水到渠成) 물이 흐르면 자연히 도랑이 생긴다는 뜻으로, 조건(條件)이 갖춰지면 일은 자연히 성사(成事)됨을 이르는 말.
- 수도어행(水到魚行) 물이 흐르면 고기가 그 속을 다닌다는 뜻으로, 무슨 일이건 때가 되면 이루어짐을 비유적으로 이르는 말.
- 수두상기(垂頭喪氣) 머리를 수그리고 기운(氣運)을 잃는다는 뜻으로, 근심 걱정으로 고개가 숙어지고 맥(脈)이 풀리고 의기소침(意氣銷沈)한 모습을 이르는 말.
- 수락석출(水落石出) 물이 빠져서 밑바닥의 돌이 드러난다는 뜻으로, 겨울 강(江)의 경치(景致)를 비유적으로 이르는 말.
- 수렴청정(垂簾聽政) 왕대비(王大妃)가 신하(臣下)를 대할 때 얼굴을 정면(正面)으로 마주 보지 않기 위해서 그 앞에 발을 늘이던 데서 비롯된 것으로, 나이 어린 임금이 즉위(卽位)했을 때 왕대비나 대왕대비(大王大妃)가 그를 도와 국사(國史)를 돌보는 일을 이르는 말.
- 수명장수(壽命長壽) 수명(壽命)이 길어 오래도록 삶. 또는 어린아이의 명이 길어 오래 살기를 빌 때에 쓰는 말.

- 수무족도(手舞足蹈) 손이 춤을 추고 발이 걸음을 옮긴다는 뜻으로, 너무 기뻐 자신(自身)도 모르게 손을 흔들고 발을 열심(熱心)히 굴리며 몹시 좋아서 날뜀을 이르는 말.
- 수무푼전(手無分錢) 수중(手中)에 돈이 한 푼도 없는 상태(狀態)를 이르는 말.
- 수복강녕(壽福康寧) 오래 살아 복(福)을 누리며, 건강(健康)하여 마음이 편안(便安)함을 이르는 말.
- 수불석권(手不釋卷) 손에서 책(冊)을 놓지 않는다는 뜻으로, 늘 글을 읽음을 이르는 말.
- 수서양단(首鼠兩端) 쥐가 구멍 속에서 머리를 내밀고 양쪽 끝에서 망설인다는 뜻으로, 어느 쪽으로 결정(決定)짓지 못하고 망설이는 상태(狀態)를 비유적으로 이르는 말.
  =좌고우면(左顧右眄), 좌첨우고(左瞻右顧)
- 수석침류(漱石枕流) 돌로 이를 닦고 흐르는 물을 베개 삼는다는 뜻으로, 실수를 인정(認定)하지 않고 억지를 부리는 태도(態度)를 이르는 말. =추주어륙(推舟於陸)

  ※침석수류(枕石漱流, 돌을 베개 삼고 흐르는 물에 양치질 하다)라고 말해야 할 것을 '수석침류' 라고 잘못 말했다는 고사에서 유래.

  출전(出典) 『세설신어(世說新語)』 「배조(排調)」
- 수수방관(袖手傍觀) 팔짱을 끼고 보고만 있다는 뜻으로, 나서야 할 일에 간여(干與)하지 않고 그대로 내버려둠을 이르는 말.
  =오불관언(吾不關焉)
- 수시응변(隨時應變) 그때그때의 사정(事情)과 형편(形便)에 따라 알맞게 처리(處理)함을 이르는 말. =임기응변(臨機應變)
- 수신제가(修身齊家) 자신(自身)의 몸과 마음을 닦아 수양(修養)하고 집안을 잘 다스림을 이르는 말.

- 수어지교(水魚之交) 　물과 물고기의 관계(關係)라는 뜻으로, 서로 떨어질 수 없는 매우 친밀(親密)한 사이를 비유적으로 이르는 말. =지란지교(芝蘭之交)
- 수오지심(羞惡之心) 　[불교] 사단(四端)의 하나. 의롭지 못함을 부끄러워하고 착하지 못함을 미워하는 마음을 이르는 말.
- 수원수구(誰怨誰咎) 　누구를 원망(怨望)하고 누구를 탓하겠냐는 뜻으로, 남을 원망하거나 탓할 것이 없음을 이르는 말. =수원숙우(誰怨孰尤)
- 수의야행(繡衣夜行) 　비단옷을 입고 밤길을 걷는다는 뜻으로, 영광(榮光)스러운 일이 남에게 알려지지 않음을 이르는 말.
- 수적천석(水滴穿石) 　물방울이 돌을 뚫는다는 뜻으로, 작은 노력(努力)이라도 끊임없이 계속(繼續)하면 큰일을 이룰 수 있음을 이르는 말.
- 수족지애(手足之愛) 　손과 발의 사랑이라는 뜻으로, 손발 같은 형제(兄弟)간의 우애(友愛)를 이르는 말.
- 수주대토(守株待兎) 　그루터기를 지키며 토끼를 기다린다는 뜻으로, 한 가지 일에만 얽매여 발전(發展)을 모르는 어리석음을 비유적으로 이르는 말. =각주구검(刻舟求劍)
  ※중국(中國) 송(宋)나라의 한 농부(農夫)가 나무 그루터기에 달려와 부딪쳐 죽은 토끼를 우연히 잡은 후에, 또 그와 같이 토끼를 잡을 것을 기대하여 일도 하지 않고 나무 그루터기만 지키고 있었다는 고사에서 유래.
  출전(出典) 『한비자(韓非子)』「오두편(五蠹篇)」
- 수중축대(隨衆逐隊) 　무리를 따르고 대열(隊列)을 쫓는다는 뜻으로, 자기의 주견(主見)없이 여러 사람의 틈에 끼어 덩달아 행동(行動)함을 이르는 말. =여진여퇴(旅進旅退)
- 수즉다욕(壽則多辱) 　오래 살수록 그만큼 욕(辱)된 일이 많이 생김을 이르는 말.
- 수화상극(水火相剋) 　물과 불이 서로 용납(容納)하지 못한다는 뜻으로, 서로 원

수(怨讐)같이 지냄을 비유적으로 이르는 말.

- 수화지재(隋和之材) 수후지주(隋侯之珠)와 화씨지벽(和氏之璧)과 같이 천하(天下)의 귀중(貴重)한 보배라는 뜻으로, 훌륭한 인물(人物)을 비유적으로 이르는 말.

- 수화폐월(羞花閉月) 꽃도 부끄러워하고 달도 숨는다는 뜻으로, 여인(女人)의 얼굴이 매우 아름다움을 비유적으로 이르는 말.
=침어낙안(沈魚落雁)

- 수후지주(隋侯之珠) 중국(中國) 수(隋)나라의 임금인 수후(隋侯)가 뱀을 도와준 공(功)으로 얻었다는 보배로운 구슬을 이르는 말.

- 숙독완미(熟讀玩味) 문장(文章)의 뜻을 잘 생각하면서 차분히 읽고 음미(吟味)함을 이르는 말.

- 숙려단행(熟慮斷行) 곰곰이 생각한 후에 마음속으로 작정(作定)하고 실행(實行)함을 이르는 말.

- 숙맥불변(菽麥不辨) 콩인지 보리인지 분간(分揀)하지 못한다는 뜻으로, 어리석은 사람을 비유적으로 이르는 말.

- 숙불환생(熟不還生) 한번 익힌 음식(飮食)은 날것으로 되돌릴 수 없으니 그대로 두면 쓸모없어진다는 뜻으로, 장만한 음식을 남에게 권할 때 쓰는 말.

- 숙수지공(菽水之供) 콩과 물로 드리는 공양(供養)이라는 뜻으로, 가난한 중에도 정성(精誠)을 다하여 부모(父母)를 봉양(奉養)하는 일을 이르는 말.

- 숙시숙비(孰是孰非) 누가 옳고 누가 그른지 분명하지 않음. 또는 시비(是非)가 분명(分明)하지 않음을 이르는 말.

- 숙호충비(宿虎衝鼻) 자는 호랑이의 코를 찌른다는 뜻으로, 가만히 있는 사람을 공연(空然)히 건드려서 화(禍)를 입거나 일을 그르침을 이르는 말.

- 순갱노회(蓴羹鱸膾) 순챗국과 농어회라는 뜻으로, 고향(故鄕)을 그리워하는 마음을 이르는 말
- 순결무구(純潔無垢) 아주 순수(純粹)하고 깨끗하여 조금도 더러운 티가 없음.
- 순망치한(脣亡齒寒) 입술이 없으면 이가 시리다는 뜻으로, 가까운 사이에 있는 하나가 망(亡)하면 다른 하나도 그 영향(影響)을 받아 온전하기 어려움을 비유적으로 이르는 말.
  = 순치지국(脣齒之國), 순치보거(脣齒輔車)
- 순천자존(順天者存) 하늘에 순종(順從)하는 사람은 살아남는다는 말.
- 순치보거(脣齒輔車) 순망치한(脣亡齒寒)과 보거상의(輔車相依)의 합성어(合成語). 입술과 이, 또는 수레의 덧방나무와 바퀴라는 뜻으로, 서로 없어서는 안 될 깊은 관계(關係)를 이르는 말.
- 순치지국(脣齒之國) 입술과 이처럼 이해관계(利害關係)가 밀접(密接)한 두 나라를 비유적으로 이르는 말.
- 순치지세(脣齒之勢) 입술과 이처럼 서로 의지(依支)하고 돕는 형세(形勢)를 비유적으로 이르는 말.
- 순환지리(循環之理) 사물(事物)의 성쇠(盛衰)가 서로 바뀌어 도는 이치(理致)를 이르는 말.
- 술이부작(述而不作) 있는 그대로 기술(記述)할 뿐 새로 지어내지 않는다는 뜻으로, 학자(學者)의 겸손(謙遜)한 자세(姿勢)와 객관적(客觀的)인 태도(態度)를 강조(强調)하여 이르는 말.
- 슬갑도적(膝甲盜賊) 추위를 막기 위하여 바지 위에다 무릎까지 내려오게 껴입는 옷을 훔친 도둑이라는 뜻으로, 남의 글이나 저술(著述)을 베껴 마치 제가 지은 것처럼 하는 사람을 이르는 말.
  =문필도적(文筆盜賊)
- 승두지리(升斗之利) 되나 말로 될 만한 이익(利益)이라는 뜻으로, 얼마 되지 않는 이익을 이르는 말. =승두지리(蠅頭之利)

- 승두지리(蠅頭之利) 파리머리만 한 이익(利益)이라는 뜻으로, 아주 작음을 이르는 말.
- 승망풍지(乘望風旨) 망루(望樓)에 올라 바람결을 헤아린다는 뜻으로, 남의 눈치를 보아 가며 비위(脾胃)를 잘 맞추어 줌을 이르는 말.
- 승승장구(乘勝長驅) 승리(勝利)나 성공(成功)의 여세(餘勢)를 몰아 계속(繼續) 나아감을 이르는 말.
- 승천입지(昇天入地) 하늘로 오르고 땅으로 들어간다는 뜻으로, 자취를 감추고 없어짐을 이르는 말.
- 시기상조(時機尙早) 어떤 일을 실행(實行)하기에 아직 때가 이름.
- 시도지교(市道之交) 시장(市場)과 길거리에서 이루어지는 교제(交際)라는 뜻으로, 단지 이익(利益)만을 위한 교제를 이르는 말. ↔지란지교(芝蘭之交)
- 시불가실(時不可失) 때는 한번 가면 다시 돌아오지 않는다는 뜻으로, 때를 놓쳐서는 안 됨을 이르는 말.
- 시비곡직(是非曲直) 옳고 그르고 굽고 곧음이라는 뜻으로, 옳고 그름 또는 잘함과 잘못함을 이르는 말.
- 시비지심(是非之心) 옳고 그름을 가릴 줄 아는 마음.
- 시사여귀(視死如歸) 죽음을 고향(故鄕)으로 돌아가는 것같이 여긴다는 뜻으로, 죽는 것을 조금도 두려워하지 않음을 이르는 말.
- 시사여생(視死如生) 죽음을 삶과 같이 여긴다는 뜻으로, 죽음을 두려워하지 않음을 이르는 말. =시사여귀(視死如歸)
- 시산혈해(屍山血海) 사람의 시체(屍體)가 산같이 많이 쌓이고 피가 바다 같이 흐른다는 뜻으로, 매우 처참(悽慘)한 상태(狀態)를 이르는 말.
- 시시각각(時時刻刻) 시간(時間)의 흐름에 따라. 또는 시각(時刻)마다.
- 시시비비(是是非非) 옳고 그른 것을 여러 가지로 따져 판단(判斷)함. 또는 그러한 말다툼을 이르는 말.

- 시야비야(是耶非耶)   구차(苟且)하게 일이 옳다 그르다고 말함.
- 시위소찬(尸位素餐)   시동(尸童)의 자리에서 공짜 밥을 먹는다는 뜻으로, 벼슬아치가 하는 일 없이 자리만 차지하고 있으면서 녹(祿)을 받아먹음을 비유적으로 이르는 말.

  ※시동(尸童); 예전에, 제사(祭祀) 때 신위(神位) 대신으로 앉혀 놓던 어린아이.
- 시정잡배(市井雜輩)   도시(都市)의 이곳저곳을 돌아다니는 부랑배(浮浪輩)를 이르는 말.
- 시종여일(始終如一)   처음부터 끝까지 한결같음. =시종일관(始終一貫)
- 시종일관(始終一貫)   처음부터 끝까지 자세(姿勢)나 의지(意志)와 뜻이 변하지 않는 모습을 이르는 말. ↔용두사미(龍頭蛇尾)
- 시화연풍(時和年豊)   나라가 태평(太平)하고 풍년(豊年)이 들어 시절(時節)이 좋음을 이르는 말.
- 식불이미(食不二味)   음식(飮食)이 두 가지 맛이 아니다 라는 뜻으로, 음식을 잘 차려 먹지 못함을 이르는 말.
- 식소사번(食少事煩)   먹을 것은 적고 할 일만 많음을 이르는 말.
- 식자우환(識字憂患)   글자를 아는 것이 도리어 근심을 사게 된다는 뜻으로, 똑바로 잘 알고 있지 못하기 때문에 그 지식(知識)이 오히려 걱정거리가 된다는 말.
- 식전방장(食前方丈)   사방(四方) 열 자의 상(床)에 잘 차린 음식(飮食)이란 뜻으로, 호화(豪華)롭게 많이 차린 음식을 이르는 말.
- 신량등화(新凉燈火)   가을의 서늘한 기운(氣運)이 처음 생길 무렵에 등불 밑에서 글 읽기가 좋다는 말.
- 신상필벌(信賞必罰)   공로(功勞)가 있는 사람에게는 반드시 상(賞)을 주고, 죄(罪)가 있는 사람에게는 반드시 벌(罰)을 준다는 뜻으로, 상과 벌을 공정(公正)하고 엄격(嚴格)하게 주는 일을 이르는 말.

- 신신당부(申申當付) 여러 번 되풀이하여 간곡(懇曲)하게 하는 부탁(付託)을 이르는 말.
- 신언서판(身言書判) 예전에, 인물(人物)을 골랐던 네 가지 조건(條件). 즉 신수(身手), 말씨, 문필(文筆), 판단력(判斷力)을 이르는 말.
- 신지무의(信之無疑) 믿어 의심(疑心)하지 않음.
- 신진화멸(薪盡火滅) 나무는 타 버리고 불은 꺼졌다는 뜻으로, 사물(事物)의 죽음과 소멸(消滅)을 이르는 말.
- 신체발부(身體髮膚) 몸과 머리털과 피부(皮膚). 몸 전체(全體)를 이르는 말.
- 신출귀몰(神出鬼沒) 귀신(鬼神)같이 나타났다가 사라진다는 뜻으로, 자유자재(自由自在)로 문득 나타났다가 문득 없어짐을 비유적으로 이르는 말.
- 실언실인(失言失人) 말을 잘못하고, 할 때 말을 하지 않아 사람을 잃는다는 뜻으로, 쓸데없는 말은 하지 말고 좋은 사람에겐 솔직(率直)한 마음을 얘기해야 한다는 말.
- 실진무휘(實陣無諱) 사실(事實)을 바른대로 말하고 숨기는 바가 없음을 이르는 말.
- 실천궁행(實踐躬行) 어떤 일을 실제(實際)로 몸소 행(行)함을 이르는 말.
- 심광체반(心廣體胖) 마음이 넓으니 몸에도 살이 붙는다는 뜻으로, 마음이 넓어져 관대(寬大)하고 편안(便安)해진다는 말.
- 심기일전(心機一轉) 어떤 계기(契機)에 의하여 그 전까지의 마음을 완전(完全)히 뒤집듯이 바꿈을 이르는 말.
- 심복지우(心腹之友) 서로 마음을 털어 놓을 수 있는 절친(切親)한 친구(親舊)를 이르는 말.
- 심사숙고(深思熟考) 깊이 생각하고 신중(愼重)을 기하여 곰곰이 생각함. =심사숙려(深思熟慮)
- 심산유곡(深山幽谷) 깊은 산(山)속의 으슥한 골짜기.
- 심심상인(心心相印) 서로 마음에서 마음으로 뜻이 통함. =이심전심(以心傳心)

- 심원의마(心猿意馬) [불교] 원숭이가 떠들고, 말이 뛰는 것을 억제(抑制)하기 힘들다는 뜻으로, 번뇌(煩惱)와 정욕(情欲)으로 인하여 마음이 어지러움을 누르기 힘듦을 이르는 말.
- 심장불로(深藏不露) 깊이 감춰 드러내지 않는다는 뜻으로, 숨은 인재(人材) 즉 재주를 드러내지 않고 감추고 있는 사람을 이르는 말.
- 심재홍곡(心在鴻鵠) 바둑을 두면서 마음은 기러기나 고니가 날아오면 쏘아 맞출 것만 생각한다는 뜻으로, 학업(學業)을 닦으면서 마음은 다른 곳에 씀을 이르는 말.
- 십년지계(十年之計) 앞으로 십 년(十年) 정도는 내다보고 세우는 원대한 계획(計劃)을 이르는 말.
- 십년지기(十年知己) 오래전부터 친(親)하게 사귀어 온 친구(親舊).
- 십년한창(十年寒窓) 십 년(十年) 동안 찾아오는 사람이 없어 창문(窓門)이 쓸쓸하다는 뜻으로, 외부(外部)와 접촉(接觸)을 끊은 채 오래도록 열심히 공부(工夫)하여 성공(成功)함을 이르는 말.
- 십맹일장(十盲一杖) 열 명의 소경에 하나의 막대라는 뜻으로, 여러 곳에 요긴(要緊)하게 쓰이는 물건을 이르는 말.
- 십목소시(十目所視) 사람을 속일 수 없음. 또는 '여러 사람이 다 보고 있는 바'라는 말.
- 십벌지목(十伐之木) 열 번 찍어 아니 넘어가는 나무가 없음을 이르는 말.
=마부위침(磨斧爲針)
- 십보방초(十步芳草) 열 걸음마다에 방초(芳草)가 있다는 뜻으로, 도처(到處)에 인재(人材)가 많이 있음을 이르는 말.
- 십생구사(十生九死) 열 번 살고 아홉 번 죽는다는 뜻으로, 위태(危殆)로운 지경(地境)에서 겨우 벗어남을 이르는 말.
- 십시일반(十匙一飯) 열 사람이 한 숟가락씩 밥을 보태면 한 사람이 먹을 만한 양식(糧食)이 된다는 뜻으로, 여럿이 힘을 합하면 한 사람

쯤은 도와주기 쉽다는 것을 비유적으로 이르는 말.

- 십실구공(十室九空) 열 집 중 아홉 집이 텅 비었다는 뜻으로, 재난(災難)으로 인하여 많은 사람이 뿔뿔이 흩어지거나 죽어 없어짐을 이르는 말.
- 십일지국(十日之菊) 국화(菊花)는 9월 9일이 절정기(絕頂期)인데 10일의 국화라는 뜻으로, 무엇이나 한창 때가 지나 때늦은 것을 비유적으로 이르는 말.
- 십전구도(十顚九倒) 열 번 구르고 아홉 번 거꾸러진다는 뜻으로, 수없이 실패(失敗)를 거듭하거나 몹시 고생(苦生)함을 이르는 말.
- 십중팔구(十中八九) 열 가운데 여덟이나 아홉이 그렇다는 뜻으로, 거의 예외(例外)없이 그러함을 이르는 말. =십상팔구(十常八九)
- 십지부동(十指不動) 열 손가락을 꼼짝하지 아니한다는 뜻으로, 게을러서 아무 일도 하지 아니함을 이르는 말.
- 십한일폭(十寒一曝) 열흘 춥고 하루 볕을 쬔다는 뜻으로, 일이 중간(中間)에 많이 끊김을 이르는 말. =일폭십한(一曝十寒)

【ㅇ】

- 아가사창(我歌查唱): 내가 부를 노래를 사돈(査頓)이 부른다는 뜻으로, 자기가 할 말을 도리어 상대방(相對方)이 먼저 함을 이르는 말.
- 아궁불열(我躬不閱): 자기 자신(自身)이 궁하여 남을 돌볼 처지(處地)가 못 됨을 이르는 말.
- 아동주졸(兒童走卒): 철없는 아이들과 어리석은 사람들.
- 아랑지구(餓狼之口): 굶주린 이리(狼)의 입이라는 뜻으로, 탐욕(貪慾)스럽고 잔인(殘忍) 무도(無道)한 사람을 비유적으로 이르는 말.
- 아록록지(阿轆轆地): [불교] 막힌 데가 없어 걸림이 없는 경지(境地)를 이르는말.
- 아비규환(阿鼻叫喚): 여러 사람이 참혹(慘酷)한 지경에 빠져 고통(苦痛)받고 울부짖는 상황(狀況)을 비유적으로 이르는 말.
- 아수라장(阿修羅場): 싸움이나 그 밖의 여러 일로 아주 시끄럽고 혼란(混亂)한 장소(場所)나 상태(狀態)를 비유적으로 이르는 말.
- 아유경탈(阿諛傾奪): 지위(地位)나 권세(權勢)가 있는 사람에게 아첨(阿諂)하여 남의 지위(地位)를 빼앗음을 이르는 말.
- 아유구용(阿諛苟容): 남에게 아첨(阿諂)하며 구차(苟且)스럽게 굶. 또는 그런 모양(模樣)을 이르는 말.
- 아자시술(蛾子時術): 나방의 새끼는 작은 벌레이지만 때로는 그 어미가 하는 일을 배워 흙을 물어다 작은 개미 둑을 이루고 나중에는 큰 개미 둑을 이룬다는 뜻으로, 학자(學者)가 쉼 없이 학문(學問)을 닦아 큰 도(道)를 성취(成就)함을 이르는 말.

- 아전인수(我田引水) 자기(自己) 논에 물 댄다는 뜻으로, 무슨 일을 자기에게 이롭게 되도록 생각하거나 행동(行動)함을 이르는 말.
  ↔역지사지(易地思之)
- 아치고절(雅致高節) 아담(雅淡)한 풍치(風致)나 높은 절개(節槪)라는 뜻으로, '매화(梅花)'를 이르는 말.
- 아호지혜(餓虎之蹊) 굶주린 호랑이가 다니는 길이란 뜻으로, 아주 위험(危險)한 곳을 이르는 말.
- 악방봉뢰(惡傍逢雷) 죄지은 사람 옆에 있다가 벼락을 맞는다는 뜻으로, 나쁜 짓을 한 사람과 함께 있다가 죄(罪)없이 벌(罰)을 받게 됨을 이르는 말.
- 악의악식(惡衣惡食) 좋지 못한 거친 옷과 맛없는 음식(飮食)이라는 뜻으로, 변변치 못한 의식(衣食)을 이르는 말.
  =조의악식(粗衣惡食) ↔금의옥식(錦衣玉食)
- 악전고투(惡戰苦鬪) 매우 어려운 조건(條件) 속에서 힘을 다하여 고생(苦生)하면서 싸우거나 애를 씀을 이르는 말.
- 안거위사(安居危思) 편안(便安)할 때에 어려움이 닥칠 것을 미리 대비(對備)하여야 함을 이르는 말.
- 안고수비(眼高手卑) 눈은 높고 마음은 크나 재주가 따르지 못한다는 뜻으로, 이상(理想)만 높고 실천(實踐)이 따르지 못함을 이르는 말.
  =안고수저(眼高手低)
- 안도색기(按圖索驥) 그림을 살펴 천리마(千里馬)를 찾는다는 뜻으로, 틀에 박힌 원칙(原則)보다 직접(直接) 경험(經驗)하여 체득(體得)하는 것이 중요(重要)함을 이르는 말.
- 안면박대(顔面薄待) 잘 아는 사람을 정성(精誠)을 들이지 않고 아무렇게나 대접(待接)함을 이르는 말.
- 안면부지(顔面不知) 얼굴을 모름. 또는 얼굴도 모르는 사람.

- 안분지족(安分知足) 편안(便安)한 마음으로 자기 분수(分數)를 지키며 만족(滿足)할 줄 앎을 이르는 말.
- 안불망위(安不忘危) 편안(便安)한 때에도 위태(危殆)로움을 잊지 아니한다는 뜻으로, 항상(恒常) 마음을 놓지 않고 스스로를 경계(警戒)함을 이르는 말.
- 안빈낙도(安貧樂道) 가난한 생활(生活)을 하면서도 편안(便安)한 마음으로 도(道)를 지키며 즐김을 이르는 말. =청빈낙도(淸貧樂道)
- 안신입명(安身立命) 편안(便安)한 자세(姿勢)로 삶을 따른다는 뜻으로, 세상(世上)의 풍파(風波)에 흔들리지 않는 평정(平靜)한 마음 상태(狀態)를 이르는 말.
- 안심입명(安心立命) [불교] 모든 의혹(疑惑)과 번뇌(煩惱)를 버려 마음이 안정(安靜)되고, 모든 것을 하늘의 뜻에 맡기는 일.
- 안여순화(顔如舜華) 얼굴이 무궁화(無窮花)와 같다는 뜻으로, 매우 아름다운 여인(女人)을 이르는 말.
- 안여태산(安如泰山) 태산(泰山)과 같이 편안(便安)하다는 뜻으로, 태산처럼 든든하고 믿음직한 것을 비유적으로 이르는 말.
- 안온무사(安穩無事) 조용하고 편안(便安)하게 아무 일 없이 지냄을 이르는 말.
- 안중무인(眼中無人) 눈에 보이는 사람이 없다는 뜻으로, 방자(放恣)하고 교만(驕慢)하여 다른 사람을 업신여김을 이르는 말. =안하무인(眼下無人)
- 안중지인(眼中之人) 눈 속에 있는 사람이란 뜻으로, 눈앞에 있는 사람을 가리켜 말하기도 하고, 눈앞에 없어도 평생(平生) 사귄 정든 사람을 이르는 말.
- 안중지정(眼中之釘) 눈 속에 못이라는 뜻으로, 몹시 밉거나 싫어 늘 눈에 거슬리는 사람을 이르는 말.
- 안토중천(安土重遷) 고향(故鄕)을 편안(便安)히 여겨 다른 곳으로 떠나가는 것

	을 무겁게 여긴다는 뜻으로, 하던 일에 익숙해지면 다른 일을 하지 않으려는 것을 비유적으로 이르는 말.
• 안투지배(眼透紙背)	눈빛이 종이의 뒷면까지 꿰뚫는다는 뜻으로, 책(册)을 정독(精讀)하여 그 내용(內容)을 날카롭고 정확(正確)하게 이해(理解)함을 이르는 말. =안광지배(眼光紙背)
• 안하무인(眼下無人)	눈 아래에 보이는 사람이 없다는 뜻으로, 방자(放恣)하고 교만(驕慢)하여 다른 사람을 업신여김을 이르는 말. =방약무인(傍若無人)
• 안한자적(安閑自適)	편(便)하고 한가(閑暇)로워 마음 내키는 대로 즐김.
• 알성급제(謁聖及第)	조선(朝鮮)시대, 임금이 문묘(文廟)에 참배(參拜)한 뒤 실시(實施)하던 비정규적(非正規的)인 과거(科擧) 시험(試驗)에 합격(合格)하는 일을 이르는 말.
• 암구명촉(暗衢明燭)	어두운 거리에 밝은 등불이라는 뜻으로, 삶의 가르침을 주는 책(册)을 이르는 말.
• 암중모색(暗中摸索)	어둠 속에서 물건(物件)을 더듬어 찾는다는 뜻으로, 확실(確實)한 방법(方法)을 모르는 채 일의 실마리를 찾아내려 함을 이르는 말.
• 암중비약(暗中飛躍)	어둠 속에서 날고뛴다는 뜻으로, 남들 모르게 맹렬(猛烈)히 활동(活動)함을 이르는 말.
• 암행어사(暗行御史)	조선 시대, 임금의 특명(特命)을 받아 지방(地方) 정치(政治)의 잘잘못과 백성(百姓)의 사정(事情)을 비밀(秘密)리에 살펴서 부정(不正)한 관리(官吏)를 징계(懲戒)하던 임시(臨時) 관리를 말함.
• 암향부동(暗香浮動)	그윽한 향기(香氣)가 은은히 떠돎.
• 암혈지사(巖穴之士)	속세(俗世)를 떠나 깊은 산속에 숨어사는 선비.
• 앙급지어(殃及池魚)	재앙(災殃)이 연못의 물고기에 미친다는 뜻으로, 제삼자(第

三者)가 엉뚱하게 재난(災難)을 당함을 이르는 말.
=횡래지액(橫來之厄)

※성문(城門)에 난 불을 끄려고 연못의 물을 전부 퍼온 탓으로 그 연못의 물고기가 말라 죽었다는 고사(故事)에서 유래.

출전(出典) 응소(應邵)의 『풍속통의(風俗通義)』「태평광기(太平廣記)」

- 앙망불급(仰望不及)   우러러 바라보아도 미치지 못함.
- 앙불괴천(仰不愧天)   하늘을 우러러 조금도 부끄러움이 없음.
- 앙천대소(仰天大笑)   하늘을 바라보며 크게 웃는다는 뜻으로, 남의 행위(行爲)를 보고 황당(荒唐)하거나 같잖아서 비웃는 것을 이르는 말.
- 앙천이타(仰天而唾)   누워서 침을 뱉는다는 뜻으로, 남을 해치려다 도리어 자기(自己) 자신(自身)이 해(害)를 입는다는 말.
- 애걸복걸(哀乞伏乞)   소원(所願)이나 요구(要求) 따위를 들어 달라고 애처롭고 간절(懇切)하게 사정(事情)하며 빌고 또 빎을 이르는 말.
- 애매모호(曖昧模糊)   말이나 태도(態度) 따위가 흐리터분하고 분명(分明)하지 못함.
- 애이불비(哀而不悲)   슬프기는 하지만 겉으로 슬픔을 나타내지 않음.
- 애인이덕(愛人以德)   남을 사랑하기를 덕(德)으로써 한다는 뜻으로, 일시적(一時的)이며 가식적(假飾的)인 사랑은 사랑이 아님을 이르는 말.
- 애지중지(愛之重之)   매우 사랑하고 소중(所重)히 여기는 모양(模樣)을 나타내는 말.
- 야랑자대(夜郞自大)   우매(愚昧)한 무리 중에서 가장 세력(勢力)이 있어 잘난체하고 뽐냄을 비유적으로 이르는 말.
- 야반도주(夜半逃走)   남의 눈을 피(避)하여 밤사이에 도망(逃亡)함을 이르는 말.
- 야반무례(夜半無禮)   어두운 밤에는 예의(禮儀)를 갖추지 못한다는 말.
- 야부답백(夜不踏白)   밤에는 흰색을 밟지 않는다는 뜻으로, 밤길에 하얗게 보이는 것은 물이기 쉬우므로 조심(操心)해서 걸으라는 의미의 말.

- 야이계일(夜以繼日)　밤으로 낮을 잇다는 뜻으로, 밤낮으로 계속(繼續)해서 일한다는 말.
- 야행피수(夜行被繡)　비단 옷에 수(繡)놓은 좋은 옷을 입고 밤길을 간다는 뜻으로, 공명(功名)이 세상(世上)에 알려지지 않음을 비유하여 이르는 말.
  ※부귀(富貴)를 갖추고도 고향(故鄕)에 돌아가지 않는 것은 비단옷을 입고 밤길을 가는 것과 같다고 한 항우(項羽)의 고사에서 유래.
  출전(出典) 『사기(史記)』「항우본기(項羽本紀)」
- 약롱지물(藥籠之物)　약상자(藥箱子) 속의 물건(物件)이라는 뜻으로, 자기(自己)의 수중(手中)에 있어서 필요(必要)하면 언제든지 쓸 수 있는 물건. 또는 가까이 사귀어 자기편(自己便)으로 만든 사람을 이르는 말.
- 약방감초(藥房甘草)　무슨 일이나 빠짐없이 끼임. 무슨 일에나 반드시 끼어야 할 필요(必要)한 물건(物件).
- 약석지언(藥石之言)　남의 잘못을 지적(指摘)하고 주의(注意)를 주어서 그것을 고치는 데에 도움이 되는 말.
- 약육강식(弱肉强食)　약(弱)한 자는 강(强)한 자에게 지배(支配)됨을 비유적으로 이르는 말.
- 약합부절(若合符節)　부절(符節)을 맞추는 것과 같다는 뜻으로, 꼭 들어맞아 조금도 틀리지 않음을 이르는 말.
  ※부절(符節): 돌이나 대나무, 옥 따위로 만든 물건(物件)에 글자를 새겨 다른 사람과 나눠 가졌다가 나중에 다시 맞추어 증거(證據)로 삼는 물건. 신표(信標)로 사용함.
- 양각야호(兩脚野狐)　두 다리의 여우라는 뜻으로, 마음이 음흉(陰凶)하고 욕심(慾心)이 많은 사람을 두고 이르는 말.

• 양공고심(良工苦心)	훌륭한 장인(匠人)은 애쓴다는 뜻으로, 재주가 뛰어난 사람의 가슴 속에는 고심(苦心)이 많다는 말.
• 양과분비(兩寡分悲)	두 과부(寡婦)가 슬픔을 서로 나눈다는 뜻으로, 같은 처지(處地)에 있는 사람끼리 서로 동정(同情)함을 이르는 말.
• 양궁거시(揚弓擧矢)	활과 화살을 높이 든다는 뜻으로, '승리(勝利)'를 비유적으로 이르는 말.
• 양금미옥(良金美玉)	좋은 금(金)과 아름다운 옥(玉)이라는 뜻으로, 훌륭한 인격(人格)이나 문장(文章)을 이르는 말.
• 양금택목(良禽擇木)	좋은 새는 나무를 가려서 둥지를 튼다는 뜻으로, 현명(賢明)한 사람은 자기(自己)의 능력(能力)을 키워 줄 사람을 골라서 섬긴다는 것을 이르는 말.
• 양두구육(羊頭狗肉)	양(羊)머리를 걸어놓고 개고기를 판다는 뜻으로, 겉으로는 훌륭하다고 내세우나 속은 변변치 않음을 이르는 말. =양질호피(羊質虎皮)
• 양봉음위(陽奉陰違)	겉으로는 복종(服從)하는 체하면서 마음속으로는 배반(背反)함. =면종복배(面從腹背)
• 양상군자(梁上君子)	들보 위의 군자(君子)라는 뜻으로, '도둑'을 완곡(緩曲)하게 이르는 말. =녹림호걸(綠林豪傑)
• 양수겸장(兩手兼將)	장기(將棋)에서, 두 개의 장기짝이 동시에 장(將)을 부르는 말밭에 놓이게 된 관계. 또는 양쪽에서 동시(同時)에 하나를 노리게 됨을 비유적으로 이르는 말.
• 양수집병(兩手執餠)	두 손에 떡을 쥐고 있다는 뜻으로, 두 가지 일이 똑같이 있어서 무엇부터 하여야 할지 모르는 경우(境遇)를 이르는 말.
• 양약고구(良藥苦口)	좋은 약(藥)은 입에 쓰다는 뜻으로, 좋은 충고(忠告)는 비록 귀에 거슬리나 자신(自身)에게 이롭다는 말.
• 양자택일(兩者擇一)	둘 중에서 하나를 고름.

- 양질호피(羊質虎皮) 　양(羊)의 몸에 호랑이 가죽이라는 뜻으로, 위엄(威嚴)이 있는 것처럼 보이나 실상(實狀)은 연약(軟弱)한 것을 비유(比喻). 또는 본바탕은 아름답지 못하면서 겉모습만 화려(華麗)하게 꾸민 것을 이르는 말.
- 양체재의(量體裁衣) 　몸에 맞도록 옷을 짓는다는 뜻으로, 구체적(具體的)인 상황(狀況)에 근거(根據)하여 문제(問題)를 해결(解決)하거나 일을 처리(處理)하는 것을 비유적으로 이르는 말.
- 양춘가절(陽春佳節) 　따뜻하고 좋은 봄철을 이르는 말.
- 양포지구(楊布之狗) 　양포(楊布)의 개라는 뜻으로, 겉모습의 변화(變化)를 보고 섣불리 판단(判斷)하는 것을 경계(警戒)해야 함을 이르는 말.
　※중국(中國) 전국(戰國) 시대 양포(楊布)라는 사람이 외출(外出)할 때에는 흰 옷을 입었다가 귀가(歸家)할 때 검은 옷을 입었더니 양포의 개가 주인(主人)을 알아보지 못하고 짖었다는 고사에서 유래.

　출전(出典) 『한비자(韓非子)』「설림 하(說林 下)」
- 양호상투(兩虎相鬪) 　두 마리의 범이 싸운다는 뜻으로, 힘이 센 두 편, 곧 두 영웅(英雄)이나 강대국(强大國) 등이 서로 맞붙어 싸움을 이르는 말.
- 양호유환(養虎遺患) 　범을 길러 화근(禍根)을 남긴다는 뜻으로, 화근을 길러서 스스로 걱정거리를 산다는 것을 이르는 말.
　=양호후환(養虎後患)
- 양화구복(禳禍求福) 　재앙(災殃)을 물리치고 복(福)을 구(求)함을 이르는 말.
　=원화소복(遠禍召福)
- 어동육서(魚東肉西) 　제사상(祭祀床)을 차릴 때에, 생선(生鮮) 반찬(飯饌)은 동쪽에 놓고 고기반찬은 서쪽에 놓으며 적(炙)은 생선 반찬과 고기반찬 중간(中間)에 놓는 일을 이르는 말.
- 어두육미(魚頭肉尾) 　물고기는 머리 쪽이, 짐승은 꼬리 쪽이 맛이 있다는 말.

- 어로불변(魚魯不辨) 어(魚)자와 노(魯)자를 구별(區別)하지 못한다는 뜻으로, 아주 무식(無識)함을 비유적으로 이르는 말.
=일자불식(一字不識), 일자무식(一字無識)

- 어망홍리(魚網鴻離) 물고기를 잡으려고 쳐 놓은 그물에 기러기가 걸렸다는 뜻으로, 구하려는 것을 얻지 못하고 다른 것을 얻게 됨을 비유적으로 이르는 말.

- 어목연석(魚目燕石) 물고기의 눈과 중국(中國) 연산(燕山)에서 나는 돌은 구슬 같아 보이지만 구슬이 아니라는 뜻으로, 가짜가 진짜를 어지럽힘을 비유적으로 이르는 말.

- 어변성룡(魚變成龍) 물고기가 변하여 용(龍)이 된다는 뜻으로, 아주 곤궁(困窮)하던 사람이 부귀(富貴)하게 됨을 이르는 말.

- 어부지리(漁父之利) 어부(漁夫)의 이득(利得)이라는 뜻으로, 두 사람이 다투고 있는 사이에 이 일과 아무 관계없는 제삼자(第三者)가 이익(利益)을 보게 됨을 이르는 말.
=방휼지쟁(蚌鷸之爭), 견토지쟁(犬兔之爭)
※황새와 조개가 다투는 틈을 타서 어부(漁夫)가 둘 다 잡았다는 고사에서 유래.
출전(出典) 『전국책(戰國策)』「연책(燕策)」

- 어불성설(語不成說) 이치(理致)에 맞지 않아 말이 도무지 되지 않음.
=만불성설(萬不成說)

- 어수지친(魚水之親) 물고기와 물처럼 친(親)한 사이라는 뜻으로, 임금과 신하(臣下)의 친밀(親密)한 사이. 또는 서로 사랑하는 부부(夫婦)사이를 이르는 말.

- 어유부중(魚遊釜中) 물고기가 솥 안에서 놀고 있다는 뜻으로, 위험(危險)이 눈 앞에 닥쳐 있어도 모르는 상황(狀況)을 비유적으로 이르는 말. =부중지어(釜中之魚)

- 어이아이(於異阿異) 　어(於)다르고 아(阿)다르다는 뜻으로, 점(點) 하나 차이(差異)에 의해 소리가 달라지듯이 말을 어떻게 하느냐에 따라 같은 뜻의 말이라도 다른 느낌을 주는 것을 이르는 말.
- 억강부약(抑强扶弱) 　강자(强者)를 누르고 약자(弱者)를 도와줌.
　↔억약부강(抑弱扶强)
- 억조창생(億兆蒼生) 　수많은 백성(百姓)을 이르는 말.
- 억하심정(抑何心情) 　도대체 무슨 심정(心情)으로 그러하는지 알 수 없음.
- 언감생심(焉敢生心) 　감히 바랄 수도 없음.
- 언거언래(言去言來) 　말이 가고 말이 온다는 뜻으로, 여러 말이 서로 오고감을 이르는 말.
- 언근지원(言近旨遠) 　말은 가깝고 뜻은 멀다는 뜻으로, 말은 알아듣기 쉬운데 내용(內容)은 깊고 오묘(奧妙)함을 이르는 말.
- 언문일치(言文一致) 　일상적(日常的)으로 쓰는 말과 글로 적은 말의 용어(用語) 및 구조(構造)가 일치(一致)함을 이르는 말.
- 언문풍월(諺文風月) 　한글로 지은 시가(詩歌)를 이르는 말.
- 언비천리(言飛千里) 　말이 천 리(千里)를 날아간다는 뜻으로, 말이 몹시 빠르고 멀리 전하여짐을 이르는 말.
- 언어도단(言語道斷) 　어이가 없어서 말문이 막힘. 또는 그러한 상태(狀態)나 일을 이르는 말. =언어동단(言語同斷)
- 언유소화(言有召禍) 　말은 화(禍)를 부름이 있다는 뜻으로, 말은 이따금 화단(禍端)을 불러올 수 있음을 이르는 말.
- 언유재이(言猶在耳) 　들은 말이 아직도 귀에 쟁쟁(錚錚)하다는 뜻으로, 여러가지 들은 말을 귓속에 담아두고 잊어버리지 않는다는 말.
- 언중유골(言中有骨) 　말 속에 뼈가 있다는 뜻으로, 예사(例事)로운 말 속에 깊은 속뜻이 숨어 있음을 비유적으로 이르는 말.
　=언중유언(言中有言), 언중유향(言中有響)

- 언중유언(言中有言) 말 속에 말이 있다는 뜻으로, 예사(例事)로운 말 속에 풍자(諷刺)나 암시(暗示)가 들어 있음을 이르는 말.
- 언중유향(言中有響) 말 속에 울림이 있다는 뜻으로, 예사(例事)로운 말 속에 깊은 속뜻이 숨어 있음을 비유적으로 이르는 말.
- 언즉시야(言則是也) 말인즉 옳음. 곧 이치(理致)에 어그러지는 것이 없음.
- 언행일치(言行一致) 말과 그에 따른 행동(行動)이 같음을 이르는 말.
- 엄동설한(嚴冬雪寒) 눈 내리는 한겨울의 심한 추위.
- 엄목포작(掩目捕雀) 눈을 가리고 참새를 잡으려 한다는 뜻으로, 자기(自己) 자신(自身)을 속이려 함을 이르는 말.
- 엄부자모(嚴父慈母) 엄(嚴)한 아버지와 자애(慈愛)로운 어머니라는 뜻으로, 아버지는 자식(子息)들을 엄격(嚴格)히 다루는 역할(役割)을 주로하고 어머니는 자식들을 깊은 사랑으로 보살피는 역할을 주로 함을 이르는 말.
- 엄이도령(掩耳盜鈴) 귀를 막고 방울을 훔친다는 뜻으로, 모든 사람이 그 잘못을 다 알고 있는데 얕은꾀를 써서 남을 속이려 하나 아무 성과(成果)가 없음을 이르는 말.
- 엄처시하(嚴妻侍下) 아내에게 쥐여사는 남편(男便)의 처지(處地). 또는 그러한 남편을 놀림조로 이르는 말.
- 여고금슬(如鼓琴瑟) 거문고 소리와 비파(琵琶)소리가 화합(和合)하듯 부부(夫婦)사이의 화락(和樂)과 즐거움. 또는 부부(夫婦)의 정(情)이 좋은 것을 이르는 말.
- 여광여취(如狂如醉) 미친 듯도 하고 취(醉)한 듯도 하다는 뜻으로, 너무 기뻐서 이성(理性)을 잃을 정도임을 비유적으로 이르는 말.
- 여단수족(如斷手足) 손발이 잘리는 것과 같다는 뜻으로, 요긴(要緊)한 사람이나 물건(物件)이 없어져 몹시 아쉬움을 비유적으로 이르는 말.
- 여도담군(餘桃啗君) 먹다 남은 복숭아를 임금에게 먹게 했다는 뜻으로, 똑같은

행위(行爲)라도 받아들이는 사람의 애증(愛憎)에 따라 다르게 받아들임을 비유적으로 이르는 말.

※중국(中國) 위(衛)나라의 미자하(彌子瑕)가 임금의 총애(寵愛)를 받을 때에는 제가 먹던 복숭아를 바쳐 신임(信任)을 얻었으나, 총애를 잃은 후에는 그 행동(行動) 때문에 죄(罪)를 얻어 처벌(處罰)되었다는 고사에서 유래.

출전(出典) 『한비자(韓非子)』「세난(說難)」

- **여도지죄(餘桃之罪)**: 먹다 남은 복숭아를 먹인 죄(罪)란 뜻으로, 총애(寵愛)를 받는 것이 도리어 죄를 초래(招來)하는 원인(原因)이 된다는 것을 이르는 말.

- **여리박빙(如履薄氷)**: 살얼음을 밟는 것과 같다는 뜻으로, 아주 위험(危險)한 짓을 함을 비유적으로 이르는 말.

- **여림심천(如臨深泉)**: 깊은 샘가에 있는 것처럼 조심(操心)해야 함을 이르는 말.

- **여민동락(與民同樂)**: 임금이 백성(百姓)들과 더불어 즐김. =여민해락(與民偕樂)

- **여발통치(如拔痛齒)**: 앓던 이가 빠진 것 같다는 뜻으로, 괴로운 일이 해결(解決)되어 속이 시원함을 이르는 말.

- **여산진면(廬山眞面)**: 여산(廬山)의 참모습이란 뜻으로, 여산(廬山)은 보는 방향(方向)에 따라 다르게 보이는데, 늘 구름에 가려져서 좀처럼 참 본모습을 볼 수 없다하여 사물(事物)의 진상(眞相)을 알기 어려움을 비유적으로 이르는 말.

  ※여산(廬山): 중국(中國) 강서성(江西省) 북부(北部)에 있는 높이 1600m 산(山)으로 삼면(三面)이 양자강(楊子江)과 포양호에 연(沿)해 있는 경치(景致)가 뛰어난 명산(名山).

  출전(出典) 『제서림벽(題西林壁)』

- **여세부침(與世浮沈)**: 세상(世上)이 변(變)하는 대로 따라서 변함을 이르는 말.

- **여세추이(與世推移)**: 세상(世上)의 변화(變化)에 맞추어 함께 변화해간다는 뜻으

	로, 세속(世俗)을 좇음이나 세상에 거스르지 않는 다소(多少) 안일(安逸)한 행동(行動)을 이르는 말.
• 여시아문(如是我聞)	[불교] '나는 이와 같이 들었다'는 뜻으로, 경전(經典)의 첫머리에 쓰는 말. 부처에게서 들은 교법(敎法)을 그대로 믿고 따르며 적는다는 뜻이며, 부처의 제자(弟子)인 아난(阿難)이 경전의 첫머리에 쓴 데서 비롯됨을 이르는 말.
• 여실일비(與失一臂)	한쪽 팔을 잃은 것과 같다는 뜻으로, 가장 믿고 힘이 되는 사람을 잃음을 비유적으로 이르는 말.
• 여양모육(與羊謀肉)	양(羊)에게 양고기를 내놓으라고 꾄다는 뜻으로, 근본적(根本的)으로 이룰 수 없는 일을 이르는 말.
• 여어득수(如魚得水)	물고기가 물을 얻음과 같다는 뜻으로, 본래(本來)의 영역(領域)으로 다시 돌아와 크게 활약(活躍)할 수 있게 됨을 이르는 말. ↔여어실수(如魚失水)
• 여어실수(如魚失水)	물고기가 물을 잃음과 같다는 뜻으로, 곤궁(困窮)한 사람이 의탁(依託)할 곳이 없어 난감(難堪)해 함을 비유적으로 이르는 말.
• 여조삭비(如鳥數飛)	새가 하늘을 날기 위해 자주 날개 짓을 하는 것과 같다는 뜻으로, 배움은 쉬지 않고 끊임없이 연습(練習)하고 익혀야 함을 이르는 말. =학습(學習)
• 여존남비(女尊男卑)	사회적(社會的) 지위(地位)나 권리(權利)에 있어 여자를 남자보다 우대(優待)하고 존중(尊重)하는 일. ↔남존여비(男尊女卑)
• 여중장부(女中丈夫)	여자(女子) 가운데 장부(丈夫)라는 뜻으로, 기골(肌骨)이나 성격(性格)이 장부(丈夫)같이 늠름(凜凜)하고 씩씩한 여자를 이르는 말.
• 여진여퇴(旅進旅退)	아무런 주관(主觀)이 없이 남의 의견(意見)을 맹목적(盲目的)으로 좇아 함께 어울림을 이르는 말.

- 여출일구(如出一口) 입은 다르나 목소리는 같다는 뜻으로, 여러 사람의 말이 한결같음을 이르는 말.
- 여풍과이(如風過耳) 바람이 귀를 스치고 지나가는 듯이 여긴다는 뜻으로, 남의 말을 귀담아듣지 않는 태도(態度)를 이르는 말.
  =오불관언(吾不關焉)
- 여필종부(女必從夫) 아내는 반드시 남편(男便)의 뜻을 따르고 좇아야 함을 이르는 말.
- 여탈폐사(如脫弊屣) 헌신짝 버리듯 한다는 뜻으로, 자기가 소중(所重)이 생각하는 것을 아낌없이 버리고 마음을 비우는 것을 이르는 말.
- 여호모피(與虎謀皮) 호랑이와 더불어 호랑이 가죽을 벗길 것을 꾀한다는 뜻으로, 이해관계(利害關係)가 서로 맞지 않는 사람과 의논(議論)하면 원하는 바가 이루어지지 않음을 이르는 말.
  =여양모육(與羊謀肉)
- 역려과객(逆旅過客) 세상(世上)은 여관(旅館)과 같고 인생(人生)은 그곳에 잠시 머물었다가는 나그네와 같다는 말.
- 역자교지(易子敎之) 나의 자식(子息)과 남의 자식을 바꾸어 교육(敎育)한다는 뜻으로, 부자(父子) 사이에는 가르치면서 잘못을 꾸짖기 어려움을 이르는 말.
- 역지개연(易地皆然) 사람의 처지(處地)나 경우(境遇)를 바꾸어 놓으면 그 하는 것이 다 같음을 이르는 말.
- 역지사지(易地思之) 남과 처지(處地)를 바꾸어 생각함.
- 연금침주(捐金沈珠) 금(金)을 산에 버리고 구슬을 못에 빠뜨린다는 뜻으로, 재물(財物)을 가벼이 보고 부귀(富貴)를 탐(貪)하지 않음을 이르는 말.
- 연년익수(延年益壽) 수명(壽命)을 더욱더 길게 늘여 나감.
- 연도일할(鉛刀一割) 납으로 만든 칼도 한 번은 자를 힘이 있다는 뜻으로, 자기(自己)의 힘이 없음을 겸손(謙遜)하게 이르는 말.

- 연락부절(連絡不絕) 　왕래(往來)가 잦아서 끊이지 않음. =낙역부절(絡繹不絕)
- 연리비익(連理比翼) 　비익조(比翼鳥)와 연리지(連理枝)의 뜻으로, 부부(夫婦)의 사이가 매우 좋음을 비유적으로 이르는 말. =금슬상화(琴瑟相和)
- 연모지정(戀慕之情) 　이성(異性)을 사랑하여 간절(懇切)히 그리워하는 마음.
- 연목구어(緣木求魚) 　나무에 올라 물고기를 구(求)한다는 뜻으로, 불가능(不可能)한 일을 무리(無理)해서 굳이 하려 함을 비유적으로 이르는 말. =산상구어(山上求魚), 여호모피(與狐謀皮)
- 연부역강(年富力强) 　나이가 젊고 기운(氣運)이 왕성(旺盛)함.
- 연비어약(鳶飛魚躍) 　솔개가 날고 물고기가 뛴다는 뜻으로, 온갖 동물(動物)이 생(生)을 즐김을 비유적으로 이르는 말.
- 연안대비(燕雁代飛) 　제비가 날아올 때는 기러기가 날아가고 기러기가 날아올 때는 제비가 날아가 서로 다른 방향(方向)으로 간다는 뜻으로, 사람의 일이 서로 어긋남을 이르는 말.
- 연옹지치(吮癰舐痔) 　종기(腫氣)의 고름을 빨고 치질(痔疾) 앓는 밑을 핥는다는 뜻으로, 남에게 지나치게 아첨(阿諂)함을 이르는 말.
- 연저지인(吮疽之仁) 　종기의 고름을 빨아 주는 어진 마음이라는 뜻으로, 뭔가 목적(目的)을 가지고 선행(善行)을 하는 것을 비유적으로 이르는 말.
　　※중국(中國) 전국(戰國) 시대 주(周)나라의 오기(吳起)라는 장수(將帥)가 자기 부하(部下)의 종기(腫氣)를 입으로 빨아서 낫게 하였다는 고사에서 유래.
　　출전(出典)『사기(史記)』「손자오기열전(孫子吳起列傳)」
- 연전연승(連戰連勝) 　싸울 때마다 연달아 계속(繼續) 이김.
- 연하고질(煙霞痼疾) 　자연(自然)의 아름다운 경치(景致)를 몹시 사랑하고 즐기는 성벽(性癖)을 이르는 말.
　　=연하지벽(煙霞之癖), 천석고황(泉石膏肓)

- 연하일휘(煙霞日輝) 안개와 노을과 빛나는 햇살이라는 뜻으로, 아름다운 자연(自然) 경치(景致)를 이르는 말.
- 연홍지탄(燕鴻之歎) 제비가 날아올 때에는 기러기가 날아가고 기러기가 날아 올 때에는 제비가 날아가 서로 만나지 못하여 탄식(歎息)한다는 뜻으로, 길이 어긋나 서로 만나지 못하여 탄식함을 이르는 말. =연안대비(燕雁代飛)
- 염념불망(念念不忘) 자꾸 생각이 나서 잊지 못함.
- 염라대왕(閻羅大王) [불교] 시왕(十王)의 하나. 죽어서 지옥(地獄)에 떨어진 인간(人間)을 생전(生前)에 행한 선악(善惡)에 따라 심판(審判)하여 벌(罰)을 준다는 왕(王)을 이르는 말.
- 염량세태(炎凉世態) 권세(權勢)가 있을 때는 아첨(阿諂)하여 좇고, 권세가 없어지면 푸대접하는 세상(世上)의 인심(人心)을 이르는 말.
- 염력철암(念力徹巖) 전념(專念)을 다해 힘을 다하면 바위도 뚫을 수 있다는 뜻으로, 무슨 일을 함에 있어서 온 정력(精力)을 다하는 마음이면 무엇이나 이룸을 이르는 말.
- 염불삼매(念佛三昧) [불교] 염불(念佛)에 의하여 잡념(雜念)을 없애고 영묘(靈妙)한 슬기가 열려 부처의 진리(眞理)를 보게 되는 경지(境地)를 이르는 말.
- 염불위괴(恬不爲愧) 옳지 않은 일을 하고도 조금도 부끄러워하는 기색(氣色)이 없음.
- 염지지물(染指之物) 집게손가락에 붙은 것이라는 뜻으로, 분에 넘치게 가지는 남의 물건(物件). 또는 다 먹히어 곧 없어지는 것을 이르는 말.
- 염화미소(拈華微笑) [불교] 마음에서 마음으로 전(傳)하는 일.
  ※석가(釋迦)가 연(蓮)꽃을 들어 대중(大衆)에게 보였을 때 마하가섭(摩訶迦葉)만이 그 뜻을 깨달아 미소(微笑)를 지었다는 고사에서 유래.
  출전(出典) 송(宋)나라 『지소(智昭)』의 「인천안목(人天眼目)」

- 영고성쇠(榮枯盛衰)   세월(歲月)이 흐름에 따라 변전(變轉)하는 번영(繁榮)과 쇠락(衰落)을 이르는 말. =흥망성쇠(興亡盛衰)
- 영고일취(榮枯一炊)   인생(人生)이 꽃피고 시드는 것은 한번 밥 짓는 순간(瞬間)같이 덧없고 부질없음을 이르는 말.
- 영구준행(永久遵行)   규정(規定)이나 약속(約束) 따위를 오랫동안 계속(繼續)지켜 나감을 이르는 말.
- 영락소지(零落掃地)   지위(地位)나 부귀(富貴) 따위가 땅에 떨어져 쓸어버린 듯이 없어짐을 이르는 말.
- 영만지구(盈滿之咎)   가득차면 반드시 이지러진다는 뜻으로, 만사(萬事)가 다 이루어졌을 때에는 도리어 화(禍)를 부르게 됨을 비유적으로 이르는 말.
- 영불서용(永不敍用)   예전에, 죄(罪)를 지어 파면(罷免)된 관원(官員)을 영원(永遠)히 재임용(再任用)하지 않는 일을 이르는 말.
- 영악무도(獰惡無道)   모질고 사납기가 이를 데 없음을 이르는 말.
- 영인자해(迎刃自解)   애쓰지 아니하여도 일이 저절로 해결(解決)됨을 이르는 말.
- 영탈이출(穎脫而出)   뾰족한 송곳 끝이 주머니를 뚫고 나온다는 뜻으로, 뛰어나고 훌륭한 재능(才能)이 밖으로 드러남을 이르는 말. =낭중지추(囊中之錐)
- 예미도중(曳尾塗中)   진흙탕 속에서 꼬리를 끌며 살아도 죽은 후의 호강(豪強)보다 좋다는 말로 부귀(富貴)하지만 속박(束縛) 받는 삶보다는 가난 하지만 자유(自由)로운 삶이 좋음을 이르는 말.
- 예번즉난(禮煩則亂)   예의(禮儀)가 번거로우면 어지럽다는 뜻으로, 예의가 너무 까다롭고 번잡(煩雜)하면 도리어 문란(紊亂)해짐을 이르는 말.
- 예불가폐(禮不可廢)   어느 때, 어느 장소(場所)에서나 예의(禮儀)는 지켜야 한다는 말.

- 예속상교(禮俗相交) 향약(鄕約)의 네 강목(綱目) 중의 하나. 서로 사귐에 있어 예의(禮儀)를 지켜야 함을 이르는 말.
- 예실즉혼(禮失則昏) 예의(禮儀)를 잃으면 정신(精神)이 흐리고 사리(事理)에 어두운 상태(狀態)가 됨을 이르는 말.
- 예의범절(禮儀凡節) 일상생활(日常生活)의 모든 예의(禮儀)와 절차(節次)를 이르는 말.
- 오거지서(五車之書) 다섯 수레에 실을 만한 책(冊)이라는 뜻으로, 많은 책을 이르는 말. =한우충동(汗牛充棟)
- 오경등화(五更燈火) 새벽 3~5시에 등(燈)불이라는 뜻으로, 밤새워 열심(熱心)히 공부(工夫)함을 이르는 말.
- 오곡백과(五穀百果) 온갖 곡식(穀食)과 과실(果實)을 이르는 말.
- 오리무중(五里霧中) 넓게 퍼진 안개 속에 있다는 뜻으로, 일의 갈피를 잡을 수 없거나 사람의 행적(行蹟)을 전혀 알 수가 없는 상태(狀態)를 이르는 말.
- 오매불망(寤寐不忘) 자나 깨나 잊지 못함. =오매사복(寤寐思服)
- 오불관언(吾不關焉) 나는 상관(相關)하지 아니함. =수수방관(袖手傍觀)
- 오비삼척(吾鼻三尺) 내 코가 석 자라는 뜻으로, 자기 사정(事情)이 급박(急迫)하여 남을 돌보아 줄 겨를이 없음을 이르는 말.
- 오비이락(烏飛梨落) 까마귀 날자 배 떨어진다는 뜻으로, 어떤 일이 마침 다른 일과 공교(工巧)롭게 때가 같아 관계(關係)가 있는 것처럼 의심(疑心)을 받거나 난처(難處)한 위치(位置)에 서게 됨을 비유적으로 이르는 말.
- 오비토주(烏飛兎走) 오(烏)는 해, 토(兎)는 달을 뜻하는 데서, 세월(歲月)이 매우 빨리 흘러감을 이르는 말.
- 오상고절(傲霜孤節) 서릿발이 심한 속에서도 굴(屈)하지 아니하고 외로이 지키는 절개(節槪)라는 뜻으로, '국화(菊花)'를 비유적으로 이르는 말.

- 오설상재(吾舌尙在) '내 혀가 아직 살아 있소' 라는 뜻으로, 비록 몸이 망가졌어도 혀만 살아 있으면 뜻을 펼 수 있다는 말.
- 오십소백(五十笑百) 오십 보(五十步) 도망친 사람이 백 보(百步) 도망친 사람을 보고 겁쟁이라고 비웃는다는 데서 나온 말로, 좀 낫고 못한 차이는 있으나 크게 보면 서로 어슷비슷 함을 이르는 말.
 =대동소이(大同小異)
- 오언장성(五言長城) 다섯 글자가 만리장성(萬里長城) 같다는 뜻으로, 오언시(五言詩)에 능숙(能熟)한 것을 비유적으로 이르는 말.
 =오언금성(五言金城)
- 오언절구(五言絶句) 한 구(句)가 다섯 글자씩으로 된 네 줄의 한시(漢詩)로 기(起)·승(承)·전(轉)·결(結)의 네 구(句)로 된 오언시(五言詩)를 이르는 말.
- 오역부지(吾亦不知) 나도 역시(亦是) 알지 못함.
- 오우천월(吳牛喘月) 오(吳)나라의 소는 달만 보아도 숨을 헐떡인다는 뜻으로, 어떤 일에 한 번 혼이 나면 비슷한 것만 보아도 미리 겁을 먹는다는 것을 비유적으로 이르는 말. =경궁지조(驚弓之鳥)
 ※오늘날의 물소를 말하며, 장강(長江)과 회수(淮水) 사이에서 살기 때문에 오(吳)나라 소라고 한다. 남쪽 땅은 아주 더운데, 이 소들은 더위를 싫어한다. 달을 보면 태양으로 잘못 알아 달을 보아도 숨을 헐떡인다는 고사에서 유래.
 출전(出典) 『세설신어(世說新語)』의 「언어편(言語篇)」
- 오운지진(烏雲之陣) 까마귀나 구름이 모였다 흩어졌다 하듯, 출몰(出沒) 변화(變化)가 자유자재(自由自在)한 진법(陣法)을 이르는 말.
- 오월동주(吳越同舟) 오(吳)나라 사람과 월(越)나라 사람이 같은 배를 탔다는 뜻으로, 서로 나쁜 관계(關係)에 있는 사람들이 같은 처지(處

地)에 놓여 어쩔 수 없이 협력(協力)해야 하는 상태(狀態)가 되거나 원수(怨讐)끼리 서로 마주치게 됨을 이르는 말.

※중국(中國) 춘추(春秋) 전국(戰國)시대 오(吳)나라 왕 부차(夫差)와 월(越)나라 왕 구천(句踐)이 원수지간(怨讐之間)으로 항상(恒常) 싸운 고사에서 유래.

출전(出典) 『손자병법(孫子兵法)』의 「구지(九地)」

- 오유지족(吾唯知足) 나 스스로 오직 만족(滿足)함을 안다는 말. 이 네 글자 모두 입구(口) 자(字)가 위, 아래, 좌, 우에 있음.

- 오일경조(五日京兆) 닷새 경조윤(京兆尹)이란 뜻으로, 임직(任職) 기간(期間)이 너무 짧거나, 아무 때나 직위(職位)를 떠나 버리는 것을 비유적으로 이르는 말. =삼일천하(三日天下)

  ※중국(中國) 한(漢)나라 장창(張敞)이 경조윤(京兆尹)에 임명(任命)되었다가 며칠 후에 면직(免職)된 고사에서 유래.

  출전(出典) 『한서(漢書)』 「장창전(張敞傳)」

- 오장육부(五臟六腑) 오장(五臟)과 육부(六腑), 곧 내장(內臟)을 통틀어 이르는 말.

  ※오장: 간장(肝臟), 심장(心臟), 폐장(肺臟), 신장(腎臟), 비장(脾臟).

  육부: 대장(大腸), 소장(小腸), 위(胃), 쓸개(膽), 방광(膀胱), 삼초(三焦)

- 오조사정(烏鳥私情) 까마귀의 사사(私事)로운 정(情)이란 뜻으로, 까마귀가 자라면 늙은 어미에게 먹이를 물어다 먹이듯 부모(父母)를 모시는 지극(至極)한 효성(孝誠)을 비유적으로 이르는 말. =반포지효(反哺之孝)

- 오풍십우(五風十雨) 닷새에 한 번씩 바람이 불고, 열흘에 한 번씩 비가 온다는 뜻으로, 날씨가 순조(順調)롭고 풍년(豊年)이 들어서 천하(天下)가 태평(太平)한 것을 이르는 말.

- 오하아몽(吳下阿蒙)   오(吳)나라 아래에 의지(依支)하고 있는 여몽(呂蒙)이라는 뜻으로, 무력(武力)은 있으나 학식(學識)이 없는 사람을 놀림조로 이르는 말.
  ※중국(中國) 오(吳)나라의 노숙(魯肅)이 오랜만에 여몽(呂蒙)을 만나 이야기를 나누었다. 여몽이 무략(武略)에만 뛰어난 인물(人物)이라고 알고 있던 노숙이 여몽의 깊은 학문(學問)에 감탄(感歎)하여 이전의 여몽이 아니라고 말하였다는 고사에서 유래.
  출전(出典) 『삼국지(三國志)』 오서(吳書) 「여몽전(呂蒙傳)」
- 오합지졸(烏合之卒)   까마귀 떼와 같이 조직(組織)도 안 되고 훈련(訓練)도 없이 모인 병사(兵士)라는 뜻으로, 임시(臨時)로 모여들어서 규율(規律)이 없고 무질서(無秩序)한 병졸(兵卒) 또는 군중(群衆)을 이르는 말. =오합지중(烏合之衆), 와합지졸(瓦合之卒)
- 오호통재(嗚呼痛哉)   주로 '오호통재라'의 꼴로 쓰여, '아아. 슬프고 원통(冤痛)하다'는 뜻으로, 탄식(歎息)할 때 하는 말.
- 옥골선풍(玉骨仙風)   살빛이 희고 고결(高潔)하여 신선(神仙)과 같은 풍채(風采)를 이르는 말.
- 옥상가옥(屋上架屋)   지붕 위에 지붕을 거듭 얹는다는 뜻으로, 물건(物件)이나 일을 무의미(無意味)하게 거듭함을 이르는 말.
- 옥석구분(玉石俱焚)   옥(玉)과 돌이 다 불에 탄다는 뜻으로, 옳은 사람이나 그른 사람의 구별(區別)없이 함께 멸망(滅亡)함을 비유적으로 이르는 말. =옥석동쇄(玉石同碎), 옥석혼효(玉石混淆)
- 옥석혼효(玉石混淆)   옥(玉)과 돌이 한 궤에 있다는 뜻으로, 옳은 사람과 그른 사람이 뒤섞여 있음을 비유적으로 이르는 말.
- 옥야천리(沃野千里)   비옥(肥沃)한 땅이 천 리(千里)나 이어져 있다는 뜻으로, 끝없이 펼쳐진 기름진 들판을 이르는 말.

- 옥오지애(屋烏之愛) 　어떤 사람을 사랑하면 그 사람의 집 지붕에 있는 까마귀까지도 사랑스럽게 보인다는 뜻으로, 깊은 사랑을 비유적으로 이르는 말.
- 옥하가옥(屋下架屋) 　지붕 밑에 또 지붕을 만든다는 뜻으로, 선인(先人)이 이루어 놓은 일을 후세(後世)의 사람이 흉내만 낼 뿐, 발전(發展)한 바가 조금도 없는 것을 비유적으로 이르는 말.
- 옥하사담(屋下私談) 　지붕 밑에서 하는 사사(私事)로운 이야기라는 뜻으로, 쓸모없는 사사로운 이야기를 이르는 말.
- 온고지신(溫故知新) 　옛것을 익히고 그것을 통하여 새것을 앎.
- 온유돈후(溫柔敦厚) 　성격(性格)이 부드럽고 온화(溫和)하며 인품(人品)이 두터움, 또는 시(詩)를 짓는데 기묘(奇妙)하기보다 마음에서 우러난 정취(情趣)가 있음을 이르는 말.
- 온의미반(溫衣美飯) 　따뜻한 의복(衣服)을 입고 맛있는 음식(飮食)을 먹는다는 뜻으로, 풍족(豊足)한 생활(生活)을 이르는 말.
- 와각지세(蝸角之勢) 　달팽이의 더듬이 위의 형세(形勢)라는 뜻으로, 사소(些少)한 일로 다투는 형세를 이르는 말.
- 와각지쟁(蝸角之爭) 　달팽이의 촉각(觸角) 위에서 싸운다는 뜻으로, 작은 나라끼리의 싸움이나, 하찮은 일로 서로 옥신각신 승강이하는 짓을 비유적으로 이르는 말.
  =만촉지쟁(蠻觸之爭), 와각지세(蝸角之勢)
- 와부뇌명(瓦釜雷鳴) 　기왓가마가 우레와 같은 소리를 내면서 끓는다는 뜻으로, 별로 아는 것도 없는 사람이 과장(誇張)해서 말함을 비유적으로 이르는 말.
- 와신상담(臥薪嘗膽) 　땔나무 위에 누워 쓸개를 맛보다는 뜻으로, 원수(怨讐)를 갚으려 하거나 실패(失敗)한 일을 다시 이루고자 굳은 결심(決心)을 하고 어려움을 참고 견디는 것을 이르는 말.

※중국(中國) 춘추(春秋)시대에 오(吳)나라의 왕(王) 부차(夫差)가 아버지의 원수(怨讐)를 갚고자 섶에 누워 잠을 자며 복수(復讐)를 꾀하여 월(越)나라의 왕 구천(句踐)을 항복(降伏)시켰고, 패(敗)한 구천은 쓸개를 맛보며 복수를 꾀하여 다시 부차를 패배(敗北)시킨 고사에서 유래.

출전(出典) 『사기(史記)』「월왕구천세가(越王句踐世家)」

- 와우각상(蝸牛角上) 달팽이의 뿔 위라는 뜻으로, 좁은 세상(世上)을 비유적으로 이르는 말.
- 완물상지(玩物喪志) 물건(物件)을 가지고 놀면 뜻을 잃게 된다는 뜻으로, 쓸데없는 물건을 가지고 노는 데 정신(精神)이 팔려 소중(所重)한 자기(自己)의 본마음을 잃어버리는 일을 이르는 말.
- 완벽귀조(完璧歸趙) 벽옥(碧玉)이 온전히 조(趙)나라로 돌아간다는 뜻으로, 물건(物件)을 조금도 상(傷)하게 하지 않고 원래(元來)의 주인(主人)에게 온전하게 돌려줌을 이르는 말.

※중국(中國) 전국(戰國)시대 말기, 조(趙)나라의 명신(名臣) 인상여(藺相如)가 구슬을 가지고 진(秦)나라에 갔다가 완전(完全)하게 구슬을 가져왔다는 고사에서 유래.

출전(出典) 『사기(史記)』「염파인상여열전(廉頗藺相如列傳)」

- 완화자분(玩火自焚) 불을 가지고 놀다가 스스로를 태운다는 뜻으로, 무모(無謀)한 일로 남을 해치려다 결국(結局) 자신(自身)이 해(害)를 입게 되는 것을 비유적으로 이르는 말.
- 왈가왈부(曰可曰否) 옳으니 그르니 말한다는 뜻으로, 서로 이게 옳다 저게 옳다 하며 말다툼함을 이르는 말.
- 왕척직심(枉尺直尋) 한 자를 굽히고 한 심(尋=여덟 자)을 곧게 편다는 뜻으로, 작은 희생(犧牲)을 무릅쓰고 큰일을 이룸을 이르는 말.

- 왕후장상(王侯將相): 왕(王)과 제후(諸侯), 장수(將帥)와 재상(宰相)을 아울러 이르는 말.
- 왜인간장(矮人看場): 키가 작은 사람이 구경은 못 하고서, 앞사람의 이야기만 듣고 제가 본 체 또는 아는 체한다는 뜻으로, 자신(自身)은 아무것도 모르면서 남이 그렇다고 하니까 자기도 덩달아 그렇다고 하는 일을 이르는 말. =왜자간희(矮者看戲)
- 왜자간희(矮者看戲): 난쟁이가 연극(演劇)을 보다는 뜻으로, 다른 사람이 좋다고 하니까 자기(自己)도 좋다고 하며 주관(主觀)이 없이 남을 따라 하는 것을 비유적으로 이르는 말.
  =왜인간장(矮人看場), 왜인관장(倭人觀場)
- 외강내유(外剛內柔): 겉으로는 강하고 꿋꿋하게 보이나 속은 부드럽고 순함.
  ↔외유내강(外柔內剛)
- 외빈내부(外貧內富): 겉보기에는 가난한 것 같으나 실상(實狀)은 부유(富裕)함.
- 외유내강(外柔內剛): 겉으로는 부드럽고 순하나 속은 곧고 꿋꿋함.
  =내유외강(內柔外剛)
- 외친내소(外親內疎): 겉으로는 친(親)한 체하면서 속으로는 멀리함.
- 외허내실(外虛內實): 겉은 허술한 듯 보이나 속은 알참.
- 요령부득(要領不得): 요령(要領)을 얻지 못한다는 뜻으로, 핵심(核心)이나 요점(要點)을 파악(把握)하거나 터득(攄得)하지 못함을 이르는 말.
- 요산요수(樂山樂水): 지혜(智慧)있는 자는 사리(事理)에 통달(通達)하여 물과 같이 막힘이 없으므로 물을 좋아하고, 어진 자는 의리(義理)가 밝고 산(山)과 같이 중후(重厚)하여 변(變)하지 않으므로 산을 좋아한다는 말.
  ※지자요수 인자요산(智者樂水 仁者樂山)의 준말.
- 요순시대(堯舜時代): 옛 중국(中國)에서, 요(堯)와 순(舜)임금이 나라를 다스리던 시대(時代)라는 뜻으로, 임금이 덕(德)으로 다스리던 태

평(太平)한 시대(時代)를 이르는 말. =태평성대(太平聖代)

- 요원지화(燎原之火): 매우 빠르게 번지는 벌판의 불길이라는 뜻으로, 걷잡을 수 없이 무섭게 퍼지는 세력(勢力)이나 기세(氣勢)를 이르는 말. =파죽지세(破竹之勢), 세여파죽(勢如破竹)
- 요조숙녀(窈窕淑女): 말과 행동(行動)이 정숙(貞淑)하고 자태(姿態)가 기품(氣稟)이 있는 여자(女子)를 이르는 말.
- 요지부동(搖之不動): 흔들어도 꼼짝하지 않는다는 뜻으로, 어떠한 자극(刺戟)에도 움직이지 않거나 태도(態度)의 변화(變化)가 없음을 이르는 말.
- 욕개미창(欲蓋彌彰): 덮으려고 할수록 더욱 드러난다는 뜻으로, 잘못을 감추려 할수록 오히려 더욱 드러나게 되는 것을 이르는 말.
- 욕교반졸(欲巧反拙): 잘 만들려고 너무 기교(技巧)를 다하다가 도리어 졸렬(拙劣)한 결과(結果)를 보게 되었다는 뜻으로, 너무 잘하려고 하면 도리어 잘되지 아니함을 이르는 말.
- 욕소필연(欲燒筆硯): 붓과 벼루를 태워버리고 싶다는 뜻으로, 남이 지은 문장(文章)을 보고 자신(自身)의 재주가 그에 미치지 못함을 탄식(歎息)하는 말.
- 욕속부달(欲速不達): 빨리하려고 하면 이룰 수가 없다는 뜻으로, 너무 조급(躁急)하게 서두르면 오히려 일을 그르치게 됨을 이르는 말.
- 욕취선여(欲取先予): 얻으려면 먼저 주어야 한다는 말.
- 용관규천(用管窺天): 대롱으로 하늘을 쳐다보다는 뜻으로, 소견(所見)이 좁은 것을 비유적으로 이르는 말.
- 용기백배(勇氣百倍): 격려(激勵)나 응원(應援) 따위에 자극(刺戟)을 받아 힘이나 용기(勇氣)를 더 냄.
- 용두사미(龍頭蛇尾): 머리는 용(龍)이나 꼬리는 뱀이라는 뜻으로, 처음은 좋으나 끝이 좋지 않음을 비유적으로 이르는 말. ↔시종일관(始終一貫)

- 용문점액(龍門點額)　용문(龍門)에서 이마에 점(點)을 찍는다는 뜻으로, 과거(科擧)에 낙방(落榜)해 돌아오는 사람을 비유적으로 이르는 말.
　　※황하(黃河) 상류(上流)의 산서성(山西省)과 섬서성(陝西省)의 경계(境界)에 있는 협곡(峽谷) 이름을 용문(龍門)이라고 한다. 그 용문(龍門)아래에서 위로 오른 물고기는 용(龍)이 되지만, 그렇지 못하면 머리를 부딪쳐 상처(傷處)만 입는다는 고사에서 유래.
　　출전(出典) 『후한서(後漢書)』 「이응전(李膺傳)」
- 용미봉탕(龍味鳳湯)　용(龍)과 봉황(鳳凰)으로 만든 음식이라는 뜻으로, 매우 맛있는 음식(飮食)을 비유적으로 이르는 말.
　　=고량진미(膏粱珍味)
- 용봉지자(龍鳳之姿)　용(龍)과 봉(鳳)의 모습이라는 뜻으로, 모습이 보통 사람보다 뛰어남을 이르는 말.
- 용사비등(龍蛇飛騰)　용(龍)과 뱀이 하늘로 날아오른다는 뜻으로, 살아 움직이듯 매우 활기(活氣) 있게 잘 쓴 필력(筆力)을 이르는 말.
- 용의주도(用意周到)　어떤 일의 계획(計劃) 따위의 준비(準備)가 두루 미쳐 빈틈이 없음을 이르는 말.
- 용전여수(用錢如水)　돈을 물처럼 헤프게 씀을 이르는 말.
- 용호상박(龍虎相搏)　용(龍)과 범이 서로 싸운다는 뜻으로, 두 강자(强者)끼리의 싸움을 비유적으로 이르는 말.
- 용혹무괴(容或無怪)　혹시 그럴 수가 있더라도 괴이(怪異)할 것이 없음.
- 우각괘서(牛角掛書)　쇠뿔에 책(册)을 건다는 뜻으로, 열심(熱心)히 공부(工夫)함을 이르는 말.
- 우공이산(愚公移山)　우공(愚公)이 산(山)을 옮긴다는 뜻으로, 어떤 일이든 꾸준하게 열심(熱心)히 하면 반드시 이룰 수 있음을 이르는 말.
　　=마부위침(磨斧爲針), 진합태산(塵合泰山)

※나이 90세에 가까운 우공(愚公)이란 사람이 왕래(往來)를 불편(不便)하게 하는 두 산(山)을 대대(代代)로 노력(努力)하여 옮기려고 하자, 이 정성(精誠)에 감동(感動)한 옥황상제(玉皇上帝)가 산을 옮겨 주었다는 고사에서 유래.

출전(出典) 『열자(列子)』「탕문편(湯問篇)」

- 우국충정(憂國衷情) 나랏일을 걱정하고 염려(念慮)하는 참된 심정(心情)을 이르는 말.
- 우도할계(牛刀割鷄) 소를 잡는 칼로 닭을 잡는다는 뜻으로, 작은 일을 하는데 지나치게 과장(誇張)하거나 서두름을 비유적으로 이르는 말.
- 우문현답(愚問賢答) 어리석은 질문(質問)에 대한 현명(賢明)한 대답(對答)을 이르는 말.
- 우상숭배(偶像崇拜) 신(神) 이외(以外)의 사람이나 물체(物體)를 신앙(信仰)의 대상(對象)으로 숭배(崇拜)함을 이르는 말.
- 우수마발(牛溲馬勃) 소의 오줌과 말똥이란 뜻으로, 가치(價値)없는 말이나 글. 또는 품질(品質)이 나쁜 약재(藥材)를 비유적으로 이르는 말.
- 우순풍조(雨順風調) 비가 때맞추어 알맞게 내리고 바람이 고르게 분다는 뜻으로, 주로 농사(農事)짓기에 알맞게 기후(氣候)가 순조(順調)롭고 좋다는 뜻을 이르는 말.
- 우여곡절(迂餘曲折) 여러 가지로 뒤얽힌 복잡(複雜)한 사정(事情)이나 변화(變化)를 이르는 말.
- 우왕마왕(牛往馬往) 소나 말이 다니는 곳까지 다 다닌다는 뜻으로, 온갖 곳을 다 쫓아다니는 것을 비유적으로 이르는 말.
- 우왕좌왕(右往左往) 올바른 방향(方向)을 잡거나 차분한 행동(行動)을 취하지 못하고 이리저리 왔다 갔다 하는 모양(模樣)을 이르는 말.

- 우유부단(優柔不斷) 어물거리며 망설이기만 하고 결단력(決斷力)이 없음.
- 우유자적(優遊自適) 한가(閑暇)로이 노닐며 스스로 만족(滿足)하여 지냄.
- 우이독경(牛耳讀經) 쇠귀에 경(經) 읽기라는 뜻으로, 아무리 가르치고 일러주어도 알아듣지 못함을 이르는 말.
=마이동풍(馬耳東風), 우이송경(牛耳誦經)
- 우자일득(愚者一得) 어리석은 자(者)가 한 번 얻는다는 뜻으로, 어리석은 사람이라 하더라도 여러 가지 일을 하거나 많은 생각을 하는 가운데에 때로는 옳거나 슬기로운 것이 있음을 이르는 말.
- 우정팽계(牛鼎烹鷄) 소를 삶는 큰솥에 닭을 삶는다는 뜻으로, 큰 인물(人物)을 작은 일에 쓰는 것을 비유적으로 이르는 말.
=대재소용(大材小用)
- 우화등선(羽化登仙) 날개가 돋아 신선(神仙)이 되어 하늘에 오른다는 뜻으로, 번잡(煩雜)한 세상(世上)일을 떠나 마음이 평온(平穩)하고 즐거운 상태. 또는 술이 거나하게 취(醉)하여 기분이 좋은 상태(狀態)를 이르는 말.
- 우후죽순(雨後竹筍) 비가 온 뒤에 여기저기 돋아나는 죽순(竹筍)이라는 뜻으로, 어떤 일이 한때에 많이 생겨남을 비유적으로 이르는 말.
- 욱일승천(旭日昇天) 아침 해가 하늘로 떠오른다는 뜻으로, 왕성(旺盛)한 기세(氣勢)가 솟아오름을 이르는 말.
- 운근성풍(運斤成風) 도끼를 움직여 바람을 일으킨다는 뜻으로, 최고(最高)의 경지(境地)에 도달한 빼어난 기술(技術)을 비유적으로 이르는 말.
- 운니지차(雲泥之差) 구름과 진흙의 차이라는 뜻으로, 서로의 차이(差異)가 매우 심(甚)한 것을 비유적으로 이르는 말.
=천양지차(天壤之差), 소양지차(霄壤之差)
- 운상기품(雲上氣稟) 세속적(世俗的)이거나 천(賤)함을 벗어난 고상(高尙)한 기질(氣質)과 품성(稟性)을 이르는 말.

- 운수지회(雲樹之懷) 멀리 떨어진 친구(親舊)를 그리워하는 마음을 이르는 말.
=위수강운(渭樹江雲)
※산천(山川)을 유랑(流浪)하는 친구는 구름(雲)과 같고, 관직에 매여 있는 친구는 나무(樹)와 같으니 항상(恒常) 서로를 마음에 품고 있다는 고사에서 유래.
출전(出典) 조선시대 서거정(徐居正)과 박상(朴祥)의 시(詩)
- 운심월성(雲心月性) 구름과 같은 마음과 달과 같은 성품(性品)이라는 뜻으로, 맑고 깨끗하여 욕심(慾心)이 없는 심성(心性)을 비유적으로 이르는 말. =명경지수(明鏡止水)
- 운예지망(雲霓之望) 가뭄 때 구름과 무지개를 바란다는 뜻으로, 간절(懇切)하게 바라는 것을 이르는 말.
- 운우지정(雲雨之情) 남녀(男女) 사이에 육체적(肉體的)으로 관계(關係)를 맺는 사랑을 이르는 말. =운우지락(雲雨之樂), 무산지몽(巫山之夢)
※중국(中國) 초(楚)나라의 회왕(懷王)이 꿈속에서 어떤 부인(婦人)과 잠자리를 같이했는데, 그 부인이 떠나면서 자기는 아침에는 구름이 되고 저녁에는 비가 되어 해가 잘 드는 누대(樓臺) 아래에 있겠다고 했다는 고사에서 유래.
출전(出典) 『문선(文選)』에 실린 송옥(宋玉)의 「고당부병서(高唐賦并序)」
- 운주유악(運籌帷幄) 장막(帳幕) 안에서 계책(計策)을 세워 운용(運用)하다는 뜻으로, 전술(戰術)이나 전략(戰略)을 세우거나 계책을 짜는 것을 이르는 말.
- 운중백학(雲中白鶴) 구름 속을 나는 백학(白鶴)이라는 뜻으로, 고고(孤高)한 성품(性品)을 가진 사람을 이르는 말.
- 운증용변(雲蒸龍變) 물이 증발(蒸發)하여 구름이 되고 뱀이 변하여 용(龍)이 되어 하늘로 오른다는 뜻으로, 영웅(英雄) 호걸(豪傑)이 기회

(機會)를 얻어 일어남을 이르는 말.

- 운집무산(雲集霧散) : 구름처럼 모였다가 안개처럼 흩어지는 일이 반복(反復)됨을 이르는 말.
- 운합무집(雲合霧集) : 구름처럼 합하고 안개처럼 모여든다는 뜻으로, 많은 것이 일시(一時)에 모여드는 상황(狀況)을 비유적으로 이르는 말.
- 원걸종양(願乞終養) : 부모(父母)가 돌아가시는 날까지 봉양(奉養)하기를 원(願)한다는 뜻으로, 부모에 대한 지극(至極)한 효성(孝誠)을 이르는 말.
- 원교근공(遠交近攻) : 멀리 떨어진 나라와 친교(親交)를 맺고 가까운 나라를 공격(攻擊)함을 이르는 말.
- 원사해골(願賜骸骨) : 늙은 재상(宰相)이 연로(年老)하여 조정(朝廷)에 나오지 못하게 될 때에 왕(王)에게 사직(辭職)을 주청(奏請)함을 이르는 말. =걸해골(乞骸骨)
- 원앙지계(鴛鴦之契) : 금슬(琴瑟)이 좋은 부부(夫婦)를 '원앙(鴛鴦)새'에 비유하여 이르는 말. =비익연리(比翼連理)
- 원입골수(怨入骨髓) : 원한(怨恨)이 뼛골에 사무친다는 뜻으로, 몹시 원망(怨望)함을 이르는 말.
- 원천우인(怨天尤人) : 하늘을 원망(怨望)하고 사람을 탓한다는 뜻으로, 큰 낭패(狼狽)나 좌절(挫折)에 대해 하늘을 원망하고 사람을 탓함을 이르는 말.
- 원철골수(怨徹骨髓) : 원한(怨恨)이 골수(骨髓)에까지 사무친다는 뜻으로, 원한이 잊을 수 없을 정도로 깊은 것을 비유적으로 이르는 말.
- 원형이정(元亨利貞) : 사물(事物)의 근본(根本) 원리(原理)나 도리(道理). 『주역(周易)』에서 말하는 천도(天道)의 네 가지 덕(德)을 이르는 말. 원(元)은 봄에 속하여, 만물(萬物)의 시초(始初)로 인(仁)이 되고,

	형(亨)은 여름에 속하여, 만물이 자라나 예(禮)가 되고, 이(利)는 가을에 속하여, 만물이 이루어져 의(義)가 되고, 정(貞)은 겨울에 속하여, 만물이 거두어져 지(智)가 된다.
• 원화소복(遠禍召福)	재앙(災殃)을 물리쳐 멀리하고 복(福)을 불러들임.
• 월견폐설(越犬吠雪)	중국(中國) 월(越)나라는 눈이 오는 날이 별로 없어 어쩌다 눈이 오면 개가 이상(異狀)하다는 듯이 짖는다는 뜻으로, 식견(識見)이 좁고 어리석은 자(者)가 평범(平凡)한 일을 보고도 매우 놀라는 것을 비유적으로 이르는 말.
• 월만즉휴(月滿則虧)	달이 차면 반드시 이지러진다는 뜻으로, 무슨 일이든지 성(盛)하면 반드시 쇠(衰)할 때가 있음을 비유적으로 이르는 말. =월영즉식(月盈則食)
• 월명성희(月明星稀)	달이 밝으니 별이 드물다는 뜻으로, 어진 사람이 나오면 소인(小人)들은 숨어 버린다는 것을 비유적으로 이르는 말.
• 월영즉식(月盈則食)	달이 차면 반드시 이지러진다는 뜻으로, 무슨 일이든지 흥(興)하면 반드시 망(亡)할 때가 있음을 비유적으로 이르는 말. =월만즉휴(月滿則虧)
• 월조대포(越俎代庖)	도마를 넘어가서 제사(祭祀)를 담당(擔當)하는 사람이 음식(飮食) 만드는 일을 한다는 뜻으로, 자기(自己) 직분(職分)이나 권한(權限)을 넘어서 남의 일에 간섭(干涉)함을 이르는 말. =월조지혐(越俎之嫌)
• 월조지혐(越俎之嫌)	자기(自己)의 직분(職分)을 넘어 부당(不當)하게 남의 일에 간섭(干涉)하는 것을 이르는 말. ※음식(飮食)을 만드는 사람이 부엌에서 식칼을 제대로 쓰지 못한다고 하여, 제사(祭祀)지내는 사람이 도마를 뛰어 넘어 대신(代身)할 수 없다는 고사에서 유래. **출전(出典)** 『장자(莊子)』「소요유(逍遙遊)」

- 월태화용(月態花容) 달 같은 자태(姿態)와 꽃다운 얼굴이라는 뜻으로, 아름다운 여인(女人)의 얼굴과 맵시를 이르는 말.
- 월하노인(月下老人) 남녀(男女)의 인연(因緣)을 맺어 준다는 전설(傳說)상의 노인(老人)을 이르는 말. =월하빙인(月下氷人)

  ※중국(中國) 당(唐)나라의 위고(韋固)가 달밤에 한 노인을 만나 장래의 아내에 대한 예언을 들었다는 고사에서 유래.

  출전(出典) 『속 유괴록(續 幽怪錄)』
- 월하빙인(月下氷人) 달빛 아래의 노인(老人)과 얼음 위에 있는 사람이란 뜻으로, '중매(中媒)쟁이'를 이르는 말.

  ※월하빙인: 월하노인과 빙상인(氷上人)을 합한 말.

  출전(出典) 『진서(晉書)』「예술전(藝術傳)」
- 위계질서(位階秩序) 관등(官等)이나 직책(職責)의 상하(上下)관계(關係)에서 생기는 복종(服從)과 예절(禮節) 등의 질서(秩序)를 이르는 말.
- 위기일발(危機一髮) 조금도 마음을 놓을 수 없는 절박(切迫)한 순간(瞬間)을 이르는 말. =풍전등화(風前燈火)
- 위수강운(渭樹江雲) 친한 친구(親舊)가 멀리 떨어져 있어 서로 그리워함을 이르는 말. =운수지회(雲樹之懷)(참조)
- 위여누란(危如累卵) 달걀을 쌓은 것같이 위태(危殆)롭다는 뜻으로, 매우 위험(危險)한 일을 이르는 말.
- 위여조로(危如朝露) 아침 이슬은 해가 뜨면 곧 사라지듯이 위기(危機)가 임박(臨迫)해 있다는 뜻으로, 생명(生命)이나 지위(地位)가 사라져 버릴 위기에 처(處)함을 이르는 말.
- 위이불맹(威而不猛) 위엄(威嚴)이 있으면서 무섭지 않고 부드러움.
- 위인설관(爲人設官) 어떤 사람을 채용(採用)하기 위하여 일부러 벼슬자리를 마련함을 이르는 말.
- 위편삼절(韋編三絶) 가죽으로 맨 책(册) 끈이 세 차례나 끊어지다는 뜻으로, 독

서(讀書)에 힘쓰는 것을 비유적으로 이르는 말.
※공자(孔子)가 《주역(周易)》을 즐겨 읽어 책(冊)의 가죽끈이 세 번이나 끊어졌다는 고사에서 유래.
출전(出典) 『사기(史記)』「공자세가(孔子世家)」

- 위풍당당(威風堂堂) 모습이나 크기가 남을 압도(壓倒)할 만큼 위엄(威嚴)이 있음.
- 유구무언(有口無言) 입은 있으나 할 말이 없다는 뜻으로, 변명(辨明)할 말이 없음을 이르는 말.
- 유능제강(柔能制剛) 부드러움이 강함을 누른다는 뜻으로, 아무리 강(强)한 힘이라도 부드러움으로 대응(對應)하는 것에 당할 수는 없음을 이르는 말. =유능승강(柔能勝剛)
- 유록화홍(柳綠花紅) 푸른 버들잎과 붉은 꽃이라는 뜻으로, 봄의 아름다운 자연(自然) 경치(景致)를 이르는 말.
- 유리걸식(流離乞食) 정처(定處) 없이 떠돌아다니며 밥을 빌어먹음.
- 유만부동(類萬不同) 여러 가지의 사물(事物)이 비슷한 것이 많으나 서로 같지는 않음을 이르는 말.
- 유명무실(有名無實) 이름만 있고 그 실속은 없음.
- 유방백세(流芳百世) 향기(香氣)로운 이름을 백 세(百世)까지 흘려보낸다는 뜻으로, 훌륭한 명성(名聲)이 후세(後世)에 영원(永遠)히 전(傳)해지는 것을 이르는 말. ↔유취만년(遺臭萬年)
- 유부유자(猶父猶子) 아버지 같고 자식(子息) 같다는 뜻으로, 삼촌(三寸)과 조카 사이를 이르는 말.
- 유비군자(有斐君子) 아름다운 광채(光彩)가 나는 군자(君子)라는 뜻으로, 학식(學識)과 인격(人格)이 훌륭한 사람을 이르는 말.
- 유비무환(有備無患) 준비(準備)가 있으면 근심할 것이 없다는 뜻으로, 무슨 일이든지 미리 대비(對備)를 해 두면 걱정할 일이 없다는 말. ↔망양보뢰(亡羊補牢)

- 유수불부(流水不腐)　　흐르는 물은 썩지 아니한다는 뜻으로, 늘 움직이는 것은 썩지 아니함을 이르는 말.
- 유시무종(有始無終)　　시작(始作)은 있으나 끝이 없음.
- 유아독존(唯我獨尊)　　세상(世上)에서 자기(自己)만 잘났다고 뽐내는 태도(態度)를 이르는 말.
- 유악토기(有鍔土器)　　아가리가 곧게 끝나지 아니하고 목에 비하여 옆으로 튀어나온 깔때기 모양(模樣)으로 된 토기(土器)를 이르는 말.
- 유암화명(柳暗花明)　　버들은 무성(茂盛)하고 꽃은 활짝 피어 밝다는 뜻으로, 봄 경치(景致)의 아름다움을 이르는 말.
- 유야무야(有耶無耶)　　어떤 일이 있는 듯 없는 듯 분명(分明)하게 끝맺어지지 않고 흐지부지한 상태(狀態)를 이르는 말.
- 유언비어(流言蜚語)　　아무 근거(根據)없이 널리 퍼진 소문(所聞)을 이르는 말.
　　　　　　　　　　　　=가담항설(街談巷說)
- 유월비상(六月飛霜)　　유월(六月)에 내리는 서리라는 뜻으로, 억울(抑鬱)한 일을 당한 사람이 있으면 오뉴월의 더운 날씨에도 서리가 내린다는 말. 또는 여자(女子)의 깊은 원한(怨恨)을 의미하는 말.
- 유유낙낙(唯唯諾諾)　　'예 예'하고 대답(對答)한다는 뜻으로, 명령(命令)하는 말에 대하여 언제든지 공손(恭遜)하게 응낙(應諾)함을 이르는 말.
- 유유상종(類類相從)　　사물(事物)은 종류(種類)대로 모인다는 뜻으로, 같거나 비슷한 부류(部類)끼리 어울리는 것을 이르는 말.
- 유유자적(悠悠自適)　　속세(俗世)를 떠나 아무것에도 매이지 않고 자유로우며 편안(便安)하게 삶을 이르는 말.
　　　　　　　　　　　　=안한자적(安閑自適), 매처학자(梅妻鶴子)
- 유일무이(唯一無二)　　오직 하나만 있고 둘은 없음.
- 유종지미(有終之美)　　한번 시작(始作)한 일을 끝까지 잘하여 맺은 좋은 결과(結果)를 이르는 말.

- 유출유괴(愈出愈怪) 갈수록 더 괴상(怪狀)함.
- 유취만년(遺臭萬年) 냄새가 만 년(萬年)에까지 남겨진다는 뜻으로, 더러운 이름을 영원(永遠)히 장래(將來)에까지 남김을 이르는 말.
- 유필유방(遊必有方) 나가서 놀 때에는 반드시 행방(行方)을 부모(父母)에게 알려야 함을 이르는 말.
- 육대함이(六代含飴) 육대(六代)의 가족(家族)이 함께 엿을 먹는다는 뜻으로, 대가족(大家族)이 한 집안서 사이좋게 살아간다는 것을 이르는 말.
- 육도삼략(六韜三略) 중국(中國)의 오래된 병서(兵書)로 태공망(太公望=강태공)이 지은 『육도(六韜)』와 황석공(黃石公)이 지은 『삼략(三略)』을 아울러 이르는 말.

  ※『육도(六韜)』: 문도(文韜)·무도(武韜)·용도(龍韜)·호도(虎韜)·표도(豹韜)·견도(犬韜) 등 6권 60편.
  (도(韜)의 의미는 깊이 감추고 나타내지 않는다는 뜻에서 병법(兵法)의 비결(秘訣)을 말함.)
  『삼략(三略)』: 상략(上略), 중략(中略), 하략(下略)으로 구성 됨.
- 육력동심(戮力同心) 마음을 합하여 힘을 하나로 하다. 즉 동심협력(同心協力)과 같은 의미(意味)를 이르는 말.
- 육산포림(肉山脯林) 고기가 산(山)처럼 쌓이고 포(脯)가 숲처럼 많다는 뜻으로, 극히 호사(豪奢)하고 방탕(放蕩)한 술잔치를 이르는 말.
- 육십갑자(六十甲子) 10천간(天干)과 12지지(地支)를 결합(結合)하여 만든 60개의 간지(干支)를 말하며 갑자(甲子)로 시작하여 처음 갑자(甲子)로 돌아오는 것을 환갑(還甲)이라 하고 1갑자(甲子)라고 함.

- 육척지고(六尺之孤) 여섯 자의 고아(孤兒)라는 뜻으로, 나이 15세 정도(程度)의 고아를 이르거나, 나이가 젊은 후계자(後繼者)를 이르는 말. ※주(周)나라 일 척(尺)은 두 살 반(2.5세)에 해당.
- 육탈골립(肉脫骨立) 살이 빠져서 몸이 뼈만 남도록 마름.
- 윤문윤무(允文允武) 진실(眞實)로 문(文)이 있고 진실로 무(武)가 있다는 뜻으로, 천자(天子)가 문무(文武)의 덕(德)을 겸비(兼備)하고 있음을 칭송(稱頌)하는 말.
- 윤집궐중(允執厥中) 진실(眞實)로 그 가운데를 잡으라는 뜻으로, 마음을 꽉 잡고 그 마음의 중심(中心)에 항상(恒常) 나라 사랑하는 마음을 담으라는 말.
- 윤회전생(輪回轉生) [불교] 생명(生命)이 있는 것은 죽어도 다시 태어나 생(生)이 반복(反復)된다고 하는 불교(佛敎) 사상(思想)을 이르는 말.
- 은감불원(殷鑑不遠) 은(殷)나라 (멸망(滅亡)을 보는)거울은 먼 곳에 있지 않다는 뜻으로, 다른 사람의 실패(失敗)를 자신(自身)의 거울로 삼는 것을 이르는 말. =상감불원(商鑑不遠), 복거지계(覆車之戒) ※주(周)나라 문(文)왕이, 은(殷)나라 주(紂)왕이 바로 전대(前代)에 있었던 하(夏)나라 걸(桀)왕을 거울삼지 못했음을 개탄(慨歎)한 고사에서 유래.

  출전(出典) 『시경(詩經)』「탕지십(蕩之什)」
- 은거방언(隱居放言) 속세(俗世)를 떠나 숨어살면서 마음속에 있는 생각을 털어놓음을 이르는 말.
- 은반위구(恩反爲仇) 은혜(恩惠)를 베푼 것이 도리어 원수(怨讐)가 됨.
- 은인자중(隱忍自重) 밖으로 드러내지 않고 속으로 참고 견디며 몸가짐을 신중(愼重)히 함을 이르는 말. ↔경거망동(輕擧妄動)
- 을축갑자(乙丑甲子) 육십(六十)갑자에서, 갑자(甲子) 다음에 을축(乙丑)이 오게 되어 있는데 을축이 먼저 왔다는 뜻으로, 어떤 일이 제대로

이루어지지 아니하고 차례(次例)가 뒤바뀜을 비유적으로 이르는 말.

- 음담패설(淫談悖說) 음탕(淫蕩)하고 도리(道理)에 어긋나는 이야기.
- 음덕양보(陰德陽報) 음덕(陰德)을 베풀면 밝은 보답(報答)이 있다는 뜻으로, 남 모르게 덕(德)을 베풀면 밖으로 드러나는 보답을 받음을 이르는 말.
- 음마투전(飮馬投錢) 말에게 물을 먹일 때 돈을 던져 물 값을 준다는 뜻으로, 행동(行動)의 결벽(潔癖)함을 이르는 말.
- 음수사원(飮水思源) 물을 마실 때 그 근원(根源)을 생각하다는 뜻으로, 모든 일에 그 근본(根本)이 있음을 생각하라는 말.
- 음양오행(陰陽五行) 음양설(陰陽說)과 오행설(五行說)을 아울러 이르는 말.

    ※음양설(陰陽說): 우주(宇宙)나 인간의 모든 나누어진 현상(現象)이 음(陰)과 양(陽)의 쌍(雙)으로 이들은 대립적(對立的)이지만 서로 상보적(相補的)인 학설.

    오행설(五行說): 금(金), 수(水), 목(木), 화(火), 토(土)의 다섯 가지가 음양(陰陽)의 원리(原理)에 따라 행함으로써 우주의 만물(萬物)이 생성(生成)하고 소멸(消滅)하게 된다는 학설.

    출전(出典) 음양(陰陽)에 관한 최초의 기록은 기원 전 4~3세기에 편집된 듯한 『국어(國語)』
    오행(五行)기록 『서경(書經)』의 「홍범편(洪範篇)」

- 음풍농월(吟風弄月) 맑은 바람을 읊고 밝은 달을 즐긴다는 뜻으로, 아름다운 자연(自然)의 경치(景致)를 시(詩)로 노래하며 즐김을 이르는 말. =음풍영월(吟風詠月)
- 읍견군폐(邑犬群吠) 고을 개가 많이 모여 짖는다는 뜻으로, 많은 소인(小人)들이 남을 비방(誹謗)하는 것을 이르는 말.

- 읍아수유(泣兒授乳) 우는 아이에게 젖을 준다는 뜻으로, 무엇이든 자기(自己)가 요구(要求)해야 얻을 수 있음을 이르는 말.
- 읍참마속(泣斬馬謖) 울면서 마속(馬謖)의 목을 베었다는 뜻으로, 원칙(原則)을 위하여 자기(自己)가 아끼는 사람을 버림을 비유적으로 이르는 말.

  ※중국(中國) 촉(蜀)나라 제갈량(諸葛亮)이 사랑하는 부하(部下) 마속(馬謖)이 군령(軍令)을 어기자, 군(軍)의 질서(秩序)를 세우기 위해 울면서 그의 목을 베었다는 고사에서 유래.

  출전(出典) 『삼국지』촉서(蜀書)「마량전(馬良傳)」
- 응구첩대(應口輒對) 사람이 묻는 대로 막힘이 없이 대답(對答)함을 이르는 말.
- 응시호보(鷹視虎步) 매의 눈빛과 범의 걸음걸이라는 뜻으로, 흉악(凶惡)한 사람의 외모(外貌)를 이르는 말.
- 응접불가(應接不暇) 손님을 맞이하여 접대(接待)하는 일에 바빠 겨를이 없음.
- 의가반낭(衣架飯囊) 옷걸이와 밥주머니라는 뜻으로, 옷만 걸치고 밥만 축낼 뿐 아무 쓸모가 없는 사람을 비유적으로 이르는 말.
- 의관장세(依官杖勢) 관리(官吏)가 직권(職權)을 남용(濫用)하여 세도(勢道)를 부리거나 민폐(民弊)를 끼침을 이르는 말.
- 의금야행(衣錦夜行) 비단옷을 입고 밤에 다닌다는 뜻으로, 모처럼 성공(成功)하였으나 남에게 알려지지 않음을 이르는 말.

  =수의야행(繡衣夜行)
- 의기소침(意氣銷沈) 기운(氣運)이 쇠(衰)하여 활기(活氣)가 없음.
- 의기양양(意氣揚揚) 의기(意氣)가 드날린다는 뜻으로, 뜻한 바를 이루어 우쭐거리며 뽐내는 모양을 이르는 말.
- 의기충천(意氣衝天) 의기(意氣)가 하늘을 찌른다는 뜻으로, 뜻한 바를 이루어 만족(滿足)한 마음이 하늘을 찌를 듯이 함을 이르는 말.

- 의기투합(意氣投合)　품고 있는 마음이나 뜻이 서로 잘 맞음.
- 의려지망(倚閭之望)　문(門)에 기대어 바라본다는 뜻으로, 자녀(子女)나 남편(男便)이 돌아오기를 초조(焦燥)하게 기다리는 어머니의 마음을 이르는 말. =의문의려(倚門倚閭), 의문이망(倚門而望)
- 의마심원(意馬心猿)　뜻은 날뛰는 말과 같고, 마음은 떠드는 원숭이와 같다는 뜻으로, 사람의 마음이 욕심(慾心) 때문에 항상(恒常) 어지러움을 비유적으로 이르는 말. =심원의마(心猿意馬)
- 의마지재(倚馬之才)　글을 빠르게 잘 짓는 재주라는 뜻으로, 말에 기대어 서서 기다리는 짧은 시간(時間) 동안에 만언(萬言)의 문장(文章)을 지었다는 중국(中國) 진(晉)나라 원호(袁虎)의 고사에서 나온 말.
- 의문의려(倚門倚閭)　집 문(門)에 기대고 이문(里門)에 기대다는 뜻으로, 멀리 떠난 자녀(子女)가 돌아오기를 기다리는 부모(父母)의 간절(懇切)한 마음을 비유적으로 이르는 말. =의문이망(倚門而望)
- 의사무공(疑事無功)　의심(疑心)을 품는 일을 행(行)하여 성공(成功)하기가 힘듦을 이르는 말.
- 의심암귀(疑心暗鬼)　의심(疑心)이 생기면 있지도 않은 귀신(鬼神)이 나온다는 뜻으로, 마음속에 의심이 생기기 시작(始作)하면 갖가지 무서운 망상(妄想)이 일어나 불안(不安)해 짐을 이르는 말.
- 이관규천(以管窺天)　대롱으로 하늘을 엿본다는 뜻으로, 사람의 견문(見聞)이 매우 좁음을 이르는 말.
- 이구동성(異口同聲)　입은 다르나 목소리는 같다는 뜻으로, 여러 사람의 말이 한결같음을 이르는 말. =여출일구(如出一口)
- 이군삭거(離群索居)　무리를 떠나 홀로 쓸쓸히 지낸다는 뜻으로, 친지(親知)나 벗들과 헤어져서 혼자 외로이 사는 생활(生活)을 이르는 말.
- 이덕보원(以德報怨)　원한(怨恨)이 있는 자(者)에게 덕(德)으로써 갚는 것을 이르는 말.

- 이독제독(以毒制毒) 독(毒)을 없애는 데 다른 독을 쓴다는 뜻으로, 악인(惡人)을 물리치는 데 다른 악인으로써 함을 이르는 말.
- 이란격석(以卵擊石) 달걀로 돌을 친다는 뜻으로, 아주 약(弱)한 것으로 매우 강(强)한 것에 대항(對抗)하려는 어리석음을 이르는 말.
  =이란투석(以卵投石)
- 이로동귀(異路同歸) 길은 다르나 돌아가는 곳은 같다는 뜻으로, 방법(方法)은 다르지만 결과(結果)는 같음을 이르는 말.
- 이모상마(以毛相馬) 털빛으로 말의 좋고 나쁨을 판단(判斷)한다는 뜻으로, 겉모양만 보고 사물(事物)을 판단하는 것이 잘못임을 비유적으로 이르는 말.
- 이모지년(二毛之年) 흰 머리카락 두 올이 나는 나이라는 뜻으로, 서른두 살(32세)을 말함. 또는 검은 머리에 백발(白髮)이 섞인 노인(老人)을 이르는 말.
  ※반악(潘岳)이 시(詩)를 지어 읊기를 "서른두 살에 처음 흰 머리카락 두 올을 보았네."라 읊은 고사에서 유래.
  출전(出典) 서진(西晉) 『반악(潘岳)』의 「추흥부(秋興賦)」
- 이모취인(以貌取人) 생김새로 사람을 취(取)한다는 뜻으로, 사람이 어질고 어질지 않음을 보는데 그 사람의 덕(德)의 여하(如何)는 고려(考慮)하지 않고, 용모(容貌)만 보고 사람을 골라 씀을 이르는 말.
- 이목구비(耳目口鼻) 귀, 눈, 입, 코를 아울러 이르는 말.
- 이목지신(移木之信) 나무를 옮기는 믿음이란 뜻으로, 나무를 옮긴 사람에게 상(賞)을 주어 믿음을 갖게 함. 또는 남을 속이지 않거나 약속(約束)을 반드시 지킨다는 것을 비유적으로 이르는 말.
  =사목지신(徙木之信)(참조)
- 이문회우(以文會友) 글로 친구(親舊)를 사귀고 사귄 친구와는 어진 마음으로 좋은 사이가 되도록 힘씀을 이르는 말.

- 이서위박(以鼠爲璞) 쥐를 보옥(寶玉)이라는 뜻으로, 아무것도 아닌 것을 보물(寶物)로 여김을 이르는 말.
- 이석추호(利析秋毫) 사소(些少)한 이해(利害)라도 따져 밝힌다는 뜻으로, 인색(吝嗇)하게 함을 이르는 말.
- 이성지호(二姓之好) 시가(媤家)와 친가(親家)가 서로 화목(和睦)하다는 뜻으로, 사돈(査頓)간의 화목을 이르는 말.
- 이시목청(耳視目聽) 귀로 보고 눈으로 듣는다는 뜻으로, 눈치가 빠르고 총명(聰明)한 사람을 비유적으로 이르는 말.
- 이식위천(以食爲天) 먹는 것을 하늘로 여긴다는 뜻으로, 사람이 살아가는 데에 먹는 것이 가장 중요(重要)함을 이르는 말.
- 이실직고(以實直告) 사실(事實)을 바른대로 말함.
  =이실고지(以實告之), 실진무휘(實陣無諱)
- 이심전심(以心傳心) 마음에서 마음으로 전(傳)하게 되면 모든 것을 이해(理解)하고 깨닫게 된다는 뜻에서, 마음과 마음으로 서로 뜻이 통(通)함을 이르는 말. =심심상인(心心相印), 염화시중(拈華示衆)
- 이양역우(以羊易牛) 소대신 양(羊)을 쓴다는 뜻으로, 큰 것을 대신(代身)해서 작은 것을 사용(使用)함을 이르는 말.
- 이여반장(易如反掌) 손바닥을 뒤집는 것 같이 쉽다는 뜻으로, 일이 매우 쉬움을 이르는 말.=여반장(如反掌)
- 이열치열(以熱治熱) 열(熱)을 열로 다스린다는 뜻으로, 힘에는 힘으로 추위에는 찬 것으로 대응(對應)하는 것 따위를 비유적으로 이르는 말.
- 이왕지사(已往之事) 이미 지나간 일.
- 이용후생(利用厚生) 백성(百姓)이 사용(使用)하는 기구(器具) 따위를 편리(便利)하게 하고 의식(衣食)을 넉넉하게 하여 생활(生活)을 윤택(潤澤)하게 함을 이르는 말. =경세치용(經世致用)
- 이율배반(二律背反) 서로 모순(矛盾)되는 두 명제(命題)가 동등(同等)한 타당성

(妥當性)을 가지고 주장(主張)되는 일을 이르는 말.

- **이이제이(以夷制夷)** 오랑캐로 오랑캐를 친다는 뜻으로, 어떤 적(敵)을 이용(利用)하여 다른 적(敵)을 제어(制御)함을 이르는 말.
- **이일경백(以一警百)** 본보기로 중(重)한 처벌(處罰)을 내려서 다른 이의 경각심(警覺心)을 불러일으키는 일을 이르는 말.
- **이일지만(以一知萬)** 한 가지 이치(理致)로써 만(萬) 가지 이치를 더불어 앎.
- **이전투구(泥田鬪狗)** 진흙탕에서 싸우는 개라는 뜻으로, 명분(名分)이 서지 않는 일로 몰골사납게 싸움하는 것을 이르는 말.
- **이지기사(頤指氣使)** 턱으로 가리키고 기색(氣色)으로 부린다는 뜻으로, 사람을 마음대로 부림을 비유적으로 이르는 말.
- **이지측해(以指測海)** 손가락을 가지고 바다의 깊이를 잰다는 뜻으로, 양(量)을 헤아릴 줄 모르는 어리석음을 이르는 말.
- **이합집산(離合集散)** 모였다가 흩어지는 일.
- **이해타산(利害打算)** 이로움과 해로움을 이리저리 따져 헤아리는 일.
- **이혈세혈(以血洗血)** 피로써 피를 씻는다는 뜻으로, 악(惡)을 악으로써 갚거나 거듭 나쁜 짓을 함을 이르는 말.
- **이화구화(以火救火)** 불로써 불을 끈다는 뜻으로, 앞뒤를 생각하지 않고 일을 처리(處理)하여 오히려 악화(惡化)시키거나 역효과(逆效果)를 낳는 것을 비유적으로 이르는 말.
- **익자삼우(益者三友)** 사귀어 자기(自己)에게 이로운 세 가지 부류(部類)의 벗, 정직(正直)한 벗, 신의(信義)가 있는 벗, 지식(知識)이 있는 벗을 이르는 말. ↔손자삼우(損者三友)
- **인과응보(因果應報)** 선(善)을 행(行)하면 선의 결과(結果)가, 악(惡)을 행하면 악의 결과가 반드시 뒤따름을 이르는 말. =종두득두(種豆得豆)
- **인과자책(引過自責)** 자기(自己)의 잘못을 뉘우치고 스스로를 꾸짖음.
- **인금구망(人琴俱亡)** 사람이 죽으니 그 사람의 거문고도 따라 죽었다는 뜻으로,

	사람의 죽음을 몹시 슬퍼함을 이르는 말. =인금병절(人琴并絕) ※중국(中國) 진(晉)나라의 왕헌지(王獻之)가 죽었을 때 그가 아끼던 거문고도 가락이 맞지 않게 되었다는 고사(故事)에서 유래. **출전(出典)** 유의경(劉義慶)의『세설신어(世說新語)』「상서편(傷逝篇)」
• 인면수심(人面獸心)	사람의 얼굴을 하고 있으나 마음은 짐승과 같다는 뜻으로, 마음이나 행동(行動)이 몹시 흉악(凶惡)한 사람을 이르는 말.
• 인명재천(人命在天)	사람 목숨의 길고 짧음은 하늘에 달려 있다는 말.
• 인모난측(人謀難測)	사람 마음의 간사(奸邪)함은 헤아리기가 어려움.
• 인비목석(人非木石)	사람은 목석(木石)이 아니라는 뜻으로, 사람은 누구나 감정(感情)과 사리(事理)를 분별(分別)하는 힘이 있다는 말.
• 인사불성(人事不省)	제 몸에 벌어지는 일을 모를 정도(程度)로 정신(精神)이 흐리멍덩한 상태(狀態)를 이르는 말.
• 인사유명(人死留名)	사람은 죽어서 이름을 남긴다는 뜻으로, 사람의 삶이 헛되지 않으면 그 이름은 길이 남음을 이르는 말. =호사유피(虎死留皮), 표사유피(豹死留皮)
• 인산인해(人山人海)	사람이 헤아릴 수 없이 많이 모인 것을 산(山)이나 바다에 비유하여 이르는 말.
• 인생무상(人生無常)	사람의 일생(一生)이 덧없이 흘러감을 두고 이르는 말. =설니홍조(雪泥鴻爪)
• 인생삼락(人生三樂)	인생(人生)의 세 가지 즐거움. 곧 사람으로 태어난 것, 사내로 태어난 것, 장수(長壽)하는 것을 이르는 말.
• 인생조로(人生朝露)	인생(人生)은 아침 이슬과 같다는 뜻으로, 인생은 매우 짧고 덧없음을 이르는 말.

- 인순고식(因循姑息) 　사람은 습관(習慣)이나 폐단(弊端)에서 벗어나지 못하고 눈앞의 편안(便安)함만을 취(取)함을 이르는 말.
- 인승비근(引繩批根) 　새끼줄을 걸어 잡아당겨 뿌리째 뽑아버린다는 뜻으로, 둘이 한패가 되어 다른 사람을 배척(排斥)하여 제거(除去)함을 이르는 말. =인승배근(引繩排根)
- 인심여면(人心如面) 　사람의 마음은 얼굴과 같다는 뜻으로, 사람의 얼굴이 각기(各其) 다르듯이 마음 또한 같지 않음을 이르는 말.
- 인의예지(仁義禮智) 　유학(儒學)에서, 사람이 마땅히 갖추어야 할 네 가지의 성품(性品). 곧 어질고, 의롭고, 예의(禮儀)바르고, 지혜(智慧)로움을 이르는 말.
- 인이불발(引而不發) 　시위를 당길 뿐 놓지 않는다는 뜻으로, 사람을 가르치되 그 방법(方法)만 가르치고 스스로 터득(攄得)하게 함을 이르는 말.
- 인인성사(因人成事) 　사람으로 인(因)해 일을 이룬다는 뜻으로, 무슨 일이 자기(自己) 혼자의 힘으로 이루어지지 않고 남과의 관계(關係)에서 남에게 힘입어 이루어짐을 이르는 말.
- 인자무적(仁者無敵) 　어진 사람은 모든 사람을 사랑하므로 천하(天下)에 적(敵)으로 대하는 사람이 없음을 이르는 말.
- 인자요산(仁者樂山) 　어진 사람은 의리(義理)에 만족(滿足)하여 몸가짐이 진중(鎭重)하고 심덕(心德)이 두터워, 그 심경(心境)이 산(山)과 비슷하므로 자연(自然)히 산을 좋아함을 이르는 말.
- 인지상정(人之常情) 　사람이면 누구나 가질 수 있는 보통(普通)의 마음이나 감정(感情)을 이르는 말.
- 인지위덕(忍之爲德) 　참는 것이 덕(德)이 됨을 이르는 말.
- 일각삼추(一刻三秋) 　짧은 시간(時間)도 삼 년(三年) 같다는 뜻으로, 기다리는 마음이 간절(懇切)함을 비유적으로 이르는 말.

- 일각천금(一刻千金)　　아무리 짧은 시간(時間)도 천금(千金)과 같이 매우 소중(所重)함을 이르는 말.
- 일간두옥(一間斗屋)　　한 칸 안팎의 작은 오막살이집. ↔고대광실(高臺廣室)
- 일거양득(一擧兩得)　　한 가지 일로 두 가지 이익(利益)을 얻음. =일석이조(一石二鳥), ↔일거양실(一擧兩失)
- 일거양실(一擧兩失)　　한 가지 일로 두 가지 손해(損害)를 봄. ↔일거양득(一擧兩得)
- 일구월심(日久月深)　　날이 오래고 달이 깊어 간다는 뜻으로, 날이 갈수록 바라는 마음이 더욱 간절(懇切)해짐을 이르는 말.
- 일구이언(一口二言)　　한 입으로 두 말을 한다는 뜻으로, 한 가지 일에 대하여 말을 이랬다저랬다 바꿈을 이르는 말.
- 일국삼공(一國三公)　　한 나라에 삼공(三公)이 있다는 뜻으로, 명령(命令)을 내리는 사람이 너무 많아 누구의 말을 좇아야 할지 모름을 이르는 말.
- 일궤십기(一饋十起)　　한 끼의 밥을 먹는데 열 번이나 일어난다는 뜻으로, 나라를 잘 다스리기 위해 매우 바쁨을 비유적으로 이르는 말.
- 일기당천(一騎當千)　　한 사람의 기병(騎兵)이 천 명(千名)을 당(當)한다는 뜻으로, 무예(武藝)나 능력(能力)이 아주 뛰어남을 비유적으로 이르는 말.
- 일낙천금(一諾千金)　　한 번 승낙(承諾)한 것은 천금(千金)같이 귀중(貴重)하다는 뜻으로, 약속(約束)을 중요(重要)하게 여김을 이르는 말.
- 일도양단(一刀兩斷)　　어떤 일을 머뭇거리지 않고 선뜻 결정(決定)함을 비유적으로 이르는 말. =일도할단(一刀割斷), ↔우유부단(優柔不斷)
- 일람첩기(一覽輒記)　　한 번 보면 다 기억(記憶)한다는 뜻으로, 기억력(記憶力)이 매우 좋음을 이르는 말.
- 일련탁생(一蓮托生)　　[불교] 두 사람 이상(以上)이 사후(死後)에 극락정토(極樂淨土)에서 서로가 같은 연대(蓮臺)위에 왕생(往生)하는 일을 이르는 말.

- 일룡일사(一龍一蛇) 　때로는 용(龍)이 되거나 때로는 뱀이 된다는 뜻으로, 사람이 출세(出世)를 하거나 때를 못 만나 숨어있음을 나타냄을 이르는 말.
- 일룡일저(一龍一猪) 　하나는 용(龍)이 되고 하나는 돼지가 된다는 뜻으로, 사람의 능력(能力)은 배움이 있고 없음에 따라 크게 달라짐을 이르는 말.
- 일망무제(一望無際) 　한눈에 바라볼 수 없을 정도(程度)로 아득히 멀고 넓어서 끝이 없음을 이르는 말.
- 일망타진(一網打盡) 　한 번 그물을 쳐서 고기를 다 잡는다는 뜻으로, 어떤 무리를 한꺼번에 모조리 잡음을 이르는 말.
- 일면여구(一面如舊) 　한 번 대했을 뿐이지만 안 지 오래된 것처럼 친밀(親密)함을 이르는 말.
- 일명경인(一鳴驚人) 　한 번 울면 사람을 놀라게 한다는 뜻으로, 한 번 시작(始作)하면 사람을 놀라게 할 정도(程度)의 대사업(大事業)을 이룩함을 이르는 말.
- 일모도궁(日暮途窮) 　날은 저물고 갈 길은 막힌다는 뜻으로, 늙고 쇠약(衰弱)하여 앞날이 얼마 남지 않음을 비유적으로 이르는 말.
  =일모도원(日暮途遠)
- 일목난지(一木難支) 　나무 한 그루로 지탱(支撐)하기는 어렵다는 뜻으로, 이미 기울어지는 대세(大勢)를 혼자 힘으로 감당(堪當)할 수 없음을 비유적으로 이르는 말. =일주난지(一株難支)
- 일목요연(一目瞭然) 　한 번 보아서 훤히 알 수 있을 정도로 분명(分明)함을 이르는 말.
- 일무소식(一無消息) 　소식(消息)이 전혀 없음. =함흥차사(咸興差使)
- 일문불통(一文不通) 　한 글자도 읽을 수 없을 정도(程度)로 아는 것이 없음. 또는 서로 편지(便紙) 왕래(往來)가 한 통도 없음.

- 일문일답(一問一答)　　하나의 물음에 대하여 하나씩 대답(對答)을 함.
- 일반천금(一飯千金)　　밥 한 그릇에 천금(千金)이라는 뜻으로, 은혜(恩惠)를 후(厚)하게 보답(報答)함을 이르는 말.
- 일발천균(一髮千鈞)　　한 가닥의 머리털로 매우 무거운 물건(物件)을 매어 끈다는 뜻으로, 몹시 위태(危殆)로운 일을 이르는 말.
- 일벌백계(一罰百戒)　　한 사람을 벌(罰)주어 백(百) 사람을 경계(警戒)한다는 뜻으로, 다른 이에게 경각심(警覺心)을 불러일으키기 위하여 본보기로 중한 처벌(處罰)을 내리는 일을 이르는 말.
=징일여백(懲一勵百)
- 일보불양(一步不讓)　　남에게 조금도 양보(讓步)하지 않음을 이르는 말.
- 일사불란(一絲不亂)　　한 오라기 실도 엉키지 아니함이란 뜻으로, 질서(秩序)나 체계(體系)따위가 잘 잡혀 조금도 흐트러지거나 어지러운 데가 없음을 이르는 말.
- 일사천리(一瀉千里)　　강물이 거침없이 흘러 천 리(千里)에 다다른다는 뜻으로, 어떤 일이 거침없이 단번에 진행(進行)됨을 이르는 말.
=구천직하(九天直下)
- 일석이조(一石二鳥)　　돌 하나로 두 마리의 새를 잡는다는 뜻으로, 한 가지의 일로 두 가지, 또는 그 이상(以上)의 이득(利得)을 얻음을 이르는 말. =일거양득(一擧兩得)
- 일수백확(一樹百穫)　　나무 한 그루를 심으면 백(百)의 수확(收穫)이 있다는 뜻으로, 유능(有能)한 인재(人材) 하나를 길러 내면 여러가지 이익(利益)이 있음을 이르는 말.
- 일심동체(一心同體)　　하나로 합친 마음과 같은 몸을 이르는 말.
- 일심불란(一心不亂)　　마음을 한 가지에만 써서 흩어지지 않음.
- 일심전력(一心專力)　　마음을 오직 한군데에 두어 온 힘을 기울임.
- 일어탁수(一魚濁水)　　한 마리의 고기가 물을 흐린다는 뜻으로, 한 사람의 잘못으

	로 여러 사람이 그 피해(被害)를 입게 됨을 이르는 말.
• 일언반구(一言半句)	한마디의 말과 반 구절(句節)이라는 뜻으로, 아주 짧은 말을 이르는 말.
• 일언지하(一言之下)	한마디로 딱 잘라 말함.
• 일엽소선(一葉小船)	작은 배를 나뭇잎에 비유(比喩)하여 이르는 말.
• 일엽장목(一葉障目)	나뭇잎 하나가 눈을 가린다는 뜻으로, 작은 것에 가려 전체(全體)를 보지 못함을 이르는 말.
• 일엽지추(一葉知秋)	나뭇잎 하나가 떨어짐을 보고 가을이 옴을 안다는 뜻으로, 한 가지 일을 보고 장차(將次) 오게 될 일을 미리 짐작(斟酌)함을 이르는 말.
• 일엽편주(一葉片舟)	자그마한 한 척(隻)의 배. =일엽소선(一葉小船)
• 일우명지(一牛鳴地)	한 마리 소의 울음소리가 들릴 만한 가까운 거리(距離)의 땅을 이르는 말.
• 일월삼주(一月三舟)	달은 하나, 배는 세 척(隻)이라는 뜻으로, 멈추어 있는 배, 남쪽으로 가는 배, 북쪽으로 가는 배에서 달을 보면 각각(各各) 다르게 보이는 것처럼, 부처를 보는 사람의 마음에 따라 각각 다름을 이르는 말.
• 일음일탁(一飮一啄)	한 번 물을 마시고 한 번 쪼아 먹는다는 뜻으로, 새가 아무 때나 먹고 싶으면 쪼아 먹듯이 자기의 분수(分數)에 만족(滿足)하여 탐내지 않고 살아감을 이르는 말.
• 일의대수(一衣帶水)	한 줄기 띠와 같은 물의 뜻으로, 한 줄기의 띠처럼 좁은 냇물이나 강물 하나를 사이에 둔 것과 같이 매우 가까운 거리(距離)에 있는 것을 비유적으로 이르는 말. =지호지간(指呼之間)
• 일이관지(一以貫之)	하나로써 그것을 꿰뚫는다는 뜻으로, 처음부터 끝까지 변하지 않거나, 끝까지 밀고 나가는 것을 이르는 말.
• 일일삼성(一日三省)	날마다 세 번씩 자신(自身)을 반성(反省)하라는 말.

- 일일삼추(一日三秋) 하루가 삼 년(三年) 같다는 뜻으로, 몹시 애태우며 기다림. 또는 매우 지루함을 비유적으로 이르는 말.
=일각삼추(一刻三秋)
- 일일지장(一日之長) 하루 먼저 세상(世上)에 났다는 뜻으로, 나이가 조금 위임을 이르는 말.
- 일일천리(一日千里) 하루에 천 리(千里)를 달린다는 뜻으로, 말이 매우 빨리 달림을 이르는 말.
- 일자무식(一字無識) 한 글자도 읽을 수 없을 정도(程度)로 아는 것이 없음.
- 일자천금(一字千金) 글자 하나에 천금(千金)의 가치(價値)가 있다는 뜻으로, 아주 훌륭한 글씨나 문장(文章)을 이르는 말.
- 일장일단(一長一短) 하나의 장점(長點)과 하나의 단점(短點)이라는 뜻으로, 같은 정도(程度)로 공존(共存)하는 장점과 단점을 아울러 이르는 말.
- 일장춘몽(一場春夢) 한바탕 꿈을 꿀 때처럼 흔적(痕迹)도 없는 봄밤의 꿈이라는 뜻으로, 인간(人間) 세상(世上)의 덧없음을 비유적으로 이르는 말. =남가일몽(南柯一夢)
- 일전쌍조(一箭雙鳥) 화살 하나로 새 두 마리를 떨어뜨린다는 뜻으로, 한 가지 일로 두 가지 이득(利得)을 얻음을 이르는 말.
=일석이조(一石二鳥)
- 일조일석(一朝一夕) 하루아침이나 하루 저녁이라는 뜻으로, 짧은 시일(時日)을 이르는 말.
- 일중도영(日中逃影) 한낮에 그림자를 피하려 한다는 뜻으로, 불가능(不可能)한 일을 이르는 말.
- 일중즉측(日中則昃) 태양(太陽)이 중천(中天)에 오르면 서쪽으로 기운다는 뜻으로, 사물(事物)이 일정(一定) 정도(程度)에 이르면 거꾸로 전환(轉換)함을 이르는 말.

- 일진광풍(一陣狂風)   한바탕 부는 사납고 거센 바람.
- 일진월보(日進月步)   날로 달로 끊임없이 나아짐.
- 일진일퇴(一進一退)   한 번 나아갔다 한 번 물러섰다 함.
- 일촉즉발(一觸卽發)   조금만 건드려도 곧 폭발(爆發)할 것 같은 몹시 위험(危險)한 상태(狀態)를 이르는 말.
- 일촌광음(一寸光陰)   아주 짧은 시각(時刻). 또는 얼마 안 되는 시간(時間).
- 일취월장(日就月將)   날로 달로 발전(發展)하거나 성장(成長)함을 이르는 말.
  =일진월보(日進月步)
- 일취지몽(一炊之夢)   밥 지을 동안의 꿈이라는 뜻으로, 인생(人生)과 영화(榮華)의 덧없음을 비유적으로 이르는 말.
  =노생지몽(盧生之夢)(참조)
- 일패도지(一敗塗地)   패배(敗北)를 당해 (간과 뇌를)땅에 처바른다는 뜻으로, 완전(完全)히 실패(失敗)하여 다시 수습(收拾)할 방법(方法)이 없는 것을 비유적으로 이르는 말.
- 일편단심(一片丹心)   한 조각의 붉은 마음이라는 뜻으로, 오직 한 가지에 변(變)함이 없는 마음을 이르는 말.
- 일폭십한(一曝十寒)   하루 햇볕을 쬐고 열흘 춥다는 뜻으로, 일을 꾸준히 하지 못하고 중단(中斷)됨이 많음을 비유적으로 이르는 말.
- 일필휘지(一筆揮之)   글씨를 단숨에 죽 써 내린다는 뜻으로, 단숨에 줄기차게 글씨나 그림을 훌륭하게 그려냄을 이르는 말.
- 일호지액(一狐之腋)   한 마리 여우의 겨드랑이 밑에 난 희고 고운 모피(毛皮)라는 뜻으로, 아주 진귀(珍貴)한 물건(物件)을 이르는 말.
  ※중국(中國) 춘추(春秋)시대 조간자(趙簡子)가 '나는 양(羊) 천마리의 가죽은 여우 한 마리의 겨드랑이 가죽보다 못하다'고 말한 고사에서 유래.
  출전(出典) 『사기(史記)』「조세가(趙世家)」

- 일확천금(一攫千金)   한꺼번에 많은 돈을 얻는다는 뜻으로, 노력(努力)함이 없이 단번에 많은 재물(財物)을 얻는 것을 이르는 말.
- 일희일비(一喜一悲)   한편으로는 기쁘고 또 한편으로는 슬픔.
- 임갈굴정(臨渴掘井)   목이 말라야 우물을 판다는 뜻으로, 평소(平素)에 준비(準備)없이 있다가 일을 당하고 나서야 허둥지둥 서두름을 이르는 말.
- 임기응변(臨機應變)   그때그때 처한 형편(形便)에 따라 알맞게 일을 처리(處理)함을 이르는 말. =임시응변(臨時應變)
- 임농탈경(臨農奪耕)   농사(農事)에 임(臨)해서 경작지(耕作地)를 빼앗는다는 뜻으로, 농사(農事)철에 이르러 소작인(小作人)을 바꾸는 것처럼 이미 다 마련된 것이 헛되게 됨을 비유하여 이르는 말.
- 임시방편(臨時方便)   갑자기 생긴 일을 우선 그때의 사정(事情)에 따라 둘러맞춰서 처리(處理)함. =목전지계(目前之計), 임시변통(臨時變通)
- 임인유현(任人唯賢)   오직 어진 사람을 찾아 일을 맡긴다는 뜻으로, 자신(自身)과의 관계(關係)에 상관(相關)없이, 인격(人格)과 능력(能力)을 갖춘 사람만 임용(任用)함을 이르는 말.
- 임전무퇴(臨戰無退)   화랑(花郞) 세속오계(世俗五戒)의 하나로, 전쟁(戰爭)에 임(臨)하여 물러서지 않음을 이르는 말.
- 입막지빈(入幕之賓)   잠자리의 휘장(揮帳)안에까지 들어오는 손님이라는 뜻으로, 특별(特別)히 가까운 손님을 이르는 말.
- 입산기호(入山忌虎)   산(山)에 들어가고서 범 잡는 것을 꺼린다는 뜻으로, 막상 바라던 일을 당하면 꽁무니를 뺀다는 말.
- 입신양명(立身揚名)   출세(出世)하여 세상(世上)에 이름을 떨침.
- 입신출세(立身出世)   세상(世上)에 나아가 성공(成功)하여 높은 지위(地位)에 오르거나 유명(有名)하게 됨을 이르는 말.
=입신양명(立身揚名)

- 입실조과(入室操戈) 남의 방에 들어가 무기(武器)를 빼앗아서 공격(攻擊)한다는 뜻으로, 남의 학설(學說)이나 주장(主張)을 반대(反對)로 이용(利用)하여 그 사람을 공격함을 이르는 말.
- 입이출구(入耳出口) 귀로 들어와서 입으로 나간다는 뜻으로, 귀로 듣고 입으로 바로 말한 것처럼 말을 금방(今方) 옮기거나 남의 말을 자신(自身)의 견해(見解)인 것처럼 말함을 이르는 말.
- 입추지지(立錐之地) 송곳 하나 세울 만한 땅이란 뜻으로, 매우 좁아 조금의 여유(餘裕)도 없음을 이르는 말.
- 입춘대길(立春大吉) 입춘(立春)을 맞이하여 길운(吉運)을 기원(祈願)한다는 뜻으로, 입춘 날에 대문(大門)이나 기둥에 써 붙이는 글귀를 이르는 말.
- 입향순속(入鄕循俗) 그 고장에 들어가면 그 고장의 풍속(風俗)을 따른다는 뜻으로, 세상사(世上事)는 순리(順理)에 따라야 한다는 것을 이르는 말.

【ㅈ】

- **자가당착(自家撞着)** 스스로 부딪친다는 뜻으로, 자기(自己)가 한 말이 앞뒤가 맞지 않거나, 언행(言行)이 일치(一致)하지 않는 것을 이르는 말. =자기모순(自己矛盾), 모순당착(矛盾撞着)
- **자강불식(自强不息)** 스스로 힘써 몸과 마음을 가다듬고 쉬지 않음.
- **자격지심(自激之心)** 자기(自己)가 한 일에 대하여 스스로 미흡(未洽)하게 여기는 마음을 이르는 말. =자굴지심(自屈之心), 자비지심(自卑之心)
- **자고이래(自古以來)** 오래전부터 내려오면서.
- **자곡지심(自曲之心)** 스스로 바르지 못한 마음이라는 뜻으로, 허물이 있는 사람이 스스로 야속(野俗)하고 섭섭하게 여기는 마음을 이르는 말.
- **자과부지(自過不知)** 자기(自己)의 잘못을 자기가 알지 못함을 이르는 말.
- **자괴지심(自愧之心)** 자기(自己)의 행동(行動)이나 생각 따위에 대해 스스로 부끄럽게 여기는 마음을 이르는 말.
- **자구다복(自求多福)** 많은 복(福)은 하늘이 주는 것이 아니라 자기(自己) 스스로 구(求)해야 한다는 말.
- **자기기인(自欺欺人)** 자신(自身)을 속이고 남을 속인다는 뜻으로, 자신도 믿지 않는 말이나 행동(行動)으로 남까지 속이는 사람을 풍자(諷刺)하여 이르는 말.
- **자기모순(自己矛盾)** 어떤 명제(命題)가 주장(主張)하는 바가 그 명제의 부정(否定)을 함축(含蓄)하는 경우. 또는 어떤 사람이 자신(自身)이 한 주장을 스스로 부정하는 것을 이르는 말.

- 자두연기(煮豆燃萁) 　콩을 삶기 위하여 같은 뿌리에서 자란 콩대를 태운다는 뜻으로, 같은 부모(父母)를 둔 형제(兄弟)가 서로 시기(猜忌)하고 다투는 것을 비유적으로 이르는 말.
- 자막집중(子莫執中) 　자막(子莫)이 중용(中庸)을 지켰다는 뜻으로, 융통성(融通性)이 없고 임기응변(臨機應變)할 줄 모르는 사람을 이르는 말.
  ※중국(中國) 전국(戰國)시대 자막(子莫)이라는 사람이 매사(每事)에 중용(中庸)만을 지켰다는 고사에서 유래.
  출전(出典) 『맹자(孟子)』
- 자문자답(自問自答) 　자기(自己) 스스로 묻고 스스로 대답(對答)함을 이르는 말.
- 자수삭발(自手削髮) 　제 손으로 자기(自己)의 머리털을 깎는다는 뜻으로, 하기 어려운 일을 남의 힘을 빌지 않고 제힘으로 처리(處理)함을 비유적으로 이르는 말.
- 자수성가(自手成家) 　물려받은 재산(財産)이 없이 자기(自己) 힘으로 벌어 살림을 이루고 재산을 모음을 이르는 말. =자성일가(自成一家)
- 자숙자계(自肅自戒) 　자신(自身)의 행동(行動)을 스스로 조심(操心)하고 경계(警戒)함을 이르는 말.
- 자승자강(自勝者强) 　자신(自身)을 이기는 것을 강(强)이라 한다는 뜻으로, 자신을 이기는 사람이 강한 사람임을 이르는 말.
- 자승자박(自繩自縛) 　제 줄로 제 몸을 옭아 묶는다는 뜻으로, 자신(自身)이 한 말과 행동(行動)으로 말미암아 자신이 구속(拘束)되어 괴로움을 당하게 됨을 이르는 말.
- 자승지벽(自勝之癖) 　자기(自己) 스스로 남보다 더 낫다고 여기는 버릇을 이르는 말.
- 자시지벽(自是之癖) 　제 뜻이 항상 옳은 줄로만 믿는 버릇이라는 뜻으로, 편벽(偏僻)된 소견(所見)을 고집(固執)하는 버릇을 이르는 말.
- 자아성찰(自我省察) 　자기 자신(自身)에 대한 의식(意識)이나 관념(觀念)을 반성(反省)하고 살핌을 이르는 말.

- 자업자득(自業自得) 　자기(自己)가 저지른 일의 결과(結果)를 스스로가 돌려받음을 이르는 말. =자작지얼(自作之孽)
- 자원자애(自怨自艾) 　자원(自怨)은 자기(自己)의 과오(過誤)를 스스로 책망(責望)하고 원망(怨望)함. 자애(自艾)는 스스로 수양(修養)에 힘씀이라는 뜻으로, 이는 자신(自身)의 잘못을 뉘우치고 허물을 고침을 이르는 말.
- 자자손손(子子孫孫) 　대대(代代)로 이어지는 여러 대(代)의 자손(子孫)을 이르는 말.
- 자작자수(自作自受) 　자기(自己)가 저지른 일의 결과(結果)를 스스로 돌려받음.
- 자작지얼(自作之孽) 　자신(自身)이 지어낸 재앙(災殃)이라는 뜻으로, 스스로 만들어낸 재앙은 피(避)할 수도 없는 큰 죄(罪)를 짓는 잘못임을 이르는 말.
- 자중자애(自重自愛) 　말이나 행동(行動), 몸가짐을 삼가 신중(愼重)하게 함. 또는 스스로를 소중(所重)히 여기고 아낌을 이르는 말.
- 자중지란(自中之亂) 　같은 편 안에서 일어나는 싸움. =소장지변(蕭牆之變)
- 자초지종(自初至終) 　처음부터 끝까지의 과정(過程)을 이르는 말.
- 자취기화(自取其禍) 　자기(自己)에게 재앙(災殃)이 되는 일을 함. 또는 그 일로 화(禍)를 입게 됨을 이르는 말.
- 자칭천자(自稱天子) 　스스로 자신(自身)을 천자(天子)라고 이른다는 뜻으로, 스스로 자신이 최고(最高)라고 생각하는 사람을 비웃어 이르는 말.
- 자포자기(自暴自棄) 　스스로를 해치고 스스로를 버린다는 뜻으로, 절망(絕望)에 빠져서 스스로를 포기(抛棄)하는 것을 이르는 말.
- 자하달상(自下達上) 　아래에서 위까지 미침. ↔자상달하(自上達下)
- 자화자찬(自畵自讚) 　자기(自己)가 그린 그림을 자기 스스로 칭찬(稱讚)한다는 뜻으로, 자기가 한 일에 대해서 자기 스스로 칭찬함을 이르는 말. =모수자천(毛遂自薦)

- 작사도방(作舍道傍)   어떤 일에 여러 사람의 의견(意見)이 서로 달라서 얼른 결정(決定)하지 못함을 이르는 말.
- 작심삼일(作心三日)   결심(決心)이 사흘을 지나지 못함이라는 뜻으로, 결심이 굳지 못함을 이르는 말.
- 작약지증(勺藥之贈)   '함박꽃' 선물(膳物)이라는 뜻으로, 남녀(男女)간에 향기(香氣)로운 함박꽃을 보내어 정(情)을 더욱 두텁게 함을 이르는 말.
- 잔두지련(棧豆之戀)   말이 얼마 되지 않는 콩을 탐내어 마구(馬廐)간을 떠나지 못한다는 뜻으로, 하잘것없는 작은 이익(利益)을 단념(斷念)하지 못함을 비유적으로 이르는 말.
- 잔월효성(殘月曉星)   새벽달과 샛별을 아울러 이르는 말.
- 장경오훼(長頸烏喙)   관상(觀相)에서, 목이 길고 입이 뾰족한 상(像)이란 뜻으로, 인내심(忍耐心)이 강(强)하여 고생(苦生)을 이겨 내지만, 잔인(殘忍)하고 욕심(慾心)이 많으며 남을 의심(疑心)하는 마음이 강하여 안락(安樂)을 누리기 어렵다고 보는 관상(觀相)을 가진 사람을 이르는 말.
- 장계취계(將計就計)   상대방(相對方)의 계략(計略)을 미리 알아채고 반대(反對)로 그것을 이용(利用)하는 계략을 이르는 말.
- 장명부귀(長命富貴)   오래 살면서 부귀(富貴)를 누림.
- 장삼이사(張三李四)   장(張)씨의 셋째 아들과 이(李)씨의 넷째 아들이라는 뜻으로, 이름이나 신분(身分)을 알 수 없는 평범(平凡)한 사람들을 비유적으로 이르는 말. =필부필부(匹夫匹婦)
- 장수선무(長袖善舞)   소매가 길면 춤을 잘 출 수 있다는 뜻으로, 재물(財物)이 넉넉하면 어떤 일을 추진(推進)하거나 일에 성공(成功)하기가 쉬움을 비유적으로 이르는 말. =다전선고(多錢善賈)
- 장승계일(長繩繫日)   긴 줄로 해를 붙들어 맨다는 뜻으로, 시간(時間)의 흐름을 매어 멈추게 하려는 것. 또는 불가능(不可能)한 일을 이르는 말.

- 장야지음(長夜之飮) 밤새도록 계속(繼續)되는 극히 호사(豪奢)스럽고 방탕(放蕩)한 주연(酒宴)을 이르는 말.
- 장유유서(長幼有序) 오륜(五倫)의 하나. 어른과 어린이 또는 윗사람과 아랫사람 사이에는 지켜야 할 차례(次例)와 질서(秩序)가 있음을 이르는 말.
- 장장하일(長長夏日) 길고 긴 여름날.
- 장주지몽(莊周之夢) 장주(莊周)의 꿈이라는 뜻으로. 자아(自我)와 외물(外物)은 본디 하나이던 것이 현실(現實)에서 갈라진 것에 불과하다는 이치(理致)를 비유적으로 이르는 말.
  =호접지몽(胡蝶之夢)
  ※주(周)는 장자(莊子)의 본이름. 장자(莊子)가 꿈에서 나비가 되었다가 꿈을 깬 뒤에 자기(自己)가 꿈에 나비가 되었는지 원래(元來) 나비인 자기가 인간(人間)의 꿈을 꾸고 있는 것인지 판단(判斷)하기 어렵다고 했다는 고사에서 유래.
  출전(出典) 『장자(莊子)』「제물론(齊物論)」
- 장중득실(場中得失) 과거(科擧) 시험장(試驗場)에서 평소(平素)에 잘하던 사람이 낙방(落榜)을 하고 잘못하는 사람이 급제(及第)를 하는 수가 있듯이, 일이 생각한 바대로 이루어지지 않음을 비유적으로 이르는 말.
- 장중보옥(掌中寶玉) 손안에 든 보배로운 옥(玉)이라는 뜻으로, 귀(貴)하고 보배롭게 여기는 존재(存在)를 비유적으로 이르는 말.
- 재대난용(材大難用) 재목(材木)이 너무 커서 도리어 쓰기 어렵다는 뜻으로, 재주 있는 이가 불우(不遇)한 처지(處地)에 있음을 이르는 말.
- 재승박덕(才勝薄德) 재주는 뛰어나지만 재주만을 앞세우고 덕(德)이 부족(不足)한 사람을 이르는 말.
- 재자가인(才子佳人) 재주 있는 남자(男子)와 아름다운 여자(女子)를 이르는 말.

- 재취민산(財聚民散) 재물(財物)을 모으려고만 하면 백성(百姓)들은 세금(稅金)이 과중(過重)하여 살기가 어려워 흩어지고 재물이 잘 분산(分散)되면 백성들의 삶이 편안(便安)해 짐을 이르는 말.
- 쟁선공후(爭先恐後) 앞서기를 다투고 뒤처지는 것을 두려워 한다는 뜻으로, 격렬(激烈)한 경쟁(競爭)을 비유적으로 이르는 말.
- 쟁어자유(爭魚者濡) 고기를 잡으려는 사람은 물에 젖는다는 뜻으로, 이익(利益)을 얻으려고 다투는 사람은 언제나 고생(苦生)을 면(免)치 못함을 비유적으로 이르는 말.
- 저구지교(杵臼之交) 절굿공이와 절구 사이와 같은 우정(友情)의 뜻으로, 없어서는 안 될 친구(親舊)를 이르는 말.
- 저수하심(低首下心) 머리를 낮추고 마음을 아래로 향(向)한다는 뜻으로, 자신(自身)을 겸손(謙遜)하게 낮춤을 이르는 말.
- 저양촉번(羝羊觸藩) 무엇이든지 뿔로 받고 앞으로 나아가기만을 좋아하는 숫양이 울타리에 부딪쳐 앞으로 나아가지 못한다는 뜻으로, 앞으로 나아가는 것과 뒤로 물러서는 것이 자유롭지 못함을 이르는 말.
- 적반하장(賊反荷杖) 도둑이 도리어 매를 든다는 뜻으로, 잘못한 사람이 아무 잘못이 없는 사람을 도리어 나무람을 이르는 말.
- 적빈여세(赤貧如洗) 몹시 가난함이 마치 씻은듯하다는 뜻으로, 너무 가난하여 아무것도 없는 것이 마치 씻어내어 깨끗한 것과 같이 가난함을 이르는 말.
- 적선여경(積善餘慶) 착한 일을 많이 한 결과(結果)로 경사(慶事)스럽고 복(福)된 일이 자손(子孫)에게까지 미침을 이르는 말.
- 적소성대(積小成大) 작은 것이나 적은 것도 쌓이면 크게 되거나 많아짐.
  =진합태산(塵合泰山), 적진성산(積塵成山)
- 적수공권(赤手空拳) 맨손과 맨주먹이라는 뜻으로, 가진 것이 아무것도 없음을

	비유적으로 이르는 말.
• 적수성가(赤手成家)	맨손으로 집안을 이루었다는 뜻으로, 가난한 집에 태어나 맨손으로 살림을 이루어냄을 이르는 말.
• 적수성연(積水成淵)	한 방울의 물이 모여 연못을 이룬다는 뜻으로, 작은 것이 모여 크게 됨을 비유적으로 이르는 말. =진합태산(塵合泰山), 적소성대(積小成大)
• 적시적지(適時適地)	알맞은 시기(時期)와 장소(場所)를 이르는 말.
• 적신지탄(積薪之歎)	모아서 쌓아 놓은 땔나무를 땔 때 늦게 쌓은 것부터 때다 보니 먼저 쌓인 것은 늘 밑바닥에 깔려 있게 된다는 뜻으로, 오래도록 남 밑에 눌려서 등용(登用)되지 못한 처지(處地)를 한탄(恨歎)함을 이르는 말.
• 적자지심(赤子之心)	갓난아이와 같은 마음이라는 뜻으로, 순수(純粹)하고 거짓이 없는 어린이 마음으로 세속(世俗)에 물들지 않은 순결(純潔)한 마음을 이르는 말.
• 적재적소(適材適所)	어떤 일을 맡기기에 알맞은 재능(才能)을 가진 사람을 알맞은 자리에 씀을 이르는 말.
• 적토성산(積土成山)	흙을 쌓아 산을 만든다는 뜻으로, 작은 일도 끊임없이 최선(最善)을 다하면 큰 성과(成果)를 이룰 수 있음을 비유적으로 이르는 말. =적진성산(積塵成山)
• 적훼소골(積毀銷骨)	험담(險談)이나 비방(誹謗)을 자꾸 하면 뼈도 녹는다는 뜻으로, 남들이 헐뜯는 말의 무서움을 비유적으로 이르는 말.
• 전가통신(錢可通神)	돈이 있으면 귀신(鬼神)과도 통(通)할 수 있다는 뜻으로, 돈의 위력(威力)으로 못할 게 없음을 이르는 말.
• 전거복철(前車覆轍)	앞에 간 수레가 뒤집힌 바퀴 자국이라는 뜻으로, 앞의 실패(失敗)를 본보기 삼아 주의(注意)함을 이르는 말.
• 전거후공(前倨後恭)	전(前)에는 거만(倨慢)했으나 나중에는 공손(恭遜)하다는

뜻으로, 형편(形便)에 따라서 태도(態度)를 달리하는 것을 이르는 말.

- 전고미문(前古未聞) 이전 세상(世上)에는 듣지 못하였다는 뜻으로, 지금까지는 들어 본 적이 없는 새로운 것임을 비유적으로 이르는 말.

- 전광석화(電光石火) 번개가 치거나 부싯돌이 부딪칠 때의 번쩍이는 빛이라는 뜻으로, 매우 짧은 시간(時間)이나 매우 재빠른 동작(動作)을 비유적으로 이르는 말.

- 전대미문(前代未聞) 이제까지 들어 본 적이 없다는 뜻으로, 아주 놀랍고 획기적(劃期的)인 일을 이르는 말. =전고미문(前古未聞)

- 전도양양(前途洋洋) 사람이나 사업(事業)의 앞날이 희망(希望)차고 전망(展望)이 밝음을 이르는 말.

- 전도요원(前道遼遠) 앞으로 갈 길이 아득히 멀다는 뜻으로, 목적(目的)한 바에 이르기에는 아직도 멀다는 것을 이르는 말.

- 전무후무(前無後無) 전(前)에도 없었고 앞으로도 있을 수 없음.
=공전절후(空前絕後), 광전절후(曠前絕後)

- 전부지공(田夫之功) 양자(兩者)의 다툼에 엉뚱한 제삼자(第三者)가 뜻밖의 이득(利得)을 보는 것을 비유적으로 이르는 말.
=견토지쟁(犬兔之爭)(참조), 방휼지쟁(蚌鷸之爭)

- 전원장무(田園將蕪) 논밭과 동산이 황무지(荒蕪地)가 됨을 이르는 말.

- 전인미답(前人未踏) 어떤 일 또는 수준(水準)에 아무도 손대거나 다다라 본 적이 없음을 비유적으로 이르는 말.

- 전전긍긍(戰戰兢兢) 겁을 먹고 벌벌 떨거나 쩔쩔맨다는 뜻으로, 위기(危機)를 맞이하여 절박(切迫)해진 심정(心情)을 비유적으로 이르는 말.

- 전전반측(輾轉反側) 누워서 몸을 이리저리 뒤척인다는 뜻으로, 밤새도록 몸을 뒤척이며 잠을 이루지 못하는 것을 이르는 말.
=전전불매(輾轉不寐), 경경고침(耿耿孤枕)

- 전전불매(輾轉不寐) 누워서 몸을 이리저리 뒤척이며 잠을 이루지 못함.
- 전정만리(前程萬里) 앞길이 만리(萬里)라는 뜻으로, 나이가 젊어서 장래(將來)가 아주 유망(有望)함을 이르는 말.
- 전첨후고(前瞻後顧) 앞을 바라보고 뒤를 돌아본다는 뜻으로, 일에 부닥쳐 결단(決斷)을 내리지 못하고 앞뒤를 재며 어물거림을 이르는 말.
- 전패위공(轉敗爲功) 실패(失敗)를 거울삼아 성공(成功)하는 계기(契機)로 삼는다는 의미(意味)의 말.
- 전호후랑(前虎後狼) 앞문에서 호랑이를 막고 있으려니까 뒷문으로 이리가 들어온다는 뜻으로, 재앙(災殃)이 끊일 사이 없이 닥침을 비유적으로 이르는 말. ↔금상첨화(錦上添花)
- 전화위복(轉禍爲福) 재앙(災殃)이 바뀌어 오히려 복(福)이 된다는 뜻으로, 좋지 않은 일이 계기(契機)가 되어 오히려 좋은 일이 생김을 이르는 말. =새옹지마(塞翁之馬)
- 절문근사(切問近思) 간절(懇切)하게 묻고 가깝게 생각하라는 말.
- 절부구조(竊符求趙) 임금이 병부(兵符)를 훔쳐 조(趙)나라를 구했다는 뜻으로, 큰일을 이루기 위해 사소(些少)한 정(情)이나 의리(義理)는 버려도 무방(無妨)하다는 것을 비유적으로 이르는 말.
  ※위(魏)공자(公子)가 병부(兵符)를 훔쳐 조(趙)나라를 구했다는 데서 '절부구조' 고사가 유래.
  출전(出典) 『사기(史記)』「위공자열전(魏公子列傳)」
- 절부지의(竊鈇之疑) 도끼를 훔쳐 갔다고 의심(疑心)한다는 뜻으로, 공연(空然)한 혐의(嫌疑)를 이르는 말.
  ※도끼를 훔쳐 갔다고 의심(疑心)받은 사람이 그 행동(行動)이나 말이 모두 훔쳐간 것처럼 보이나 다른 데서 발견(發見)되어 누명(陋名)을 벗은 후에는 그렇게 보이지 않았다는 고사에서 유래.

출전(出典) 『열자(列子)』「설부편(說符篇)」

- **절성기지(絕聖棄智)** 성스럽고자 하는 마음을 끊어버리고, 지혜(智慧)롭고자 하는 집착(執着)을 버리라는 말.
- **절세가인(絕世佳人)** 당대(當代)에는 견줄 만한 상대(相對)가 없는 뛰어난 미인(美人)을 이르는 말. =화용월태(花容月態)
- **절장보단(絕長補短)** 긴 것을 잘라서 짧은 것을 보충(補充)한다는 뜻으로, 장점(長點)이나 넉넉한 것으로 단점(短點)이나 부족(不足)한 것을 보충(補充)함을 이르는 말. =단장보단(斷長補短)
- **절지지이(折枝之易)** 나뭇가지를 꺾는 것과 같이 쉽다는 뜻으로, 대단히 용이(容易)한 일을 이르는 말.
- **절차탁마(切磋琢磨)** 옥(玉)이나 뿔 따위를 갈고 닦아서 빛을 낸다는 뜻으로, 학문(學問)이나 도덕(道德), 기예(技藝) 등을 열심(熱心)히 배우고 익혀 수련(修鍊)함을 비유적으로 이르는 말.
- **절치부심(切齒腐心)** 이를 갈면서 속을 썩인다는 뜻으로, 매우 분(憤)하여 한(恨)을 품음을 이르는 말. =절치액완(切齒扼腕)
- **절치액완(切齒扼腕)** 이를 갈고 소매를 걷어붙이며 몹시 분(憤)함을 이르는 말.
- **절학무우(絕學無憂)** 배우는 일을 그만두면 근심 걱정이 없어질 것이라는 말.
- **절해고도(絕海孤島)** 육지(陸地)에서 아주 멀리 떨어진 바다에 위치(位置)한 외딴섬.
- **절효정문(節孝旌門)** 충신(忠臣), 효자(孝子), 열녀(烈女) 등을 표창(表彰)하고 그 정신(精神)을 기리기 위하여 세운, 붉은 칠을 한 정문(旌門)을 이르는 말.
- **점어상죽(鮎魚上竹)** 메기가 대나무에 올라간다는 뜻으로, 역경(逆境)을 극복(克服)하고 목적(目的)을 이룸을 이르는 말.
- **점입가경(漸入佳境)** 갈수록 아름다운 경치(景致)로 들어간다는 뜻으로, 일이 점점(漸漸) 더 재미있는 상황(狀況)으로 변해가는 것을 이르는 말.

- 점적천석(點滴穿石)　처마의 빗방울이 돌을 뚫는다는 뜻으로, 작은 힘이라도 그것이 거듭되면 예상(豫想)하지 못했던 큰일을 해냄을 이르는 말. =우공이산(愚公移山), 적수성연(積水成淵)
- 점철성금(點鐵成金)　쇳덩이를 다루어서 황금(黃金)을 만든다는 뜻으로, 나쁜 것을 고쳐서 좋은 것을 만듦을 비유적으로 이르는 말.
- 정금양옥(精金良玉)　순수(純粹)한 금(金)과 좋은 옥(玉)이라는 뜻으로, 성품(性品)이나 시문(詩文)이 매우 깨끗하고 아름다움을 이르는 말.
- 정문일침(頂門一鍼)　정수리에 침 하나를 꽂는다는 뜻으로, 따끔하고 매서운 충고(忠告)나 교훈(敎訓)을 비유적으로 이르는 말.
- 정문입설(程門立雪)　정(程)씨 문(門) 앞에 서서 눈을 맞는다는 뜻으로, 제자(弟子)가 스승을 존경(尊敬)하는 태도(態度). 혹은 배움을 간절(懇切)히 구하는 자세(姿勢)를 이르는 말.

  ※ 양시(楊時)와 유초(游酢)는 북송(北宋) 때의 유학자(儒學者) 정호(程顥)의 제자(弟子)였다. 정호가 세상(世上)을 떠난 뒤에는 정호의 동생인 정이(程頤)를 스승으로 모시고 계속 가르침을 받았다. 정이는 좌정(坐定)하여 명상(瞑想)에 잠겨 있어 눈을 뜨기를 기다렸다. 정이가 눈을 떴을 때는 문 밖에 눈이 한 자 나 쌓여 있었다는 고사에서 유래.

  출전(出典) 『송사(宋史)』「양시전(楊時傳)」
- 정성온정(定省溫凊)　아침저녁으로 부모(父母)의 이부자리를 보살펴 안부(安否)를 묻고, 따뜻하고 서늘하게 한다는 뜻으로, 자식(子息)이 부모에 대한 효(孝)와 도리(道理)를 이르는 말.
- 정위전해(精衛塡海)　정위(精衛) 새가 바다를 메운다는 뜻으로, 목적(目的)을 달성(達成)하기 위해 온갖 곤란(困難)을 무릅쓰고 분투(奮鬪)노력(努力)함. 또는 깊고 깊은 원한(怨恨)을 반드시 갚으려

	함을 이르는 말.
	※염제(炎帝)의 딸인 여와(女媧)가 동해(東海)에서 익사(溺死)하여 되었다는 새 정위(精衛)가 서산(西山)의 돌을 물어다 동해를 메우려 하였다는 고사에서 유래.
	출전(出典) 『산해경(山海經)』
• 정위지음(鄭衛之音)	중국(中國) 춘추(春秋) 전국(戰國)시대 정(鄭)나라와 위(衛)나라에서 유행(流行)하던 음악(音樂)을 난세(亂世)의 음(音)이라고 한데서, 음란(淫亂)한 망국(亡國)의 음악을 이르는 말.
• 정저지와(井底之蛙)	우물 안의 개구리라는 뜻으로, 궁벽(窮僻)한 곳에서만 살아서 넓은 세상(世上)의 형편(形便)을 모르고 식견(識見)이 좁은 사람을 비유적으로 이르는 말. =정중지와(井中之蛙), 관중규표(管中窺豹)
• 정족지세(鼎足之勢)	솥발처럼 셋이 맞서 대립(對立)한 형세(形勢)를 이르는 말.
• 정중관천(井中觀天)	우물 안에 앉아서 하늘을 본다는 뜻으로, 견문(見聞)이 아주 좁음을 이르는 말. =좌정관천(坐井觀天)
• 제세안민(濟世安民)	세상(世上)을 구제(救濟)하고 백성(百姓)을 편안(便安)하게 함.
• 제세지재(濟世之才)	세상(世上)을 구제(救濟)할만한 뛰어난 재주와 역량(力量). 또는 그러한 사람을 이르는 말.
• 제월광풍(霽月光風)	비 온 뒤에 부는 시원한 바람과 밝은 달의 뜻으로, 마음이 넓고 쾌활(快闊)하며 시원스러운 인품(人品)을 비유적으로 이르는 말.
• 제인확금(齊人攫金)	제(齊)나라 사람이 금(金)을 훔친다는 뜻으로, 앞 뒤 가리지 않고 자기 이익(利益)만을 챙기는 것을 이르는 말. ※금(金)을 팔고 있는 사람을 발견(發見)하고, 느닷없이 그 사람에게 달려들어 금을 한 움큼 쥐고 도망하기 시작하였다는 고사에서 유래.

출전(出典) 『여씨춘추(呂氏春秋)』「제16선식람(先識覽) 거유편(去宥篇)」

- 제자백가(諸子百家): 중국(中國) 춘추(春秋)시대(時代) 말기(末期)부터 전국(戰國)시대(時代)에 걸친 여러 학자(學者) 및 여러 학파(學派)를 통틀어 이르는 말.
  ※음양가(陰陽家)인 추연(鄒衍), 유가(儒家)인 공자와 맹자와 순자, 묵가(墨家)인 묵자, 법가(法家)인 한비자, 명가(名家)인 공손룡, 도가(道家)인 노자와 장자, 병가(兵家)인 손자, 종횡가(縱衡家)인 소진(蘇秦)과 장의(張儀) 등.
- 제제다사(濟濟多士): 훌륭한 여러 선비.
- 제하분주(濟河焚舟): 적(敵)을 치기 위하여 강(江)을 건너고는 타고 간 배를 불태워 버린다는 뜻으로, 살아 돌아가기를 기약(期約)하지 않는 굳은 의지(意志)를 이르는 말. =파부침선(破釜沈船)
- 제행무상(諸行無常): 우주(宇宙) 만물(萬物)은 항상 생사(生死)와 인과(因果)가 끊임없이 윤회(輪廻)하므로 한 모양(模樣)으로 머물러 있지 않음을 이르는 말.
- 조강지처(糟糠之妻): 지게미와 쌀겨로 끼니를 이을 때의 아내라는 뜻으로, 몹시 가난하고 천(賤)할 때에 고생(苦生)을 함께 겪어 온 아내를 이르는 말.
- 조궁즉탁(鳥窮則啄): 새가 쫓기어 도망(逃亡)할 곳을 잃으면 도리어 상대편(相對便)을 주둥이로 쫀다는 뜻으로, 비록 약(弱)한 자라 할지라도 궁지(窮地)에 몰리면 강자(強者)에게 대항(對抗)함을 비유적으로 이르는 말.
- 조동모서(朝東暮西): 아침에는 동쪽, 저녁에는 서쪽이라는 뜻으로, 일정(一定)한 주소(住所)가 없이 이리저리 옮아 다니는 생활(生活)을 이르는 말.

- 조득모실(朝得暮失) 아침에 얻어 저녁에 잃는다는 뜻으로, 얻은 지 얼마 되지 않아 곧 잃어버림을 이르는 말.
- 조령모개(朝令暮改) 아침에 명령(命令)을 내렸다가 저녁에 다시 고친다는 뜻으로, 계획(計劃)이나 결정(決定) 따위를 자꾸 바꾸어서 갈피를 잡기가 어려움을 이르는 말.
  =조변석개(朝變夕改), 조석변개(朝夕變改)
- 조로인생(朝露人生) 아침 이슬 같은 인생(人生)이라는 뜻으로, 인생의 덧없음을 이르는 말.
- 조명시리(朝名市利) 명예(名譽)는 조정(朝廷)에서 다투고, 이익(利益)은 시장(市場)에서 다투라는 뜻으로, 무슨 일이든 격(格)에 맞는 곳에서 하여야 함을 이르는 말.
- 조문석사(朝聞夕死) 아침에 도(道)를 들어 깨달으면 저녁에 죽어도 한이 없다는 말.
- 조반석죽(朝飯夕粥) 아침에는 밥을 먹고 저녁에는 죽(粥)을 먹는다는 뜻으로, 몹시 가난한 살림을 이르는 말.
- 조변석개(朝變夕改) 아침저녁으로 뜯어고친다는 뜻으로, 계획(計劃)이나 결정(決定) 따위를 일관성(一貫性)이 없이 자주 바꿈을 이르는 말.
- 조불려석(朝不慮夕) 아침에 저녁 일을 헤아리지 못한다는 뜻으로, 당장(當場)을 걱정할 뿐 다음을 돌아볼 겨를이 없음을 이르는 말.
  =조불모석(朝不謀夕), 조불급석(朝不及夕)
- 조삼모사(朝三暮四) 자기(自己)의 이익(利益)을 위해 교활(狡猾)한 꾀를 써서 남을 속이고 놀리는 것을 이르는 말.
  ※중국(中國) 송(宋)나라의 저공(狙公)이 자신(自身)이 키우는 원숭이들에게 먹이를 아침에는 세 개, 저녁에는 네 개를 주겠다고 하자 원숭이들이 화를 내므로, 아침에는 네 개, 저녁에는 세 개를 주겠다고 바꾸어 말하니 기뻐하였다는 고사에서 유래.

출전(出典) 『열자(列子)』「황제편(黃帝篇)」

- 조수불급(措手不及): 상황(狀況)이 매우 급(急)하여 미처 손을 댈 여유(餘裕)가 없음.
- 조승모문(朝蠅暮蚊): 아침에는 파리가 꾀고 저녁에는 모기가 들끓는다는 뜻으로, 소인(小人)이 날뜀을 비유적으로 이르는 말.
- 조심누골(彫心鏤骨): 마음에 새기고 뼈에 사무치도록 고심(苦心)한다는 뜻으로, 흔히 시문(詩文) 따위를 애를 써서 다듬음을 비유적으로 이르는 말.
- 조아지사(爪牙之士): 발톱이나 어금니 같은 선비라는 뜻으로, 짐승에게 있어 발톱과 어금니가 적(敵)으로부터 제 몸을 보호(保護)할 때에 아주 긴요(緊要)하듯이, 나라를 다스리는 데 꼭 필요(必要)하고 중요(重要)한 신하(臣下)를 이르는 말.
- 조운모우(朝雲暮雨): 아침에는 구름이 되고 저녁에는 비가 된다는 뜻으로, 남녀(男女)간의 애정(愛情)이 깊음을 이르는 말.
=운우지정(雲雨之情)(참조)
- 조의악식(粗衣惡食): 남루(襤褸)한 옷을 입고 맛없는 음식을 먹는 것. 또는 그 옷이나 음식(飮食)을 이르는 말.
- 조이불망(釣而不網): 낚시질은 해도 그물질은 하지 않는다는 뜻으로, 자신(自身)에게 필요(必要)한 양(量)만 취(取)할 뿐, 더 이상 욕심(慾心)을 부리지 않는 것을 이르는 말.
- 조제모염(朝薺暮鹽): 아침에는 냉이를, 저녁에는 소금을 반찬(飯饌)으로 먹는다는 뜻으로, 몹시 가난한 생활(生活)을 비유적으로 이르는 말.
- 조족지혈(鳥足之血): 새 발의 피라는 뜻으로, 아주 적은 분량(分量)을 비유적으로 이르는 말.
- 조취모산(朝聚暮散): 아침에 모였다가 저녁에 헤어진다는 뜻으로, 모이고 헤어짐이 덧없음을 이르는 말.

- 족차족의(足且足矣) 아주 흡족(洽足)하고 넉넉하여 기준(基準)에 차고도 남음.
- 족탈불급(足脫不及) 맨발로 뛰어도 따라가지 못한다는 뜻으로, 능력(能力), 역량(力量), 재주 등이 아주 모자라 남을 따르지 못함을 비유적으로 이르는 말.
- 존망지추(存亡之秋) 그대로 계속(繼續) 남아 있느냐 없어지느냐의 다급한 때. 또는 사느냐 죽느냐가 판가름 나는 절박(切迫)한 때를 이르는 말.
- 종고지락(鐘鼓之樂) 종(鐘)과 북을 치며 즐긴다는 뜻으로, 부부(夫婦) 사이의 화목(和睦)한 정(情)을 이르는 말. =오매사복(寤寐思服)
- 종과득과(種瓜得瓜) 오이를 심으면 오이가 난다는 뜻으로, 원인(原因)에 따라 결과(結果)가 생김을 이르는 말. =종두득두(種豆得豆)
- 종남첩경(終南捷徑) 관리(官吏)가 되는 첩경(捷徑), 또는 성공(成功)에 이르는 지름길을 이르는 말.

  ※당(唐)나라의 노장용(盧藏用)이 관리(官吏)가 되는 기회(機會)를 엿보며 수도(首都) 장안(長安) 부근의 종남산(終南山)에 은거(隱居)하였는데, 후에 은자(隱者)라는 큰 명성(名聲)을 얻고, 마침내 왕(王)의 부름을 받아 높은 관리가 되었다는 고사에서 유래.

  출전(出典) 『신당서(新唐書)』「노장용전(盧藏用傳)」
- 종두득두(種豆得豆) 콩 심은 데 콩이 난다는 뜻으로, 원인(原因)에 따라 결과(結果)가 생김을 이르는 말. =인과응보(因果應報)
- 종묘사직(宗廟社稷) 왕실(王室)과 나라를 통틀어 이르는 말.

  ※종묘(宗廟): 나라 임금들의 조상(祖上), 임금들의 신주(神主)를 모셔 놓고 제사(祭祀)를 지내는 사당(祠堂)으로 당대(當代)의 임금이 나라를 창건(創建)한 것에 대한 감사(感謝)함을 잊지 않고 나라를 잘 지켜나가겠다며 제사를 지내는 곳. 사직(社稷): 사(社)와 직(稷)을 합친 것인데,

사(社)는 이 세상(世上) 만물(萬物)을 생산(生産)해 주는 토지(土地)의 신(神)에게 감사(感謝) 제사(祭祀)를 지내는 단(壇)이며, 직(稷)은 먹고 살게 해주는 곡식(穀食)의 신(神)에게 제사 지내는 단을 말함.

- 종무소식(終無消息): 끝내 아무 소식(消息)이 없음. =함흥차사(咸興差使)
- 종선여등(從善如登): 선(善)을 따르는 것은 산(山)에 오르는 것과 같다는 뜻으로, 학문(學問)을 깊이 닦기란 힘들고 어려움을 이르는 말.
- 종풍이미(從風而靡): 쏠리는 바람에 저절로 따라 넘어간다는 뜻으로, 대세(大勢)에 휩쓸려 좇음을 이르는 말.
- 종횡무진(縱橫無盡): 행동(行動) 따위가 자유자재(自由自在)로 거침이 없음.
- 좌고우면(左顧右眄): 이쪽저쪽을 돌아본다는 뜻으로, 무엇을 결정(決定)하지 못하고 이리저리 생각해 보며 망설임을 이르는 말.
- 좌불수당(坐不垂堂): (기왓장이 떨어지거나 하면 위험(危險)하므로) 처마 밑에 가깝게 앉지 않다는 뜻으로, 근신(勤愼)하여 몸조심함을 이르는 말.
- 좌불안석(坐不安席): 앉아도 자리가 편안(便安)하지 않다는 뜻으로, 마음이 불안(不安)하거나 걱정스러워 자리에 가만히 앉아 있지 못하고 안절부절 못하는 모양(模樣)을 이르는 말.
- 좌정관천(坐井觀天): 우물 안에 앉아서 하늘을 본다는 뜻으로, 견문(見聞)이 아주 좁아 세상(世上) 물정(物情)을 모름을 이르는 말. =이관규천(以管窺天), 정저지와(井底之蛙)
- 좌지우지(左之右之): 이리저리 제 마음대로 다루거나 휘두름.
- 좌충우돌(左衝右突): 이리저리 마구 치고받고 부딪침의 뜻으로, 아무에게나 함부로 맞닥뜨림 함을 이르는 말. =좌우충돌(左右衝突)
- 죄의유경(罪疑惟輕): 죄상(罪狀)이 분명(分明)하지 않아 경중(輕重)을 판단(判斷)하기 어려울 때는 가볍게 처리(處理)해야 함을 이르는 말.

- 죄중우범(罪中又犯) 형기(刑期)가 끝나기 전에 죄(罪)를 또 지음.
- 주객전도(主客顚倒) 주인(主人)과 손님의 처지(處地)가 뒤바뀐다는 뜻으로, 사물(事物)의 경중(輕重), 선후(先後), 완급(緩急) 따위가 서로 뒤바뀜을 이르는 말.
- 주경야독(晝耕夜讀) 낮에는 농사(農事)를 짓고 밤에는 글을 읽는다는 뜻으로, 바쁘고 어려운 중에도 꿋꿋이 공부(工夫)함을 이르는 말.
  =청경우독(晴耕雨讀)
- 주과포혜(酒果脯醯) 술, 과실(果實), 포(脯), 식혜 따위로 간략(簡略)하게 차린 제사(祭祀) 음식(飮食)을 이르는 말.
- 주대반낭(酒袋飯囊) 술 부대와 밥주머니라는 뜻으로, 하는 일 없이 빈둥빈둥 노는 사람을 비유적으로 이르는 말.
  =주낭반대(酒囊飯袋), 의가반낭(衣架飯囊)
- 주도면밀(周到綿密) 일하는데 주의(注意)가 두루 미쳐서 꼼꼼하고 빈틈이 없음을 이르는 말.
- 주마가편(走馬加鞭) 달리는 말에 채찍질한다는 뜻으로, 열심(熱心)히 하는 사람을 더욱 잘하도록 격려(激勵)함을 이르는 말.
- 주마간산(走馬看山) 말을 타고 달리며 산천(山川)을 구경한다는 뜻으로, 사물(事物)을 자세(仔細)히 살펴보지 않고 겉만을 대충 보는 것을 이르는 말.
- 주색잡기(酒色雜技) 술과 여자(女子)와 노름을 아울러 이르는 말.
- 주석지신(柱石之臣) 국가(國家)의 기둥과 주춧돌의 구실을 하는 아주 중요(重要)한 신하(臣下)를 이르는 말.
- 주순호치(朱脣皓齒) 붉은 입술과 하얀 치아(齒牙)라는 뜻으로, 아름다운 여자(女子)나 그 얼굴을 비유적으로 이르는 말.
- 주야장천(晝夜長川) 밤낮으로 쉬지 않고 계속(繼續)함을 이르는 말.
- 주이불비(周而不比) 두루 사귀되 파벌(派閥)을 만들지 않는다는 말.

- 주중적국(舟中敵國) 한 배 안에 적(敵)의 편이 있다는 뜻으로, 군주(君主)가 덕(德)을 닦지 않으면 자기편(自己便)일지라도 곧 적이 될 수 있음을 이르는 말.
- 주지육림(酒池肉林) 술로 연못을 이루고 고기로 숲을 이룬다는 뜻으로, 호사(豪奢)스러운 술잔치를 이르는 말. =육산포림(肉山脯林)
- 죽두목설(竹頭木屑) 대나무 조각과 나무 부스러기라는 뜻으로, 쓸모가 적은 물건(物件)을 이르는 말.
- 죽마고우(竹馬故友) 대나무로 만든 말을 타고 놀던 벗이라는 뜻으로, 어릴 때부터 같이 놀며 자란 친(親)한 벗을 이르는 말.
- 죽백지공(竹帛之功) 역사(歷史)에 이름을 남길만한 공적(功績)을 이르는 말.
  ※후한(後漢) 때 채륜(蔡倫)이 종이를 발명(發明)하기 전까지 역사(歷史)를 댓조각(竹)이나 헝겊(帛)에 기록(記錄)한 데서 온 말.

  출전(出典) 『한서(漢書)』
- 죽장망혜(竹杖芒鞋) 대지팡이와 짚신이란 뜻으로, 먼 길을 떠날 때의 아주 간편(簡便)한 차림새를 이르는 말.
- 준양시회(遵養時晦) 도(道)를 좇아 덕(德)을 기르고, 때가 오지 아니할 경우에는 언행(言行)을 삼가며 자기(自己)를 나타내지 아니하고 숨어 있음을 이르는 말.
- 준조절충(樽俎折衝) 술자리에서 외국(外國) 사신(使臣)과 담소(談笑)하면서 그의 요구(要求)를 물리친다는 뜻으로, 외교(外交)상의 교섭(交涉)에서 담판(談判)으로 국위(國威)를 빛내는 일을 이르는 말.
- 줄탁동시(啐啄同時) 줄(啐)과 탁(啄)이 동시(同時)에 이루어짐. 즉 병아리가 알에서 나오기 위해서는 새끼와 어미 닭이 안팎에서 서로 쪼아야 한다는 뜻으로, 가장 이상적(理想的)인 사제지간(師弟之間)을 비유(比喻)하거나, 서로 합심(合心)하여 일이 잘 이

	루어지는 것을 비유적으로 이르는 말.
• 중강부중(重剛不中)	삼중(三重)으로 겹쳐진 강(强)이 중도(中道)를 얻지 못한다는 뜻으로, 서로 옳음을 주장(主張)하지만 소통(疏通)하여 (中道)를 얻지 못하는 것을 이르는 말.
• 중과부적(衆寡不敵)	적은 무리로 많은 무리와 대적(對敵)할 수 없다는 뜻으로, 역량(力量) 차이(差異)가 커서 상대(相對)가 되지 못함을 이르는 말. =과부적중(寡不敵衆)
• 중구난방(衆口難防)	여러 사람의 입은 막기가 어렵다는 뜻으로, 일일이 막아내기 어렵게 사방(四方)에서 마구 지껄여 댐을 이르는 말.
• 중구삭금(衆口鑠金)	뭇사람의 말은 쇠도 녹인다는 뜻으로, 여론(輿論)의 힘이 큼을 이르는 말.
• 중노난범(衆怒難犯)	많은 사람의 분노(忿怒)는 거스르기 어렵다는 말.
• 중도이폐(中途而廢)	어떤 일을 하다가 중간(中間)에서 그만둠을 이르는 말.
• 중반친리(衆叛親離)	군중(群衆)이 반대(反對)하고 친근(親近)한 사람들이 떠난다는 뜻으로, 기반(基盤)이 허물어지고 고립무원(孤立無援)의 상태(狀態)에 빠짐. 또는 뭇사람에게 버림을 받는다는 말.
• 중석몰시(中石沒矢)	쏜 화살이 돌에 박힌다는 뜻으로, 정신(精神)을 집중(集中)하면 때로는 믿을 수 없을 만한 힘이 나올 수 있음을 이르는 말. =중석몰촉(中石沒鏃)
• 중석몰촉(中石沒鏃)	돌에 적중(的中)하여 화살이 깊이 박힌다는 뜻으로, 정신(精神)을 집중(集中)해서 전력(全力)을 다하면 어떤 일도 이룰 수 있다는 것을 이르는 말. =사석위호(射石爲虎)
• 중심성성(衆心成城)	여러 사람의 마음이 성(城)을 이룬다는 뜻으로, 뭇사람의 마음이 일치(一致)하면 성벽(城壁)같이 견고(堅固)해 짐을 이르는 말.

- 중언부언(重言復言) 이미 한 말을 자꾸 되풀이함.
- 중용지도(中庸之道) 한쪽으로 치우치지도 모자라지도 않으면서 늘 평범(平凡)함 속에서 찾는 진실(眞實)한 도리(道理)를 이르는 말.
- 중원축록(中原逐鹿) 중원(中原)에서 사슴을 쫓는다는 뜻으로, 중원을 천하(天下)에, 사슴을 제왕(帝王)의 지위(地位)에 비유(譬喩)하였으며, 제위(帝位)나 정권(政權) 따위를 얻으려고 다투는 일을 비유적으로 이르는 말.
- 중인환시(衆人環視) 여러 사람이 둘러싸고 봄. =중목환시(衆目環視)
- 중추가절(仲秋佳節) 가을이 한창인 때의 좋은 날이라는 뜻으로, '추석(秋夕)'을 달리 이르는 말.
- 즐풍목우(櫛風沐雨) 바람으로 머리를 빗고 빗물로 목욕(沐浴)을 한다는 뜻으로, 객지(客地)를 방랑(放浪)하며 온갖 고생(苦生)을 겪음을 이르는 말.
- 지기지우(知己之友) 자기(自己)의 가치(價値)나 속마음을 잘 알아주는 참다운 벗을 이르는 말. =막역지우(莫逆之友)
- 지난이퇴(知難而退) 곤란(困難)한 것을 알고 물러섬. 또는 자기(自己)의 역량(力量)을 알고 물러섬을 이르는 말.
- 지독지애(舐犢之愛) 어미 소가 송아지를 사랑하여 혀로 핥아 준다는 뜻으로, 자식(子息)에 대한 어버이의 지극(至極)한 사랑을 이르는 말.
- 지동지서(指東指西) 동쪽을 가리키기도 하고 서쪽을 가리키기도 한다는 뜻으로, 근본(根本)은 제쳐놓고 딴것을 가지고 이러쿵저러쿵함을 비유적으로 이르는 말.
- 지란지교(芝蘭之交) 지초(芝草)와 난초(蘭草)의 사귐이라는 뜻으로, 벗 사이의 높고 맑은 사귐을 이르는 말. =금란지교(金蘭之交)
- 지록위마(指鹿爲馬) 사슴을 가리켜 말이라 한다는 뜻으로, 윗사람을 농락(籠絡)하고 함부로 권세(權勢)를 부리는 것을 이르는 말.

- 지리멸렬(支離滅裂) 이리저리 찢기고 마구 흩어져 갈피를 잡을 수 없음.
  =지리분산(支離分散)
- 지명지년(知命之年) 천명(天命)을 알 나이라는 뜻으로, 나이 '오십 세(50세)'를 이르는 말. =지천명(知天命)(참조)
- 지상병담(紙上兵談) 병법서(兵法書)에 따라서만 작전(作戰) 등을 의논(議論)한다는 뜻으로, 실제(實際) 경험(經驗)이 없는 이론(理論)은 쓸모가 없음을 이르는 말.
- 지성감천(至誠感天) 지극(至極)한 정성(精誠)에는 하늘도 감동(感動)한다는 뜻으로, 무엇이든 정성껏 하면 하늘이 움직여 좋은 결과(結果)를 맺음을 이르는 말.
- 지소모대(知小謀大) 지력(知力)은 적으면서 도모(圖謀)함은 크다는 뜻으로, 자신(自身)의 능력(能力)에 넘치는 일을 계획(計劃)함을 이르는 말.
- 지어농조(池魚籠鳥) 연못의 물고기와 새장속의 새라는 뜻으로, 자유(自由)롭지 못한 신세(身世)를 비유적으로 이르는 말.
- 지어지앙(池魚之殃) 연못에 사는 물고기의 재앙(災殃)이란 뜻으로, 아무런 상관(相關)도 없는데 뜻밖에 닥친 재앙을 이르는 말.
  ※연못 속에 있다는 귀한 구슬을 찾기 위해 연못의 물을 모두 퍼내는 바람에 연못 속의 물고기가 죽음을 당했다는 고사에서 유래.
  출전(出典) 『여씨춘추(呂氏春秋)』의 「효행람(孝行覽)」
- 지엽말절(枝葉末節) 가지와 잎, 본체(本體)에서 갈라져 나간 끝마디란 뜻으로, 중요(重要)하지 않고 자질구레한 일을 이르는 말.
- 지인지감(知人之鑑) 사람의 성품(性品)이나 능력(能力) 따위를 잘 알아보는 식견(識見)을 이르는 말.
- 지자불혹(智者不惑) 슬기로운 사람은 미혹(迷惑)되지 않음을 이르는 말.

- 지자요수(智者樂水)   지혜(智慧)로운 사람은 막힘이 없이 흐르는 물과 같아서 물을 좋아한다는 말. ↔인자요산(仁者樂山)
- 지족불욕(知足不辱)   만족(滿足)할 줄 아는 사람은 욕(辱)되지 아니한다는 말.
- 지족상락(知足常樂)   만족(滿足)함을 알면 항상(恒常) 즐겁다는 말.
- 지족지부(知足知富)   족(足)한 것을 알고 현재(現在)에 만족(滿足)하는 사람은 부자(富者)라는 말. =지족자부(知足者富)
- 지지부진(遲遲不進)   일이 매우 더디어 잘 진척(進陟)되지 않음.
- 지척지지(咫尺之地)   아주 가까운 곳을 말함.
- 지천위서(指天爲誓)   하늘을 향해 맹세(盟誓)함.
- 지피지기(知彼知己)   적(敵)의 형편(形便)과 나의 형편을 다 자세(仔細)히 앎을 이르는 말.
- 지필연묵(紙筆硯墨)   종이와 붓과 벼루와 먹을 이르는 말.=문방사우(文房四友)
- 지학지년(志學之年)   학문(學問)에 뜻을 둔 나이라는 뜻으로, 나이 '십오 세(15세)'를 이르는 말.

  ※『논어(論語)』에서 공자(孔子)가 15세 때 학문에 뜻을 두었다는 고사에서 유래

  출전(出典) 『논어(論語)』「위정편(爲政篇)」
- 지행일치(知行一致)   지식(知識)과 행동(行動)이 하나같이 서로 맞음을 이르는 말. =지행합일(知行合一)
- 지행합일(知行合一)   지식과 행동이 서로 맞아 하나가 됨을 이르는 말.
- 지호지간(指呼之間)   손짓하여 부를 만큼 가까운 거리(距離)를 이르는 말. =지척지간(咫尺之間), 일의대수(一衣帶水)
- 직계비속(直系卑屬)   자기(自己)로부터 직계(直系)로 이어져 내려간 혈족(血族). 자녀(子女), 손자(孫子), 증손(曾孫) 등을 이르는 말.
- 직계존속(直系尊屬)   조상(祖上)으로부터 직계(直系)로 내려와 자기(自己)에게 이르는 혈족(血族). 부모(父母), 조부모(祖父母), 증조부모

(曾祖父母) 등을 이르는 말.

- 직금회문(織錦回文) 비단에 회문(回文)을 짜 넣는다는 뜻으로, 구성(構成)이 절묘(絶妙)하고 문사(文詞)가 아름다운 문학작품(文學作品)을 비유적으로 이르는 말.

  ※ 회문(回文)이란 수사(修辭) 기법(技法)의 하나로, 앞에서부터 읽으나 끝에서부터 읽으나 다 뜻이 통하게 지어진 글을 말함. 중국(中國)의 전진(前秦) 때 두도(竇滔)와 그의 아내 소혜(蘇蕙)의 고사에서 유래.

  출전(出典) 『진서(晉書)』 열녀전(列女傳) 「두도처소씨(竇滔妻蘇氏)」

- 직정경행(直情徑行) 감정(感情)이 내키는 대로 길을 간다는 뜻으로, 자기(自己)가 생각하는 것을 숨기거나 꾸미지 않고 그대로 행동(行動)으로 나타냄을 이르는 말.

- 진반도갱(塵飯塗羹) 먼지 밥과 흙 국이라는 뜻으로, 어린아이의 소꿉장난 같은 것. 곧 아무 소용(所用)도 없는 일을 비유적으로 이르는 말.

- 진백가녀(秦伯嫁女) 진(秦)나라 공주(公主)가 시집간다는 뜻으로, 형식(形式)만 차린 잘못된 시집을 말하며, 외모(外貌)를 아무리 장식(粧飾)을 해도 내용(內容)의 재덕(才德)이 없으면 아무 쓸모가 없음을 이르는 말.

- 진선진미(盡善盡美) 선(善)을 다하고 아름다움을 다하다는 뜻으로, 사물(事物)이 완전무결(完全無缺)한 것을 비유적으로 이르는 말.

- 진수성찬(珍羞盛饌) 푸짐하게 잘 차린 맛있는 음식(飮食)을 이르는 말.

- 진승오광(陳勝吳廣) 어떤 일에 선수(先手)를 치는 일. 또는 그런 사람을 비유적으로 이르는 말.

  ※ 진승(陳勝)은 가난한 고농(雇農), 양성(陽城) 출신. 오광(吳廣)은 빈농, 양하(陽夏) 출신, 둘 다 초(楚)나라 사람

으로, 거병(擧兵)하여 진(秦)나라에 대한 반란(叛亂)에 선수(先手)를 썼다는 고사에서 유래.

출전(出典) 『사기(史記)』「항우본기(項羽本紀)」

- 진적위산(塵積爲山) 　티끌이 모여 태산(泰山)이 된다는 뜻으로, 작은 것도 모이면 큰 것이 됨을 이르는 말. =진합태산(塵合泰山)
- 진충갈력(盡忠竭力) 　충성(忠誠)을 다하고 힘을 다 바친다는 뜻으로, 온 힘을 다해 노력(努力)함을 이르는 말.
- 진충보국(盡忠報國) 　충성(忠誠)을 다하여 나라가 베푼 은혜(恩惠)에 보답(報答)함을 이르는 말.
- 진퇴양난(進退兩難) 　이러지도 못하고 저러지도 못하는 매우 곤란(困難)한 상태(狀態)를 이르는 말. =진퇴유곡(進退維谷)
- 진퇴유곡(進退維谷) 　나아갈 수도 물러설 수도 없는 궁지(窮地)에 몰림.
- 진합태산(塵合泰山) 　티끌도 모이면 태산(泰山)이 된다는 뜻으로, 적은 물건(物件)도 많이 모이면 큰 것이 됨을 이르는 말.
- 질언거색(疾言遽色) 　말을 빨리 하고 얼굴에 당황(唐慌)한 모양(模樣)을 한다는 뜻으로, 침착(沈着)하지 못한 모양을 형용(形容)하여 이르는 말.
- 질축배척(嫉逐排斥) 　시기(猜忌)하고 미워하여 물리침.
- 질풍심우(疾風甚雨) 　빠르게 부는 바람과 세차게 쏟아지는 비를 이르는 말.
- 징갱취제(懲羹吹齏) 　뜨거운 국에 놀라 냉채(冷菜)를 입으로 분다는 뜻으로, 한 번 실패(失敗)해서 모든 일에 지나치게 조심(操心)하거나 경계(警戒)함을 비유적으로 이르는 말.
=징갱취채(懲羹吹菜)
- 징일여백(懲一勵百) 　한 사람을 벌(罰)하여 여러 사람을 격려(激勵)함을 이르는 말.

【ㅊ】

- 차문차답(且問且答)　한편으로 물으면서 한편으로 대답(對答)함.
- 차여유수(車如流水)　수레가 흐르는 물과 같다는 뜻으로, 속력(速力)이 빠른 것을 비유적으로 이르는 말.
- 차윤취형(車胤聚螢)　중국(中國) 동진(東晉)의 차윤(車胤)이 반딧불을 모아 그 빛으로 글을 읽었다는 고사(故事). =손강영설(孫康映雪)
- 차일피일(此日彼日)　약속(約束)한 시간(時間)이나 기한(期限)을 이날저날 하며 자꾸 미루는 상황(狀況)을 이르는 말. =차월피월(此月彼月)
- 차청어롱(借聽於聾)　귀머거리에게 다른 사람이 네게 뭐라고 하더냐고 묻는다는 뜻으로, 도움을 받을 상대방(相對方)을 잘못 찾음을 이르는 말.
- 차청입실(借廳入室)　대청(大廳)을 빌려 사는 사람이 점점(漸漸) 안방까지 들어간다는 뜻으로, 처음에는 남에게 의지(依支)하다가 나중에는 그의 권리(權利)까지 침범(侵犯)함을 이르는 말. =차청차규(借廳借閨)
- 차호위호(借虎威狐)　호랑이의 위엄(威嚴)을 빌린 여우라는 뜻으로, 남의 권세(權勢)에 의지(依支)하여 위세(威勢)를 부림을 이르는 말.
- 착벽인광(鑿壁引光)　벽(壁)을 뚫어 빛을 이끌어낸다는 뜻으로, 힘든 상황(狀況)에서도 책(册)을 읽으며 공부(工夫)하는 것을 이르는 말.
- 착음경식(鑿飮耕食)　우물을 파서 마시며 밭을 갈아먹는다는 뜻으로, 천하(天下)가 태평(太平)하고 생활(生活)이 안락(安樂)함을 이르는 말.

- 착족무처(捉足無處) 발붙이고 설 자리가 없다는 뜻으로, 기반(基盤)으로 삼고 입신(立身)할만한 의지(依支)할 곳이 없음을 이르는 말.
- 찰찰불찰(察察不察) 지나치게 살피는 것이 도리어 살피지 못한 것과 같을 수 있다는 뜻으로, 너무 세밀(細密)하여도 실수(失手)가 있음을 이르는 말.
- 참치부제(參差不齊) 길고 짧고 들쭉날쭉하여 가지런하지 않음.
- 창가책례(娼家責禮) 창기(娼妓)의 집에서 예의(禮儀)를 따진다는 뜻으로, 예의(禮儀)나 격식(格式)을 차리는 것이 격(格)에 맞지 아니함을 이르는 말.
- 창랑자취(滄浪自取) 물이 맑고 흐린 데 맞추어 처신(處身)한다는 뜻으로, 칭찬(稱讚)이나 비난(非難), 상(賞)이나 벌(罰)을 받는 것이 모두 자기(自己)가 하기 나름이라는 것을 이르는 말.
- 창상지변(滄桑之變) 푸른 바다가 뽕나무 밭으로 변했다가, 그 뽕나무 밭이 다시 푸른 바다로 변한다는 뜻으로, 세상(世上)의 변천(變遷)이 심(甚)함을 이르는 말.
 =상전벽해(桑田碧海), 창해상전(滄海桑田)
- 창선징악(彰善懲惡) 착한 일을 칭찬(稱讚)하여 드러내고 악(惡)한 일을 징벌(懲罰)함을 이르는 말. =권선징악(勸善懲惡)
- 창왕찰래(彰往察來) 이미 지난 일을 분명(分明)하게 밝혀서 장차(將次) 올 일의 득실(得失)을 살핌을 이르는 말.
- 창졸지간(倉卒之間) 어떻게 손을 써 볼 수도 없는 짧은 동안이라는 뜻으로, 너무나 갑작스러운 순간(瞬間)을 이르는 말.
- 창해상전(滄海桑田) 푸른 바다가 뽕나무 밭이 된다는 뜻으로, 세상(世上)이 크게 변하는 것을 이르는 말.
 =창상지변(滄桑之變), 상전벽해(桑田碧海)
- 창해유주(滄海遺珠) 넓은 바다 속에 버려진 구슬이라는 뜻으로, 세상(世上)에

	알려지지 않은 빼어난 인물(人物)을 이르는 말.
• 창해일속(滄海一粟)	넓은 바다 가운데 한 알의 좁쌀이라는 뜻으로, 매우 많거나 넓은 것 가운데 섞여 있는 보잘것없는 것을 비유적으로 이르는 말. =구우일모(九牛一毛)
• 채색부정(采色不定)	풍채(風采)와 안색(顔色)이 일정(一定)하지 않는다는 뜻으로, 금방 기뻐했다 금방 성냈다 함을 이르는 말
• 채신지우(採薪之憂)	땔감을 구할 근심. 즉 병(病)이 들어 나무를 할 수 없다는 뜻으로, 자기(自己)의 병을 겸손(謙遜)하게 이르는 말. =부신지우(負薪之憂)
• 처성자옥(妻城子獄)	처(妻)는 성(城)이고 자식(子息)은 감옥(監獄)이라는 뜻으로, 아내와 자식이 있는 사람은 그들에게 얽매여 다른 일을 자유(自由)롭게 할 수 없음을 이르는 말.
• 척구폐요(跖狗吠堯)	걸왕(桀王)의 개는 요(堯)임금을 보고도 짖는다는 뜻으로, 주인(主人)이 포악(暴惡)하면 그를 따르는 사람이나 동물(動物)도 덩달아 사나워짐. 또는 개는 자기가 섬기는 주인에게만 충성(忠誠)을 다함을 이르는 말.
• 척푼척리(隻分尺厘)	매우 적은 액수(額數)의 돈을 이르는 말.
• 척확지굴(尺蠖之屈)	자벌레가 몸을 구부리는 것은 장차(將次) 펴기 위함이라는 뜻으로, 사람도 후일(後日)에 성공(成功)하기 위하여서는 어려움을 참고 견디어 나가야 함을 이르는 말.
• 천고마비(天高馬肥)	하늘은 높고 말은 살찐다는 뜻으로, 하늘이 맑고 모든 것이 풍성(豊盛)함을 이르는 말. =추고마비(秋高馬肥)
• 천공해활(天空海闊)	하늘과 바다가 탁 트이어 있다는 뜻으로, 도량(度量)이 크고 넓음을 비유적으로 이르는 말.
• 천군만마(千軍萬馬)	천 명(千名)의 군사(軍事)와 만(萬) 마리의 말이란 뜻으로, 매우 많은 군사와 말을 이르는 말.

- 천금매소(千金買笑)　천금(千金)을 내고 웃음을 산다는 뜻으로, 어리석은 행동(行動)을 이르는 말.
  ※중국(中國) 서주(西周)의 마지막 왕인 유왕(幽王)이 총희(寵姬)인 포사(褒姒)를 웃게 하려고 천금을 들여 봉화(烽火)를 올리다가 결국 망한 고사에서 유래.
  출전(出典) 『동주열국지(東周列國志)』
- 천년일청(千年一淸)　천 년(千年)에 한 번 맑아진다는 황하(黃河)의 물이 맑아지기를 바란다는 뜻으로, 가능(可能)하지 아니한 일을 바람을 이르는 말.
- 천도부도(天道不謟)　하늘이 나쁜 사람에게는 벌(罰)을 내리고 좋은 사람에게는 복(福)을 주는 것은 순리(順理)이다는 말.
- 천도불용(天道不容)　하늘의 법도(法道)는 공명정대(公明正大)하여 악(惡)을 용서(容恕)하지 않음을 이르는 말.
- 천도시비(天道是非)　하늘의 도(道)는 옳은 것인가? 그른 것인가? 란 뜻으로, 곧 천도(天道)가 의심(疑心)스러움을 이르는 말.
  ※가장 공명정대(公明正大)하다고 여겨지는 하늘은 과연 바른 자의 편인가? 아닌가? 등등 세상(世上)의 불공정(不公正)을 한탄(恨歎)하고 하늘의 정당성(正當性)을 의심한 고사에서 유래.
  출전(出典) 『사기(史記)』 第61卷 「백이열전(伯夷列傳)」
- 천려일득(千慮一得)　천 번(千番)을 생각하여 하나를 얻는다는 뜻으로, 어리석은 사람이라도 생각을 많이 하면 한 가지쯤은 좋은 생각이 나올 수 있음을 이르는 말. ↔천려일실(千慮一失)
- 천려일실(千慮一失)　천 번(千番) 생각에 한 번 실수(失手)라는 뜻으로, 지혜(智慧)로운 사람이라도 여러 가지 생각 가운데 한 가지 쯤은 잘못된 것이 있을 수 있음을 이르는 말.

=지자일실(知者一失), ↔ 천려일득(千慮一得)

- 천만다행(千萬多幸)   어떤 일이 뜻밖에 잘 풀려 몹시 좋음.
- 천무이일(天無二日)   하늘에는 해가 둘이 있을 수 없다는 뜻으로, 한 나라에는 임금이 하나뿐임을 이르는 말.
- 천방지방(天方地方)   하늘 방향(方向)이 어디이고 땅의 방향이 어디인지 모른다는 뜻으로, 못난 사람이 주책없이 덤벙이는 일. 또는 너무 급하여 방향을 잡지 못하고 있음을 이르는 말.
- 천방지축(天方地軸)   하늘 한구석으로 갔다 땅속으로 갔다 하면서 갈팡질팡 한다는 뜻으로, 당황(唐慌)해서 허둥지둥 날뛰는 모양(模樣)을 이르는 말. =천방지방(天方地方)
  ※ 천방(天方)은 하늘의 한구석을 가리키는 말, 지축(地軸)은 지구(地球)가 자전(自轉)하는 중심선(中心線)을 가리키는 말.
- 천변만화(千變萬化)   끝없이 변화(變化)함.
- 천붕지괴(天崩地壞)   하늘이 무너지고 땅이 꺼짐.
- 천붕지통(天崩之痛)   하늘이 무너지는 것처럼 아프다는 뜻으로, 제왕(帝王)이나 아버지의 상사(喪事)를 당한 슬픔을 이르는 말.
- 천사만루(千絲萬縷)   피륙을 짜는 데에 드는 온갖 가는 실의 수많은 올을 이르는 말.
- 천생배필(天生配匹)   하늘에서 미리 정해 준 것처럼 꼭 맞는 부부(夫婦)로서의 짝을 이르는 말. =천정배필(天定配匹)
- 천생연분(天生緣分)   하늘에서 미리 정해 준 것처럼 꼭 맞는 부부(夫婦) 인연(因緣). 또는 서로 꼭 맞음을 비유적으로 이르는 말.
- 천석고황(泉石膏肓)   샘과 돌이 고황(膏肓)에 걸렸다는 뜻으로, 산수(山水)를 즐기고 사랑하는 것이 정도(程度)에 지나쳐 마치 고치기 어려운 깊은 병(病)과 같음을 이르는 말.

- 천선지전(天旋地轉) 하늘과 땅이 핑핑 돈다는 뜻으로, 세상(世上)일이 크게 변(變)함. 또는 정신(精神)이 헷갈려 어수선함을 이르는 말.
- 천신만고(千辛萬苦) 온갖 고생(苦生)을 하고 애를 씀.
- 천야만야(千耶萬耶) 높이나 깊이가 천(千) 길이나 만(萬) 길이 되는 듯 까마득한 모양(模樣)을 나타내는 말.
- 천양지차(天壤之差) 하늘과 땅 사이와 같은 엄청난 차이(差異)를 이르는 말. =운니지차(雲泥之差), 소양지차(霄壤之差)
- 천연지차(天淵之差) 하늘과 연못과의 거리(距離)라는 뜻으로, 서로의 차이(差異)가 매우 심한 것을 비유적으로 이르는 말.
- 천우신조(天佑神助) 하늘과 신령(神靈)이 도움.
- 천원지방(天圓地方) 하늘은 둥글고 땅은 네모짐.
- 천의무봉(天衣無縫) 하늘나라 사람의 옷은 바느질 자국이 없다는 뜻으로, 시문(詩文) 등이 일부러 꾸민 데 없이 자연(自然)스럽고 아름다우면서 흠잡을 데가 없음을 이르는 말.
- 천인공노(天人共怒) 하늘과 사람이 함께 노(怒)한다는 뜻으로, 누구나 분노(憤怒)를 참을 수 없을 만큼 증오(憎惡)하거나 도저히 용납(容納)될 수 없음을 이르는 말.
- 천인단애(千仞斷崖) 천(千) 길이나 되는 높은 낭떠러지.
- 천자만홍(千紫萬紅) 울긋불긋하게 만발(滿發)해 있는 꽃의 온갖 색깔.
- 천장지구(天長地久) 하늘만큼 길고 땅만큼 오래되었다는 뜻으로, 하늘과 땅이 존재(存在)했던 시간(時間)만큼 길고 오래됨. 또는 애정(愛情)이 영원(永遠)히 변치 않는 것을 비유적으로 이르는 말.
- 천재일우(千載一遇) 천 년(千年) 동안 겨우 한 번 만난다는 뜻으로, 좀처럼 만나기 어려운 좋은 기회(機會)를 이르는 말. =천세일시(千歲一時)
- 천정배필(天定配匹) 하늘에서 미리 정해 준 것처럼 꼭 맞는 부부(夫婦)로서의 짝을 이르는 말. =천생배필(天生配匹)

- 천재지변(天災地變) 지진(地震), 홍수(洪水), 태풍(颱風) 따위의 자연현상(自然現象)으로 일어나는 재난(災難)이나 이변(異變)을 이르는 말.
- 천조초매(天造草昧) 하늘이 만물(萬物)을 창조(創造)한 이 세상(世上)의 시작(始作)을 이르는 말.
- 천중가절(天中佳節) '단오(端午)'를 좋은 명절(名節)이라는 뜻으로 이르는 말.
- 천지망아(天之亡我) 하늘이 나를 망쳤다는 뜻으로, 자기(自己)는 잘못이 없는데 저절로 망(亡)함을 탄식(歎息)하여 이르는 말.
- 천지신명(天地神明) 하늘과 땅의 조화(調和)를 주재(主宰)하는 온갖 신령(神靈)을 이르는 말.
- 천진난만(天眞爛漫) 말이나 행동(行動)에 아무런 거짓이나 꾸밈이 없이 매우 순수(純粹)하고 참됨을 이르는 말.
- 천차만별(千差萬別) 어떤 부류(部類)나 사물(事物)이 상황(狀況)이나 경우(境遇)에 따라서 가지각색(各色)으로 다르고 차이(差異)가 많음을 이르는 말.
- 천추만세(千秋萬歲) 아주 오랜 세월(歲月). 또는 오래 살기를 비는 말.
- 천태만상(千態萬象) 천(千) 가지 모습과 만(萬) 가지 형상(形相)이라는 뜻으로, 사물(事物)의 모양(模樣)이나 현상(現象)이 한결 같지않고 각각(各各) 모습과 모양이 다름을 이르는 말.
- 천편일률(千篇一律) 여러 사물(事物)이 개성(個性)이 없이 모두 비슷비슷함을 비유적으로 이르는 말.
- 천하일색(天下一色) 세상(世上)에 드문 매우 뛰어난 미인(美人)을 이르는 말. =천하절색(天下絕色), 절세가인(絕世佳人)
- 천하태평(天下泰平) 온 세상(世上)이 잘 다스려져 평화(平和)로움. 또는 근심 걱정이 없거나 성질(性質)이 느긋하여 편안(便安)함.
- 천학비재(淺學菲才) 학식(學識)이 얕고 재주가 보잘것없다는 뜻으로, 자기(自己)의 학식을 겸손(謙遜)하게 이르는 말. =천학단재(淺學短才)

- 천한백옥(天寒白屋)　　추운 날의 허술한 초가(草家)집이라는 뜻으로, 추운 날씨에 떠는 가난한 생활(生活)을 이르는 말.
- 철두철미(徹頭徹尾)　　처음부터 끝까지 빈틈없고 철저(徹底)함.
- 철부지급(轍鮒之急)　　수레바퀴 자국에 괸 물에 있는 붕어의 급(急)함이라는 뜻으로, 매우 위급(危急)한 처지(處地)에 있거나 몹시 고단하고 옹색(壅塞)함을 이르는 말.
- 철석간장(鐵石肝腸)　　간(肝)과 창자가 쇠 같고 돌 같다는 뜻으로, 단단한 의지(意志)를 비유적으로 이르는 말.
- 철심석장(鐵心石腸)　　쇠 같은 마음에 돌 같은 창자라는 뜻으로, 지조(志操)가 철석(鐵石)같이 견고(堅固)하여 외부(外部)의 유혹(誘惑)에 움직이지 않는 마음을 이르는 말.
- 철저성침(鐵杵成鍼)　　철(鐵) 절굿공이로 바늘을 만든다는 뜻으로, 아주 오래 노력(努力)을 하면 성공(成功)함을 이르는 말.
- 철저징청(徹底澄淸)　　물이 밑바닥까지 맑다는 뜻으로, 지극(至極)히 청렴결백(淸廉潔白)함을 이르는 말.
- 철중쟁쟁(鐵中錚錚)　　여러 쇠붙이 가운데에서 유난히 맑은 소리를 낸다는 뜻으로, 평범(平凡)한 사람들 가운데에서 특별(特別)히 뛰어난 사람을 이르는 말.
- 철천지원(徹天之冤)　　하늘에 사무치는 크나큰 원한(怨恨)을 이르는 말.
  =철천지한(徹天之恨)
- 철환천하(轍環天下)　　수레를 타고 온 세상(世上)을 돌아다닌다는 뜻으로, 세계(世界) 각지(各地)를 여행(旅行)함을 이르는 말.
- 첩부지도(妾婦之道)　　여자(女子)는 순종(順從)을 정도(正道)로 삼는다는 뜻으로, 시비(是非)를 가리지 않고 오로지 남을 따르는 행동거지(行動擧止)를 이르는 말.
- 청경우독(晴耕雨讀)　　날이 개면 논밭을 갈고 비가 오면 글을 읽는다는 뜻으로, 부

지런히 일하며 여가(餘暇)를 헛되이 보내지 않고 공부(工夫)함을 이르는 말.

- 청렴결백(淸廉潔白) 성품(性品)과 행실(行實)이 맑고 깨끗하며 아무런 허물이 없음을 이르는 말.
- 청빈낙도(淸貧樂道) 청렴(淸廉) 결백(潔白)하고 가난하게 사는 것을 옳은 것으로 여기고 즐기는 것을 이르는 말.
- 청산유수(靑山流水) 푸른 산과 맑은 물이라는 뜻으로, 막힘없이 말을 잘 하는 것을 비유적으로 이르는 말. =현하지변(懸河之辯)
- 청순가련(淸純可憐) 깨끗하고 순수(純粹)하며 연민(憐憫)이 일도록 애틋함.
- 청운만리(靑雲萬里) 입신출세(立身出世)하려는 큰 꿈을 이르는 말.
- 청운지지(靑雲之志) 푸른 구름과 같은 뜻이란 말로, 출세(出世)를 향한 원대(遠大)한 포부(抱負)나 높은 이상(理想)을 비유적으로 이르는 말.
- 청이불문(聽而不聞) 듣고도 못 들은 체함.
- 청천백일(靑天白日) 환하게 밝은 대낮. 또는 맑은 하늘에 뜬 해.
- 청천벽력(靑天霹靂) 푸르게 갠 하늘에서 치는 날벼락이라는 뜻으로, 뜻밖에 일어난 큰 변고(變故)나 사건(事件)을 비유적으로 이르는 말.
- 청출어람(靑出於藍) 쪽에서 뽑아낸 푸른 물감이 쪽보다 더 푸르다는 뜻으로, 제자(弟子)가 스승보다 나음을 비유적으로 이르는 말.
  ※쪽(藍): 마디풀과에 속하는 일년생 초본식물.
- 청풍명월(淸風明月) 맑은 바람과 밝은 달.
- 초근목피(草根木皮) 풀뿌리와 나무껍질이라는 뜻으로, 양식(糧食)이 부족(不足)할 때 먹는 험(險)한 음식(飮食)을 이르는 말.
- 초동급부(樵童汲婦) 땔나무를 하는 아이와 물을 긷는 아낙네라는 뜻으로, 평범(平凡)한 사람을 이르는 말.
- 초동목수(樵童牧竪) 땔나무를 하는 아이와 가축(家畜)을 치는 아이.

- 초로인생(草露人生)   잎에 맺힌 이슬과 같이 덧없는 인생(人生)을 비유적으로 이르는 말.
- 초록동색(草綠同色)   풀색과 녹색(綠色)은 같은 색(色)이라는 뜻으로, 같은 처지(處地)에 있는 사람들끼리 같이 어울리게 마련이라는 말.
=유유상종(類類相從)
- 초망지신(草莽之臣)   풀떨기 같은 신하(臣下)라는 뜻으로, 벼슬하지 않는 백성(百姓). 또는 신하인 자가 스스로를 낮추어 이르는 말.
=초모지신(草茅之臣)
- 초목개병(草木皆兵)   온 산의 풀과 나무까지도 모두 적병(敵兵)으로 보인다는 뜻으로, 적(敵)의 힘을 두려워한 나머지 하찮은 것에도 겁냄을 이르는 말.
- 초목노생(草木怒生)   초목(草木)이 흙을 뚫고나와 성난 듯 자란다는 뜻으로, 봄이 되어 초목이 싱싱하게 싹이 틈을 이르는 말.
- 초목황락(草木黃落)   초목(草木)의 잎이 누렇게 물들어 떨어진다는 뜻으로, 가을철을 이르는 말.
- 초미지급(焦眉之急)   눈썹에 불이 붙었다는 뜻으로, 매우 위급(危急)함을 이르는 말. =소미지급(燒眉之急)
- 초심고려(焦心苦慮)   마음을 태우며 괴롭게 생각한다는 뜻으로, 마음을 졸이며 괴롭게 근심함을 이르는 말.
- 초요과시(招搖過市)   뽐내며 저잣거리를 지나간다는 뜻으로, 남의 눈을 끌기위해 과시(誇示)하며 거리를 지나가는 것을 이르는 말.
- 초지일관(初志一貫)   처음에 세운 뜻을 끝까지 밀고 나감.
- 촉견폐일(蜀犬吠日)   촉(蜀)나라 개는 해를 보고 짖는다는 뜻으로, 식견(識見)이 좁은 사람이 현인(賢人)의 언행(言行)을 의심(疑心)하는 일을 비유적으로 이르는 말.
※중국(中國) 촉(蜀)나라는 산이 높고 항상 안개가 짙어 해

가 보이는 날이 적기 때문에, 개들이 해를 보면 이상히 여겨 짖었다는 고사에서 유래.

출전(出典) 당(唐)나라 유종원(柳宗元)의 『답위중립론사도서(答韋中立論師道書)』

- 촌선척마(寸善尺魔) 좋은 일은 한 치, 언짢은 일은 한 자라는 뜻으로, 좋은 일은 적고 언짢은 일은 많음을 이르는 말.
- 촌진척퇴(寸進尺退) 한 치를 나아갔다가 한 자를 물러선다는 뜻으로, 조금 전진(前進)하고 많이 물러남을 이르는 말.
- 촌철살인(寸鐵殺人) 작고 날카로운 쇠붙이로도 사람을 죽일 수 있다는 뜻으로, 짧은 경구(警句)로도 사람을 크게 감동(感動)시킬 수 있음을 이르는 말.
- 총망지간(悤忙之間) 매우 급(急)하고 바쁜 사이.
- 총명예지(聰明睿智) 영리(怜悧)하고 기억력(記憶力)이 좋으며 사물(事物)의 도리(道理)를 꿰뚫어 보는 지혜(智慧)가 있다는 뜻으로, '제왕(帝王)의 슬기'를 칭송(稱誦)하여 이르는 말.
- 총죽지교(蔥竹之交) 파피리를 불면서 죽마(竹馬)를 타고 놀던 사이라는 뜻으로, 어릴 적부터 사귄 교분(交分)을 이르는 말.
- 추고마비(秋高馬肥) 가을의 하늘은 높고 말은 살찐다는 뜻으로, 하늘이 맑고 곡식(穀食)이 결실(結實)을 맺는 좋은 계절(季節)이라고 가을을 이르는 말. =천고마비(天高馬肥)
- 추도지말(錐刀之末) 뾰족한 송곳의 끝이란 뜻으로, 아주 작은 일을 이르는 말.
- 추우강남(追友江南) 벗을 따라 강남(江南) 간다는 뜻으로, 자기(自己)는 꼭 필요(必要)하지 않더라도 벗을 위해 먼 길이라도 같이 감을 이르는 말.
- 추원보본(追遠報本) 조상(祖上)의 덕(德)을 추모(追慕)하여 자기(自己)의 근본(根本)을 잊지 않고 제사(祭祀)를 지내며 은혜(恩惠)를 갚음

을 이르는 말.

- 추주어륙(推舟於陸): 뭍에서 배를 민다는 뜻으로, 고집(固執)으로 무리(無理)하게 밀고 나가려고 함을 이르는 말.
- 추처낭중(錐處囊中): 주머니 속에 들어 있는 송곳이라는 뜻으로, 주머니 속의 송곳이 밖으로 튀어나오듯이 재능(才能)이 있는 사람은 언젠가는 그 재능을 발휘(發揮)할 기회(機會)가 온다는 말.
- 추풍낙엽(秋風落葉): 가을바람에 흩어져 떨어지는 나뭇잎의 뜻으로, 어떤 형세(形勢)나 세력(勢力)이 갑자기 기울어지거나 흩어지는 모양(模樣)을 비유적으로 이르는 말.
- 추호지말(秋毫之末): 가을철에 털갈이하여 가늘어진 짐승의 털끝이라는 뜻으로, 지극(至極)히 미세(微細)한 것. 또는 털끝만한 것을 이르는 말.
- 춘란추국(春蘭秋菊): 봄에는 난초(蘭草), 가을에는 국화(菊花)라는 뜻으로, 각각(各各) 특색(特色)이 있어 어느 것이 더 낫다고 할 수 없음을 이르는 말.
- 춘인추사(春蚓秋蛇): 봄철의 지렁이와 가을철의 뱀이라는 뜻으로, 글씨가 가늘고 비뚤어져서 힘이 없음을 비유적으로 이르는 말.
- 춘추필법(春秋筆法): 중국(中國)의 경서(經書)인 『춘추(春秋)』와 같이 엄정(嚴正)하고 비판적(批判的)인 태도(態度)로 대의명분(大義名分)을 밝혀 세우는 역사(歷史) 서술(敍述)의 논법(論法)을 이르는 말.
- 춘치자명(春雉自鳴): 봄철에 꿩이 스스로 운다는 뜻으로, 남이 충동(衝動)하지 않아도 스스로 제 허물을 드러냄을 이르는 말.
  ↔자원자애(自怨自艾)
- 춘하추동(春夏秋冬): 봄, 여름, 가을, 겨울의 네 철을 아울러 이르는 말.
- 출기제승(出奇制勝): 상대방(相對方)이 생각하지 못한 특출(特出)한 전략(戰略)을 이용(利用)하여 승리(勝利)를 획득(獲得)함을 이르는 말.

- 출람지예(出藍之譽): 청출어람(靑出於藍)의 명예(名譽)라는 뜻으로, 제자(弟子)나 후배(後輩)가 스승이나 선배(先輩)보다 낫다는 평판(評判)을 얻는 명예를 이르는 말.
- 출몰무쌍(出沒無雙): 나타났다 없어졌다 하는 것이 비길 데 없이 심(甚)함.
- 출이반이(出爾反爾): '너에게서 나와서 너에게로 돌아간다'는 뜻으로, 행(幸)과 불행(不幸), 좋은 일과 나쁜 일이 결국(結局)은 모두 자기(自己) 자신(自身)에 의하여 초래(招來)됨을 비유적으로 이르는 말.
- 출장입상(出將入相): 나가서는 장수(將帥)가 되고 들어와서는 재상(宰相)이 된다는 뜻으로, 문무(文武)를 다 갖추어 장수와 재상의 벼슬을 모두 지낸다는 것을 이르는 말.
- 충목지장(衝目之杖): 눈을 찌를 막대기라는 뜻으로, 남을 해치려는 악(惡)한 마음을 이르는 말.
- 충언역이(忠言逆耳): 충성(忠誠)스럽고 곧은 말은 귀에 거슬린다는 말.
- 취모멱자(吹毛覓疵): 흠을 찾으려고 털을 불어 헤친다는 뜻으로, 억지로 남의 작은 허물을 들추어냄을 비유적으로 이르는 말.
- 취사선택(取捨選擇): 여럿 가운데서 쓸 것은 골라 쓰고 버릴 것은 버림.
- 취생몽사(醉生夢死): 술에 취(醉)하여 자는 동안에 꾸는 꿈속에 살고 죽는다는 뜻으로, 아무 하는 일 없이 평생(平生)을 흐리멍덩하게 살아감을 비유적으로 이르는 말.
- 취장홍규(翠帳紅閨): 녹색(綠色) 방장(房帳)과 홍색(紅色)의 침실(寢室)이라는 뜻으로, 아름답게 꾸며 놓은 귀부인(貴夫人)의 침실(寢室)을 이르는 말.
- 측은지심(惻隱之心): 사단(四端)의 하나. 인간(人間)의 본성(本性)에서 우러나오는 마음씨로, 다른 사람의 불행(不幸)을 불쌍히 여기는 마음을 이르는 말.

- 층암절벽(層巖絕壁) 여러 층(層)의 험(險)한 바위로 된 낭떠러지.
- 층층시하(層層侍下) 부모(父母), 조부모(祖父母) 등의 어른들을 다 모시고 사는 처지(處地)를 이르는 말.
- 치란존망(治亂存亡) 천하(天下)의 태평(太平)함과 어지러움과 존재(存在)함과 망(亡)함을 이르는 말.
- 치산치수(治山治水) 산천(山川)을 잘 다스려서 가뭄과 홍수(洪水) 따위의 재해(災害)를 미리 막는 일을 이르는 말.
- 치인설몽(癡人說夢) 어리석은 사람이 꿈 이야기를 한다는 뜻으로, 종잡을 수 없는 허황(虛荒)한 말을 지껄임을 이르는 말.
- 치준지맹(蚩蠢之氓) 어리석게 꿈틀거리는 벌레 떼와 같다는 뜻으로, 어리석은 백성(百姓)을 이르는 말.
- 치지도외(置之度外) 내버려두고 문제(問題) 삼지 않음.
- 칠거지악(七去之惡) 조선 시대, 아내를 내쫓을 수 있는 이유(理由)가 되는 일곱 가지의 허물. 곧 시부모(媤父母)에게 순종(順從)하지 아니하는 것, 자식(子息)을 낳지 못하는 것, 행실(行實)이 음탕(淫蕩)한 것, 질투(嫉妬)하는 것, 나쁜 병(病)이 있는 것, 말이 많은 것, 도둑질을 하는 것 등을 이르는 말.
- 칠년대한(七年大旱) 칠 년(七年) 동안이나 계속(繼續)되는 큰 가뭄이란 뜻으로, 단비가 내림. 또는 오랫동안 애타게 기다리던 것이 이루어짐을 비유적으로 이르는 말.
- 칠락팔락(七落八落) 일곱 번 떨어지고 또 여덟 번 떨어진다는 뜻으로, 갈가리 흩어지고 찢기어 갈피를 잡을 수 없음을 이르는 말.
- 칠령팔락(七零八落) 뿔뿔이 흩어져 갈피를 잡을 수 없음의 뜻으로, 계속(繼續) 실패(失敗)하거나 잇단 불운(不運)으로 아주 영락(零落)함을 이르는 말. =칠락팔락(七落八落)
- 칠보지재(七步之才) 일곱 걸음을 걸을 동안에 시(詩)를 짓는 재주라는 뜻으로,

아주 뛰어난 글재주를 이르는 말. =의마지재(倚馬之才)

- **칠신탄탄(漆身吞炭)** 몸에 옻칠을 하고 숯을 삼킨다는 뜻으로, 은인(恩人)을 위해서라면 아무리 어려운 일이라도 해내는 것을 비유적으로 이르는 말.

- **칠신탄회(漆身吞灰)** 복수(復讎)를 위해 자기 몸을 돌보지 않음을 이르는 말. =와신상담(臥薪嘗膽), 절치부심(切齒腐心)

- **칠실지우(漆室之憂)** 칠실(漆室) 고을의 근심이라는 뜻으로, 자기(自己) 분수(分數)에 넘치는 일을 근심함을 이르는 말.

  ※중국(中國) 노(魯)나라의 칠실(漆室)이란 읍(邑)에 한 천(賤)한 여자(女子)가 나라의 임금이 늙고 태자(太子)가 어린 것을 걱정하여 기둥에 기대어 울었다는 고사에서 유래.

  출전(出典) 『열녀전(列女傳)』卷之三 「인지전(仁智傳)」

- **칠전팔기(七顚八起)** 일곱 번 넘어지고 여덟 번 일어난다는 뜻으로, 여러 번 실패(失敗)하여도 굴(屈)하지 않고 꾸준히 노력(努力)하고 분투(奮鬪)하는 사람이나, 그러한 정신(精神)을 비유적으로 이르는 말.

- **칠전팔도(七顚八倒)** 일곱 번 구르고 여덟 번 넘어진다는 뜻으로, 수없이 실패(失敗)를 거듭하거나 몹시 고생(苦生)함을 이르는 말.

- **칠종칠금(七縱七擒)** 일곱 번 놓아주고 일곱 번 사로잡았다는 뜻으로, 상대방(相對方)을 자기(自己) 마음대로 쥐락펴락하는 것을 비유적으로 이르는 말.

  ※제갈량(諸葛亮)이 남만(南蠻) 이족(彝族)의 수령(首領) 맹획(孟獲)을 일곱 번 놓아주고 일곱 번 사로잡았다는 고사에서 유래.

  출전(出典) 『삼국지(三國志)』촉서(蜀書) 「제갈량전(諸葛亮傳)」

- 침류수석(枕流漱石) 시내에 흐르는 물을 베개 삼고 돌로 양치질을 한다는 뜻으로, 남에게 지기 싫어 억지를 부림을 이르는 말.
- 침소봉대(針小棒大) 작은바늘을 큰 몽둥이라고 한다는 뜻으로, 작은 일을 크게 부풀려서 말함을 비유적으로 이르는 말.
- 침어낙안(沈魚落雁) 물고기가 잠기고 기러기는 떨어진다는 뜻으로, 미인(美人)을 비유적으로 이르는 말.
  ※미인을 보고 물고기가 숨고 기러기가 땅으로 떨어졌다는 고사에서 유래.

  출전(出典) 『장자(莊子)』의 「제물론(齊物論)」

【ㅋ】

- 쾌도난마(快刀亂麻) 잘 드는 칼로 헝클어진 삼 가닥을 자른다는 뜻으로, 어지럽게 뒤섞인 일을 명쾌(明快)하게 처리(處理)함을 비유적으로 이르는 말.
- 쾌인쾌사(快人快事) 쾌활(快活)한 사람의 시원스러운 행동(行動)을 이르는 말.

【ㅌ】

- 타면자건(唾面自乾) 다른 사람이 나의 얼굴에 침을 뱉으면 저절로 그 침이 마를 때까지 기다린다는 뜻으로, 처세(處世)에는 인내(忍耐)가 필요(必要)함을 강조(強調)하여 이르는 말.

- 타산지석(他山之石) 남의 산(山)에 있는 돌이라도 나의 옥(玉)을 다듬는 데에 소용(所用)이 된다는 뜻으로, 다른 사람의 하찮은 언행(言行) 또는 허물과 실패(失敗)까지도 자신(自身)을 수양(修養) 하는 데 도움이 된다는 말.

- 타상하설(他尙何說) '또 다른 무엇을 말할 필요가 있겠느냐'의 뜻으로, 한 가지 일을 보면 다른 일은 보지 않아도 헤아릴 수 있다는 말.

- 타초경사(打草驚蛇) 수풀을 휘저어 뱀을 놀라게 한다는 뜻으로, 의도(意圖)하지 않은 행동(行動)이 뜻밖의 결과(結果)를 낳을 수 있음을 이르는 말. =숙호충비(宿虎衝鼻)

- 탁고기명(託孤寄命) 어린 임금을 후견인(後見人)에게 부탁(付託)하고 국정(國政)을 맡김을 이르는 말.

- 탁상공론(卓上空論) 탁자(卓子) 위에서만 펼치는 헛된 논설(論說)이라는 뜻으로, 현실성(現實性)이 없는 허황(虛荒)한 이론(理論)이나 논의(論議)를 이르는 말. =지상병담(紙上兵談)

- 탄주지어(吞舟之魚) 배를 삼킬 만한 물고기라는 뜻으로, 큰 인물(人物)을 비유적으로 이르는 말.

- 탈토지세(脫兔之勢) 달아나는 토끼의 기세(氣勢)라는 뜻으로, 매우 재빠른 동작

(動作)을 이르는 말.

- 탐관오리(貪官汚吏) 재물(財物)을 탐(貪)하고 행실(行實)이 깨끗하지 못한 관리(官吏)를 이르는 말.
- 탐낭취물(探囊取物) 주머니 속에 있는 물건(物件)을 취(取)한다는 뜻으로, 아주 쉬운 일을 비유적으로 이르는 말.
- 탐뢰무예(貪賂無藝) 뇌물(賂物)을 탐(貪)함에는 그 끝이 없음을 이르는 말.
  =탐욕무예(貪慾無藝)
- 탐소실대(貪小失大) 작은 것을 탐(貪)내다가 큰 것을 잃어버린다는 뜻으로, 작은 이익(利益)을 탐하여 큰 이익을 잃어버림을 이르는 말.
  =소탐대실(小貪大失) ←변형되어 사용
- 탐재호색(貪財好色) 재물(財物)을 탐(貪)하고 여색(女色)을 즐김.
- 탐천지공(貪天之功) 하늘의 공(功)을 탐(貪)한다는 뜻으로, 남의 공을 탐내어 자기(自己) 힘으로 이룬 체 함을 이르는 말.
- 탐화봉접(探花蜂蝶) 꽃을 찾아다니는 벌과 나비라는 뜻으로, 사랑하는 여자(女子)를 그리워하여 찾아가는 남자(男子)를 비유적으로 이르는 말.
- 탕진가산(蕩盡家産) 집안의 재산(財産)을 모두 다 써서 없앰.
- 탕탕평평(蕩蕩平平) 싸움이나 시비(是非), 논쟁(論爭) 따위에서 어느 쪽에도 치우치지 않음을 이르는 말.
- 태강즉절(太剛則折) 너무 굳거나 빳빳하면 꺾어지기가 쉬움을 이르는 말.
- 태사지간(太史之簡) 태사(太史)는 중국(中國)에서 기록(記錄)을 맡아보던 벼슬아치로 사관(史官)을 말하고, 간(簡)은 문서(文書)를 말함. 즉 역사가(歷史家)의 역사(歷史) 기록(記錄), 역사를 기록함에 사실(事實)을 숨기지 아니하고 그대로 직필(直筆)함을 이르는 말.
- 태산북두(泰山北斗) 태산(泰山)과 북두칠성(北斗七星)의 뜻으로, 세상(世上) 사

람으로부터 존경(尊敬)을 받거나 어느 방면(方面)에 권위(權威)있는 사람을 이르는 말.

- 태산압란(泰山壓卵) 　큰 산(山)이 알을 누른다는 뜻으로, 큰 위엄(威嚴)으로 여지(餘地)없이 누르는 것을 비유적으로 이르는 말.
- 태산준령(泰山峻嶺) 　높고 큰 산(山)과 험(險)한 고개.
- 태산홍모(泰山鴻毛) 　태산(泰山)처럼 무겁기도 하고 기러기 깃털처럼 가볍기도 하다는 뜻으로, 가볍고 무거운 차이(差異)가 매우 큰 것을 비유적으로 이르는 말.
- 태상황후(太上皇后) 　예전에, 황제(皇帝)의 생존(生存)한 모후(母后)를 이르는 말.
- 태연자약(泰然自若) 　심리적(心理的)으로 충격(衝擊)을 받을 만한 상황(狀況)인데도 전혀 태도(態度)의 변화(變化)가 없이 평소(平素) 그대로임을 이르는 말. =담소자약(談笑自若)
- 태평성대(太平聖代) 　나라에 혼란(混亂) 따위가 없어 백성(百姓)들이 편안(便安)히 지내는 시대(時代)를 이르는 말.
- 태평연월(太平烟月) 　나라가 안정(安定)되어 아무 걱정 없이 편안(便安)하고 즐거운 세월(歲月)을 이르는 말.
- 택급고골(澤及枯骨) 　은택(恩澤)이 죽은 사람에게까지 미침을 이르는 말.
- 택급만세(澤及萬世) 　혜택(惠澤)이 영원(永遠)히 미침을 이르는 말.
- 토매인우(土昧人遇) 　어리석고 우매(愚昧)한 야만인(野蠻人)으로 대우(待遇)함.
- 토붕와해(土崩瓦解) 　흙이 무너지고 기와가 깨진다는 뜻으로, 어떤 조직(組織)이나 사물(事物)이 손을 쓸 수 없을 정도(程度)로 무너져 버림을 이르는 말.
- 토사구팽(兎死狗烹) 　토끼가 죽으면 토끼를 잡던 사냥개도 필요(必要)없게 되어 주인(主人)이 삶아 먹는다는 뜻으로, 필요할 때는 쓰고 필요 없을 때는 버리는 경우(境遇)를 이르는 말.

- 토사호비(兎死狐悲) 　토끼가 죽으니 여우가 슬퍼한다는 뜻으로, 같은 무리의 불행(不幸)을 슬퍼함을 비유적으로 이르는 말.
=호사토읍(虎死兎泣), 호사토비(狐死兎悲)
- 토영삼굴(兎營三窟) 　토끼가 위기(危機)에서 벗어나기 위하여 세 개(個)의 굴(窟)을 파 놓아둔다는 뜻으로, 자신(自身)의 안전(安全)을 위하여 미리 몇 가지 대비(對備) 방안(方案)을 짜 놓음을 이르는 말.
- 토적성산(土積成山) 　티끌도 모이면 태산(泰山)이 된다는 뜻으로, 적은 물건(物件)도 많이 모이면 크게 됨을 이르는 말.
- 토진간담(吐盡肝膽) 　간(肝)과 쓸개를 다 토(吐)한다는 뜻으로, 실제(實際) 사정(事情)을 숨김없이 다 털어놓고 말함.
- 토포악발(吐哺握髮) 　먹던 것을 뱉고, 머리카락을 움켜쥔다는 뜻으로, 어진 선비를 얻기 위해 정성(精誠)을 다하는 자세(姿勢)를 비유적으로 이르는 말. =토포착발(吐哺捉髮)
  ※중국(中國)의 주공(周公)이 내객(來客)에 대하여 식사(食事) 중에는 먹던 음식(飮食)을 뱉고, 머리를 감고 있을 때에는 머리를 거머쥐고 맞이했다는 고사에서 유래.
  출전(出典) 『사기(史記)』「노주공세가편(魯周公世家篇)」
- 통심질수(痛心疾首) 　몹시 마음이 아프고 골머리를 앓는다는 뜻으로, 몹시 걱정함을 이르는 말.
- 퇴금적옥(堆金積玉) 　금(金)을 쌓고 옥(玉)을 높이 쌓는다는 뜻으로, 아주 부유(富裕)해짐을 이르는 말.
- 투서기기(投鼠忌器) 　쥐를 잡다가 독을 깬다는 뜻으로, 나쁜 사람을 벌(罰)하고 싶어도 도리어 다른 손해(損害)를 볼까봐 그렇게 하지 못함을 비유적으로 이르는 말.
- 투편단류(投鞭斷流) 　말채찍만 다 던져도 강물의 흐름을 막을 수 있다는 뜻으로, 병력(兵力)이 많고 강성(强盛)함을 이르는 말.

- **투필종융(投筆從戎)** 붓을 던져 버리고 군대(軍隊)를 따른다는 뜻으로, 문인(文人)이 글을 포기(抛棄)하고 전장(戰場)으로 나간다는 것을 이르는 말.
- **특립독행(特立獨行)** 속세(俗世)에 따르지 않고 홀로 믿는 바를 행(行)함의 뜻으로, 남에게 의지(依支)하지 아니하고 자기(自己) 소신(所信)대로 나감. 또는 남에게 굽히지 않고 소신대로 행동(行動)함을 이르는 말.

【ㅍ】

- 파경중원(破鏡重圓) 깨졌던 거울이 다시 합쳐지다는 뜻으로, 헤어졌던 부부(夫婦)가 다시 만나게 되는 것을 비유적으로 이르는 말.
- 파경지탄(破鏡之歎) 깨어진 거울 조각을 들고 하는 탄식(歎息)이라는 뜻으로, 부부(夫婦)의 이별(離別)을 서러워하는 탄식을 이르는 말.
- 파과지년(破瓜之年) 여자(女子)의 나이 16세. 과(瓜)자를 파자(破字)하면 팔(八)이 두 개가 되는데, 이를 더하면 16이 되기 때문에 이르는 말. 또 남자의 나이 64세. '瓜' 자를 파자(破字) 하면 '八'이 두 개가 되는데, 이를 곱하면 64가 되기 때문에 이르는 말.
- 파란만장(波瀾萬丈) 물결이 만(萬) 길 높이로 인다는 뜻으로, 일이 진행(進行)되거나 인생(人生)을 살아가는 데 기복(起伏)과 변화(變化)가 몹시 심(甚)함을 이르는 말. =파란중첩(波瀾重疊)
- 파란중첩(波瀾重疊) 물결이 거듭 닥친다는 뜻으로, 사람의 생활(生活)이나 일이 그 진행(進行)에 있어서 변화(變化)와 난관(難關)이 많음을 이르는 말.
- 파렴치한(破廉恥漢) 체면(體面)이나 부끄러움을 모르는 뻔뻔한 사람.
- 파부침주(破釜沈舟) 솥을 깨뜨리고 배를 가라앉힌다는 뜻으로, 살아 돌아갈 기약(期約)을 하지 않고 죽을 각오(覺悟)로 싸우겠다는 굳은 결의(決意)를 비유적으로 이르는 말. =배수지진(背水之陣)
- 파사현정(破邪顯正) 사견(邪見)이나 사도(邪道)를 깨어 버리고 정도(正道)를 나타냄을 이르는 말.

- 파안대소(破顔大笑) 매우 즐거운 표정(表情)으로 한바탕 크게 웃음.
  =파안일소(破顔一笑)
- 파죽지세(破竹之勢) 대나무를 쪼개는 기세(氣勢)라는 뜻으로, 세력(勢力)이 강(强)하여 적(敵)을 거침없이 물리치고 쳐들어가는 기세. 또는 일이 거침없이 잘 풀리는 모양(模樣)을 비유적으로 이르는 말.
- 판상주환(阪上走丸) 언덕 위에서 공을 굴린다는 뜻으로, 어떤 세력(勢力)에 힘입어 일을 꾀하면 쉽게 이루어지거나 잘 진전(進展)됨을 비유적으로 이르는 말.
- 팔년풍진(八年風塵) 팔 년(八年)간의 바람과 먼지라는 뜻으로, 여러 해에 걸쳐 고생(苦生)함을 이르는 말.
  ※중국(中國) 진(秦)나라 말기에 초(楚)나라의 항우(項羽)와 한(漢)나라의 유방(劉邦)이 8년간 싸운 초(楚)·한(漢)전쟁(戰爭)에서 유방이 항우를 멸(滅)함으로 전쟁이 끝난 고사에서 유래.
  출전(出典) 사마천(司馬遷)의 『사기(史記)』
- 팔방미인(八方美人) 여러 가지 일에 능숙(能熟)한 사람을 이르는 말.
- 패가망신(敗家亡身) 집안의 재산(財産)을 다 써 없애고 신세(身世)를 망침.
- 패군지장(敗軍之將) 싸움에 진 군대(軍隊)의 장군(將軍)이라는 뜻으로, 싸움에 진 장군(將軍)은 병법(兵法)이 무엇인지 말할 자격(資格)이 없음을 이르는 말.
- 패역무도(悖逆無道) 도리(道理)에 어긋나고 순리(順理)를 거슬러 사람다운 점이 없음을 이르는 말.
- 패입패출(悖入悖出) 도리(道理)나 사리(事理)에서 벗어나는 일이 입출(入出)한다는 뜻으로, 부정(不正)으로 모은 재산(財産)은 오래가지 못하고 부정으로 없어짐. 또는 남에게 악(惡)하게 대하면

	악한 보응(報應)이 있음을 이르는 말.
• 팽두이숙(烹頭耳熟)	머리를 삶으면 귀까지 익는다는 뜻으로, 중요(重要)한 일이 잘되면 나머지 일도 따라서 저절로 해결(解決)됨을 비유적으로 이르는 말.
• 편언척구(片言隻句)	한 가지 말과 몇 자(字)의 글이라는 뜻으로, 짧은 말과 글을 이르는 말.
• 편장막급(鞭長莫及)	채찍이 길어도 (말의 배에는) 미치지 못한다는 뜻으로, 세력(勢力)이 강(强)해도 미치지 못하는 곳이 있다는 것. 또는 능력(能力)이 미치지 못하는 것을 이르는 말.
• 평기허심(平氣虛心)	평온(平穩)한 기운(氣運)과 거리낌 없는 마음이라는 뜻으로, 마음이 평온(平穩)하고 걸리는 일이 없음을 이르는 말.
• 평사낙안(平沙落雁)	모래펄에 날아와 앉는 기러기 모양(模樣)이라는 뜻으로, 글씨나 문장(文章)이 아주 매끈함. 또는 아름다운 여인(女人)의 맵시 따위를 비유적으로 이르는 말.
• 평수상봉(萍水相逢)	부평초(浮萍草)처럼 떠돌아다니다가 만났다는 뜻으로, 여행(旅行)중에 우연(偶然)히 만나 알게 된 사람을 비유적으로 이르는 말.
• 평지낙상(平地落傷)	평지(平地)에서 넘어져 다친다는 뜻으로, 뜻밖에 불행(不幸)한 일을 겪음을 비유적으로 이르는 말.
• 평지풍파(平地風波)	바닥이 평평(平平)한 땅에 세찬 바람과 거센 물결이 인다는 뜻으로, 평온(平穩)한 자리에서 생각하지 못한 다툼이 일어남을 비유적으로 이르는 말.
• 폐부지언(肺腑之言)	마음속에서 우러나오는 참된 말.
• 폐월수화(閉月羞花)	꽃도 부끄러워하고 달도 숨는다는 뜻으로, 여인(女人)의 얼굴이 매우 아름다움을 비유적으로 이르는 말.
• 폐침망식(廢寢忘食)	잠을 못 자고 끼니를 거를 정도(程度)라는 뜻으로, 매우 바

쁘게 일에 골몰(汨沒)하거나 매우 열심(熱心)히 공부(工夫)함을 이르는 말.

- **폐침망찬(廢寢忘餐)**: 잠자리를 폐(廢)하고 음식(飮食)을 잊는다는 뜻으로, 한 가지 일에 몰두(沒頭)하여 침식(寢食)을 잊음을 이르는 말.
- **폐포파립(弊袍破笠)**: 해진 옷과 부서진 갓이라는 뜻으로, 너절하고 구차(苟且)한 차림새를 비유적으로 이르는 말. =폐의파관(敝衣破冠)
- **폐풍악습(弊風惡習)**: 폐해(弊害)가 되는 나쁜 풍습(風習)을 이르는 말.
- **폐호선생(閉戶先生)**: 집 안에 틀어박혀 독서(讀書)만 하는 사람을 놀림조로 이르는 말.
- **포락지형(炮烙之刑)**: 불에 달군 쇠기둥 위를 맨발로 건너게 하는 형벌(刑罰)을 이르는 말.
  ※ 중국(中國) 은(殷)나라 주왕(紂王) 때, 기름칠한 구리 기둥을 숯불위에 걸쳐 놓고 죄인(罪人)을 그 위로 건너가게 하여 미끄러지면 숯불에 타 죽게 되는 형벌로, 가장 잔인(殘忍)하고 가혹(苛酷)한 형벌.
  출전(出典) 『사기(史記)』「은본기(殷本紀)」
- **포류지자(蒲柳之姿)**: 갯버들 같은 모습이라는 뜻으로, 몸이 허약(虛弱)함. 또는 선천적(先天的)으로 유약(柔弱)한 체질(體質)을 비유적으로 이르는 말. =포류지질(蒲柳之質)
- **포류지질(蒲柳之質)**: 잎이 일찍 떨어지는 연약(軟弱)한 나무라는 뜻으로, 갯버들처럼 약한 체질(體質)을 이르는 말. ↔송백지질(松柏之質)
- **포벽유죄(抱璧有罪)**: 구슬을 품에 안으면 죄(罪)가 있다는 뜻으로, 재화(財貨)를 가지고 있으면 죄가 없어도 재앙(災殃)을 당하게 됨을 이르는 말.
- **포복절도(抱腹絕倒)**: 배를 부둥켜안고 넘어질 정도(程度)로 몹시 웃음을 이르는 말. =봉복절도(捧腹絕倒)

- 포식난의(飽食暖衣) 배부르게 먹고 따뜻하게 입는다는 뜻으로, 생활(生活)이 넉넉함을 이르는 말. =금의옥식(錦衣玉食)
- 포신구화(抱薪救火) 땔나무를 안고 불을 끈다는 뜻으로, 잘못된 방법(方法)으로 해로움을 막으려다가 도리어 더 해롭게 함을 이르는 말.
- 포의지교(布衣之交) 베옷을 입을 때의 사귐이라는 뜻으로, 벼슬을 하기 전 선비 시절(時節)에 사귐. 또는 그렇게 사귄 벗을 비유적으로 이르는 말.
- 포의한사(布衣寒士) 베옷을 입은 선비라는 뜻으로, 벼슬이 없는 가난한 선비를 이르는 말.
- 포정해우(庖丁解牛) 솜씨가 뛰어난 포정(庖丁=백정)이 소의 뼈와 살을 발라낸다는 뜻으로, 신기(神技)에 가까운 솜씨나 기술(技術)의 묘(妙)를 가지고 있음을 비유적으로 이르는 말.
- 포탄희량(抱炭希凉) 숯불을 안고 있으면서 시원하기를 바란다는 뜻으로, 하는 일과 바라는 일이 일치(一致)하지 않음을 이르는 말.
- 포호빙하(暴虎馮河) 맨손으로 범을 때려잡고, 황하(黃河)를 걸어서 건넌다는 뜻으로, 용기(勇氣)는 있으나 지혜(智慧)가 없음을 이르는 말.
- 폭주병진(輻輳幷臻) 사람이나 일 따위가 한곳으로 한꺼번에 많이 몰려듦을 이르는 말.
- 표리부동(表裏不同) 마음이 음흉(陰凶)하여 겉과 속이 다름.
  =양두구육(羊頭狗肉)
- 표사유피(豹死留皮) 표범은 죽어서 가죽을 남긴다는 뜻으로, 사람은 죽어서 명예(名譽)를 남김을 비유적으로 이르는 말.
- 풍광명미(風光明媚) 경치(景致)가 밝고 아름답다는 뜻으로, 산수(山水)의 경치가 맑고 아름다움을 이르는 말.
- 풍류죄과(風流罪過) 법률(法律)에 저촉(抵觸)되지 않는 경미(輕微)한 죄(罪)를 이르는 말.

- 풍마우세(風磨雨洗) 바람에 닳고 빗물에 씻김의 뜻으로, 오랫동안 자연(自然)에 침식(浸蝕)됨을 이르는 말.
- 풍비박산(風飛雹散) 바람에 날려 우박이 흩어진다는 뜻으로, 산산(散散)이 부서져 사방(四方)으로 날아가거나 흩어짐을 비유적으로 이르는 말.
- 풍성학려(風聲鶴唳) 바람 소리와 학(鶴)의 울음소리라는 뜻으로, 한 번 크게 겁을 먹은 사람이 다른 하찮은 일에도 놀라는 것을 이르는 말.
  ※중국(中國) 전진(前秦) 시대, 진(晉)나라 왕 부견(苻堅)이 비수(淝水)에서 크게 패(敗)하고 난 뒤, 바람 소리와 학의 울음소리에도 적군(敵軍)이 쫓아오는 줄 알고 놀랐다는 고사에서 유래.

  출전(出典) 『진서(晉書)』의 「사현전(謝玄傳)」
- 풍소지사(風騷之士) 풍류(風流)가 있고 시(詩)를 짓는 선비를 이르는 말.
- 풍수지탄(風樹之歎) 바람에 흔들리는 나무의 탄식(歎息)으로, 나무는 조용하고 싶지만 바람이 그치지 않는다는 뜻으로, 효도(孝道)를 다하지 못했는데 어버이가 돌아가시어, 효도하고 싶어도 할 수 없는 슬픔을 이르는 말. =풍수지감(風樹之感)
- 풍운지회(風雲之會) 용(龍)이 바람과 구름을 만나 기운(氣運)을 얻는다는 뜻으로, 슬기로운 임금과 어진 신하(臣下)가 서로 만나는 일을 이르는 말.
- 풍월주인(風月主人) 맑은 바람과 밝은 달 따위의 아름다운 자연(自然)을 즐기는 사람을 이르는 말.
- 풍의포식(風衣飽食) 넉넉한 옷과 배부른 음식(飮食)이라는 뜻으로, 의식(衣食)이 여유(餘裕)있고 충분(充分)함을 이르는 말.
- 풍전등화(風前燈火) 바람 앞의 등불이라는 뜻으로, 매우 위태(危殆)로운 처지(處地)나 오래 견디지 못할 상태(狀態)를 비유적으로 이르는 말. =풍전등촉(風前燈燭)

- 풍진지변(風塵之變) '군사(軍事)의 난(亂)'을 이르는 말. =풍진지경(風塵之警)
- 풍진표물(風塵表物) 세속(世俗)의 일에 얽매이지 않고 초연(超然)한 사람을 이르는 말. =풍진외물(風塵外物)
- 풍찬노숙(風餐露宿) 바람과 이슬을 맞으며 한데서 먹고 잠잔다는 뜻으로, 모진 고생(苦生). 또는 객지(客地)에서 겪는 고생을 이르는 말.
- 풍파지민(風波之民) 바람과 물결 같은 백성(百姓)이라는 뜻으로, 마음이 동요(動搖)되기 쉬운 사람을 비유적으로 이르는 말.
- 피골상접(皮骨相接) 살가죽과 뼈가 맞붙을 정도(程度)로 바짝 마름.
- 피상지사(皮相之士) 겉으로 보아 도무지 속을 알 수가 없는 사람.
- 피육지견(皮肉之見) 깨달은 바가 천박(淺薄)함을 이르는 말.
- 피장봉호(避獐逢虎) 노루를 피(避)하다가 호랑이를 만났다는 뜻으로, 작은 화(禍)를 피하려다 도리어 큰 화를 당함을 비유적으로 이르는 말.
- 피차일반(彼此一般) 두 편이 서로 같음.
- 피해망상(被害妄想) 자신(自身)이 타인(他人)으로부터 부당(不當)하게 괴롭힘이나, 고통(苦痛), 피해(被害)를 입고 있다고 생각하는 증상(症狀)을 이르는 말.
- 필마단기(匹馬單騎) 혼자서 한 필(匹)의 말을 탐.
- 필부지용(匹夫之勇) 보잘것없는 사람이 깊이 생각하지 않고 함부로 내세우는 용기(勇氣)를 이르는 말. =소인지용(小人之勇)
- 필부필부(匹夫匹婦) 평범(平凡)한 남녀(男女)를 이르는 말. =장삼이사(張三李四)
- 필유곡절(必有曲折) 반드시 무슨 까닭이 있음. =필유사단(必有事端)

【ㅎ】

- 하관부직(下官不職)   관리(官吏)가 그에게 주어진 책임(責任)을 다하지 못함을 이르는 말.

- 하대명년(何待明年)   어떻게 다음해를 기다리느냐는 뜻으로, 기다리기가 몹시 지루함을 이르는 말.

- 하동사후(河東獅吼)   하동(河東) 땅에 사자(獅子)가 운다는 뜻으로, 질투심(嫉妬心)이 많은 여자(女子)를 비유적으로 이르는 말.

- 하로동선(夏爐冬扇)   여름철의 화로(火爐)와 겨울철의 부채라는 뜻으로, 때에 맞지 않아 쓸데없는 사물(事物)을 비유적으로 이르는 말.

- 하문불치(下問不恥)   아랫사람에게 묻는 것이 수치(羞恥)가 아니라는 뜻으로, 모르는 것은 누구에게든지 물어서 식견(識見)을 넓히라는 말. =공자천주(孔子穿珠)

- 하불엄유(瑕不掩瑜)   흠이 옥(玉)의 광채(光彩)를 덮지 못한다는 뜻으로, 일부분의 흠으로 말미암아 전체(全體)를 해롭게 하지 못함을 이르는 말.

- 하석상대(下石上臺)   아랫돌 빼서 윗돌 괴고, 윗돌 빼서 아랫돌 괸다는 뜻으로, 임시변통(臨時變通)으로 이리저리 둘러맞춤을 이르는 말. =동족방뇨(凍足放尿)

- 하선동력(夏扇冬曆)   여름의 부채와 겨울의 새해 책력(册曆)이라는 뜻으로, 선물(膳物)이 철에 맞음을 이르는 말.

- 하우불이(下愚不移)   어리석은 사람은 아래에 안주(安住)하고 옮기지 않는다는 뜻으로, 언제나 그대로 있을 뿐, 바뀌려고 하지 않아 발전

	(發展)하지 못함을 이르는 말.
• 하필성장(下筆成章)	붓만 대면 문장(文章)이 된다는 뜻으로, 글을 짓는 것이 빠름을 이르는 말.
• 하학상달(下學上達)	아래를 배워 위에 도달(到達)한다는 뜻으로, 쉬운 지식(知識)을 배워 어려운 이치(理致)를 깨달음을 이르는 말.
• 하한기언(河漢其言)	그 말은 은하수(銀河水)와 같다는 뜻으로, 뜻이 심원(深遠)하여 용이(容易)하게 헤아리기 어려움을 이르는 말. ※하한(河漢) : 은하수의 '은하(銀河)'를 강(江)에 비유함.
• 하해지택(河海之澤)	큰 강(江)과 넓은 바다처럼 넓고 큰 은혜(恩惠)라는 뜻으로, 불보살(佛菩薩)·성현(聖賢)·군자(君子)·성군(聖君)의 큰 은혜를 비유적으로 이르는 말.
• 하후상박(下厚上薄)	아랫사람에게 후(厚)하고 윗사람에게 박(薄)하게 하는 일.
• 학구소붕(鷽鳩笑鵬)	작은 비둘기가 큰 붕(鵬)새를 보고 웃는다는 뜻으로, 어리석은 소인배(小人輩)가 위대(偉大)한 사람을 몰라보고 비웃음을 이르는 말.
• 학립계군(鶴立鷄群)	닭의 무리 속에 끼어 있는 한 마리의 학(鶴)이란 뜻으로, 여러 평범(平凡)한 사람들 가운데 뛰어난 한 사람이 섞여 있음을 이르는 말. =군계일학(群鷄一鶴)
• 학발쌍친(鶴髮雙親)	학(鶴)의 머리를 한 두 어버이라는 뜻으로, 머리가 하얗게 센 연로(年老)한 부모(父母)를 이르는 말.
• 학수고대(鶴首苦待)	학(鶴)의 목처럼 목을 길게 늘여 빼고 기다린다는 뜻으로, 애타게 기다림을 이르는 말.
• 학여불급(學如不及)	학문(學問)은 미치지 못함과 같다는 뜻으로, 늘 부족(不足)하다는 마음을 가지고 열심(熱心)히 배워야 함을 이르는 말.
• 학우고훈(學于古訓)	옛 성왕(聖王)들의 가르침을 공부(工夫)함.
• 학이지지(學而知之)	삼지(三知)의 하나. 도(道)를 배워서 아는 것을 말함.

※삼지(三知) : 도(道)를 깨닫는 힘의 세 가지 등급(等級). 나면서 아는 생지(生知), 배워서 아는 학지(學知), 애써서 아는 곤지(困知)가 있음.

- 학철부어(涸轍鮒魚) 　수레바퀴 자국에 괸 물에 있는 붕어라는 뜻으로, 곤궁(困窮)한 처지(處地)나 다급한 위기(危機)를 비유적으로 이르는 말. =철부지급(轍鮒之急)

- 한강투석(漢江投石) 　한강(漢江)에 아무리 돌을 많이 집어넣어도 메울 수 없다는 뜻으로, 아무리 애를 써도 효과(效果)나 좋은 결과(結果)를 내지 못함을 이르는 말.

- 한단지몽(邯鄲之夢) 　한단(邯鄲)에서 꾼 꿈이라는 뜻으로, 인생(人生)과 영화(榮華)의 덧없음을 이르는 말. =노생지몽(老生之夢)(참조)

- 한단지보(邯鄲之步) 　한단(邯鄲)의 걸음걸이라는 뜻으로, 제 분수(分數)를 잊고 무턱대고 남을 흉내 내다가 이것저것 다 잃음을 비유적으로 이르는 말. =한단학보(邯鄲學步)

　※연(燕)나라의 청년(靑年)이 한단(邯鄲) 사람의 걸음걸이를 배우려다가 원래의 걸음걸이까지 잊고 기어서 돌아왔다는 고사에서 유래.

　출전(出典) 『장자(莊子)』의 「추수편(秋水篇)」

- 한담설화(閑談屑話) 　한가(閑暇)한 이야기와 부스러기 이야기라는 뜻으로, 심심풀이로 하는 쓸데없는 이야기를 이르는 말.

- 한마지로(汗馬之勞) 　말이 땀을 흘리며 전쟁(戰爭)터를 오간다는 뜻으로, 싸움에서 이긴 공로(功勞)를 말함. 또는 말이 땀을 흘릴 정도(程度)로 힘든 일을 함을 비유적으로 이르는 말.

- 한식상묘(寒食上墓) 　한식(寒食)날에 하는 성묘(省墓)를 이르는 말.

- 한왕서래(寒往暑來) 　추위가 물러가고 무더위가 온다는 뜻으로, 세월(歲月)이 흘러감을 이르는 말.

- 한우충동(汗牛充棟) 수레에 실으면 소가 땀을 흘릴 정도이고, 방(房) 안에 쌓으면 들보에 닿을 정도(程度)란 뜻으로, 읽은 책(冊)이 매우 많음을 이르는 말. =오거지서(五車之書)
- 한운야학(閑雲野鶴) 하늘에 한가(閑暇)히 떠도는 구름과 들에 노니는 학(鶴)이란 뜻으로, 아무 구속(拘束)이 없이 한가한 생활(生活)을 하며 유유자적(悠悠自適)하는 경지(境地)를 이르는 말.
- 한중진미(閑中眞味) 한가(閑暇)한 가운데 깃들이는 참다운 맛을 이르는 말.
- 한출첨배(汗出沾背) 땀이 등에 밴다는 뜻으로, 몹시 두렵거나 창피(猖披)한 것을 이르는 말.
- 한화휴제(閑話休題) 쓸데없는 이야기는 그만둔다는 뜻으로, 글을 쓸 때 한동안 본론(本論)에서 벗어난 이야기를 쓰다가 다시 본론으로 돌아갈 때 쓰는 말.
- 할석분좌(割席分坐) 자리를 갈라서 따로 앉는다는 뜻으로, 교제(交際)를 끊고 한자리에 앉지 않음을 비유(比喩)적으로 이르는 말.
- 할육충복(割肉充腹) 자기 살을 베어 배를 채운다는 뜻으로, 혈족(血族)의 재물(財物)을 빼앗는 일을 비유적으로 이르는 말.
- 함구무언(緘口無言) 입을 다물고 아무런 말이 없음. =함구불언(緘口不言)
- 함분축원(含憤蓄怨) 분(憤)한 마음을 품고 원한(怨恨)을 쌓음.
- 함소입지(含笑入地) 웃음을 머금고 땅에 들어간다는 뜻으로, 의사(義士)가 죽음을 두려워하지 아니함을 이르는 말.
- 함포고복(含哺鼓腹) 실컷 먹고 배를 두드린다는 뜻으로, 먹을 것이 풍족(豊足)하여 즐겁게 지냄을 이르는 말. =고복격양(鼓腹擊壤)
- 함혈분인(含血噴人) 피를 머금고 다른 사람에게 뿜으면 먼저 자기(自己)의 입이 더러워지는 것처럼, 다른 사람을 해치는 말은 먼저 자기부터 해친다는 것을 비유적으로 이르는 말.
- 함흥차사(咸興差使) 함흥(咸興)으로 보낸 차사(差使)라는 뜻으로, 심부름을 가

서 아무 소식(消息)이 없이 돌아오지 않거나 늦게 오는 사람을 비유적으로 이르는 말. =종무소식(終無消息)

※조선(朝鮮) 태조(太祖) 이성계(李成桂)가 왕위(王位)에서 물러나 함흥(咸興)에 있을 때, 태종(太宗)이 보낸 사신(使臣)을 잡아 가두어 돌려보내지 않아 소식이 없었다는 데에서 비롯된 고사에서 유래.

출전(出典) 『조선왕조실록(朝鮮王朝實錄)』

- 합장배례(合掌拜禮) 두 손바닥을 마주대고 절함.
- 합종연횡(合縱連衡) 소진(蘇秦)의 합종설(合從說)과 장의(張儀)의 연횡설(連衡說)을 아울러 이르는 말.

※합종연횡(合從連衡)은 서로 상반(相反)된 외교술(外交術)로 중국(中國) 전국시대(戰國時代) 합종가(合縱家)와 연횡가(連衡家)들에 의해 주장(主張)된 외교술로 중국(中國) 전국시대의 최강국(最强國)인 진(秦)나라와 6국〈연(燕)·제(齊)·초(楚)·한(韓)·위(魏)·조(趙)〉나라 사이의 외교 전술(戰術)을 가리킴.

소진(蘇秦)의 합종설: 여섯 나라가 연합(聯合)하여 진(秦)나라에 대항(對抗)하라는 주장.

장의(張儀)의 연횡설: 여섯 나라가 각각 진(秦)나라와 화친(和親)하고 섬기라고 주장한 고사에서 유래.

출전(出典) 『전국책(戰國策)』

- 합포주환(合浦珠還) 합포(合浦)에 진주(眞珠)가 돌아온다는 뜻으로, 잃었던 것을 찾거나 떠난 것이 돌아옴을 비유적으로 이르는 말.
- 항다반사(恒茶飯事) 차(茶)를 마시거나 밥을 먹는 일의 뜻으로, 일상(日常) 생활(生活)에 자주 있는 일을 이르는 말. =다반사(茶飯事)
- 항룡유회(亢龍有悔) 높이 올라가서 내려올 줄 모르는 용(龍)은 후회(後悔)하게

된다는 뜻으로, 오를 데까지 오르면 반드시 후회할 일이 생긴다는 말로 정상(頂上)에 오른 사람이 스스로 삼가하고 경계(警戒)하지 않으면 후회할 일이 있음을 이르는 말.

- 해로동혈(偕老同穴) 살아서는 같이 늙고 죽어서는 한 무덤에 묻힌다는 뜻으로, 부부(夫婦)가 생사(生死)를 같이하자고 맹세(盟誓)함을 이르는 말.

- 해불양파(海不揚波) 바다에 파도(波濤)가 일지 않는다는 뜻으로, 임금이 바르고 어진 정치(政治)를 베풀어 백성(百姓)들이 편안(便安)함을 이르는 말.

- 해옹호구(海翁好鷗) 바다 노인(老人)이 갈매기를 좋아한다는 뜻으로, 사람에게 흑심(黑心)이 있으면 새도 그것을 알고 가까이하지 않는다는 말.

  ※바닷가에 갈매기를 좋아하는 사람이 있었다. 그는 매일 아침 바닷가로 나가서 갈매기들과 더불어 놀았는데, 어느 날 그의 아버지가 말했다. "갈매기들이 너를 따라 논다는 말을 들었다. 그 갈매기를 잡아 오너라. 갈매기를 가지고 놀고 싶구나." 그는 다음 날 바닷가로 나갔으나 갈매기들이 내려오지 않았다는 고사에서 유래.

  출전(出典) 『열자(列子)』「황제(黃帝)」

- 해의추식(解衣推食) 옷을 벗어 주고 밥을 나누어 주다는 뜻으로, 남에게 각별(各別)히 친절(親切)하게 대하는 것을 이르는 말.

- 해타성주(咳唾成珠) 입에서 나오는 아주 하찮은 말이라도 주옥(珠玉)같이 아름답다는 뜻으로, 시문(詩文)의 재능(才能)이 뛰어남. 또는 권세(權勢)있는 사람의 말이 존중(尊重)됨을 비유적으로 이르는 말.

- 해활천공(海闊天空) 바다가 광활(廣闊)하고 하늘이 창창(蒼蒼)하여 끝없는 것과

	같이 기상(氣象)이 상쾌(爽快)하고 도량(度量)이 넓음, 즉 마음이 넓은 것을 비유적으로 이르는 말.
• 행도지지(行道遲遲)	길을 걷는 걸음이 더디고 더디다는 뜻으로, 마음에 근심과 슬픔이 있음을 이르는 말.
• 행불승의(行不勝衣)	몸이 약해 옷도 지탱(支撑)하지 못한다는 뜻으로, 키가 작고 야위어서 옷태가 나지 않음을 이르는 말.
• 행불유경(行不由徑)	길을 갈 때는 지름길을 선택(選擇)하지 않는다는 뜻으로, 어떤 일을 할 때에 바른 길을 걷지 않고 편법(便法)을 쓰면 빠르고 이로운 것 같지만, 결국(結局)에는 그것이 화근(禍根)이 되어 낭패(狼狽)를 보게 됨을 이르는 말.
• 행상대경(行常帶經)	다닐 때 항상 경서(經書)를 지닌다는 뜻으로, 학문(學問)에 열중(熱中)함을 비유적으로 이르는 말.
• 행시주육(行尸走肉)	살아 있는 송장이요, 걸어 다니는 고깃덩이라는 뜻으로, 배운 것이 없어서 아무 쓸모가 없는 사람을 이르는 말.
• 행운유수(行雲流水)	떠가는 구름과 흐르는 물이라는 뜻으로, 자연(自然)스럽고 거침없이 일을 처리(處理)함을 비유적으로 이르는 말.
• 행재요화(幸災樂禍)	남이 재난(災難)과 화(禍)를 입는 것을 보고 기뻐함.
• 향우지탄(向隅之歎)	좋은 기회(機會)를 만나지 못한 것을 한탄(恨歎)함을 이르는 말.
• 허례허식(虛禮虛飾)	마음이나 정성(精誠)이 없이 겉으로만 번드르르하게 꾸밈을 이르는 말.
• 허무맹랑(虛無孟浪)	터무니없이 거짓되어 실속이 없음.
• 허송세월(虛送歲月)	하는 일 없이 세월(歲月)을 헛되이 보냄.
• 허심탄회(虛心坦懷)	품은 생각을 터놓고 말할 만큼 마음에 아무런 거리낌이 없고 솔직(率直)함을 이르는 말.
• 허심평의(虛心平意)	아무것도 생각하지 않고 조용히 있다는 뜻으로, 애증(愛憎)

이나 호오(好惡)의 감정(感情)이 없고 공평(公平) 무사(無事)한 태도(態度)를 이르는 말

- 허유소부(許由巢父)　청렴(淸廉) 결백(潔白)하고 부귀영화(富貴榮華)를 바라지 않는 사람을 비유적으로 이르는 말.

　　※성천자(聖天子)라고 추앙(推仰)받는 중국(中國)의 요(堯) 임금이 허유(許由)에게 천하(天下)를 주겠다고 하자 허유는 더러운 말을 들었다고 하여 영수강(潁水江) 물에 귀를 씻었으며, 소부(巢父)는 허유가 귀를 씻은 더러운 물을 소에게 먹일 수 없다고 하여 소를 끌고 돌아갔다는 고사에서 유래.

　　출전(出典)『행당현지(行唐縣誌)』

- 허장성세(虛張聲勢)　실력(實力)이나 실속은 없으면서 허세(虛勢)만 부림.
- 허허실실(虛虛實實)　상대방(相對方)의 허점(虛點)을 찌르고 실리(實利)를 얻는 계략(計略)을 이르는 말.
- 혁혁지공(赫赫之功)　혁혁(赫赫)한 공(功)이라는 뜻으로, 빛나는 큰 공적(功績)을 이르는 말.
- 헌헌장부(軒軒丈夫)　자득(自得)하고 출중(出衆)한 장부(丈夫)라는 뜻으로, 외모(外貌)가 준수(俊秀)하고 쾌활(快活)한 남자(男子)를 이르는 말.
- 현두자고(懸頭刺股)　상투를 천장에 매달고, 송곳으로 허벅지를 찌르며 잠을 깨운다는 뜻으로, 학문(學問)에 힘씀을 이르는 말.
- 현량자고(懸梁刺股)　대들보에 머리카락을 묶고, 정강이를 찌른다는 뜻으로, 분발(奮發)하여 학문(學問)에 정진(精進)하는 것을 비유적으로 이르는 말. =현두자고(懸頭刺股), 자고현량(刺股懸梁)
- 현모양처(賢母良妻)　인자(仁慈)하고 어진 어머니이자 착하고 좋은 아내를 이르는 말.

- 현문우답(賢問愚答) 어질고 사리(事理)에 밝은 물음에 대한 어리석고 둔한 대답(對答)을 이르는 말.
- 현하지변(懸河之辯) 강물이 쏟아져 흐르듯 거침없이 말을 막힘없이 잘하는 것을 이르는 말.
  =청산유수(靑山流水), 현하구변(懸河口辯) ↔눌변(訥辯)
- 현호지신(懸弧之辰) 활을 매달아 놓은 날이라는 뜻으로, 남자(男子)가 태어나면 활을 문(門)에 걸어 두는 데서 유래(由來)해 남자 아이의 탄생(誕生)을 이르는 말.
- 혈구지도(絜矩之道) 곱자를 가지고 재는 방법(方法)이라는 뜻으로, 자기(自己)의 처지(處地)로 미루어 남의 처지를 헤아리는 것을 비유적으로 이르는 말.
- 혈유생령(孑遺生靈) 간신히 남아 있는 목숨을 이르는 말.
- 혈육지친(血肉之親) 부모(父母), 자식(子息), 형제(兄弟), 자매(姉妹)처럼 한 핏줄을 가진 사람을 이르는 말.
- 혈혈단신(孑孑單身) 의지(依支)할 곳 없이 외로운 홀몸.
- 형명지학(刑名之學) 중국(中國) 한비자(韓非子) 등이 제창(提唱)한 법(法)을 가지고 나라를 다스려야 한다는 학설(學說)을 이르는 말.
- 형설지공(螢雪之功) 개똥벌레의 불빛과 눈빛으로 글을 읽어 가며 이룩한 성공(成功)이란 뜻으로, 어려운 생활(生活) 속에서도 갖은 고생(苦生)을 하며 부지런히 학문(學問)을 닦는 것을 비유적으로 이르는 말. =손강영설(孫康映雪), 차윤취형(車胤聚螢)
  ※차윤(車胤)이 반딧불로 글을 읽고, 손강(孫康)이 눈에 반사(反射)된 달빛으로 글을 읽었다는 고사에서 유래.
  출전(出典) 『진서(晉書)』의 「차윤전(車胤傳)」, 「손강전(孫康傳)」
- 형승지지(形勝之地) 지세(地勢)나 경치(景致)가 매우 뛰어나고 아름다운 땅.
- 형영상조(形影相弔) 자기(自己)의 몸과 그림자가 서로 불쌍히 여긴다는 뜻으로,

의지(依支)할 곳이 없이 몹시 외로움을 이르는 말.

- 형우제공(兄友弟恭) 형제(兄弟)간에 서로 우애(友愛)를 다함.
- 형용고고(形容枯槁) 얼굴 모양(模樣)이 야위어 파리하다는 뜻으로, 얼굴이 몹시 야위고 파리해서 외모(外貌)가 초라해짐을 이르는 말.
- 형제지의(兄弟之誼) 형제(兄弟)간의 정의(情誼)라는 뜻으로, 주로 형제간처럼 지내는 정다운 친구(親舊)간의 정의를 이르는 말.
- 형제혁장(兄弟鬩墻) 형제(兄弟)가 담 안에서 싸운다는 뜻으로, 동족(同族)끼리 서로 다툼을 이르는 말.
- 형창설안(螢窓雪案) 반딧불이 비치는 창(窓)과 눈에 비치는 책상(冊床)이라는 뜻으로, 어려운 가운데서도 학문(學問)에 힘씀을 이르는 말.
- 혜분난비(蕙焚蘭悲) 혜초(蕙草)가 불에 타면 난초(蘭草)가 슬퍼한다는 뜻으로, 벗의 불행(不幸)을 슬퍼함을 비유적으로 이르는 말.
- 혜이불비(惠而不費) 남에게 은혜(恩惠)를 베풀면서도 비용(費用)이 들지 않음을 이르는 말.
- 호가호위(狐假虎威) 여우가 호랑이의 힘을 빌려 거만(倨慢)하게 잘난 체한다는 뜻으로, 남의 권세(權勢)를 빌려 위세(威勢)를 부림을 비유적으로 이르는 말.
- 호각지세(互角之勢) 호각(互角)은 쇠뿔의 양쪽이 서로 길이나 크기가 같다는 뜻으로, 가지고 있는 기량(技倆)이나 힘이 서로 비슷한 것을 이르는 말.
- 호고파산(好古破産) 옛 것을 지나칠 정도(程度)로 좋아하면 재산(財産)을 다 날린다는 뜻으로, 별로 필요(必要)하지도 중요(重要)하지도 않은 일에 지나친 신경(神經)을 기울이면 결국(結局) 신세(身世)만 망치게 된다는 말.
- 호구여생(虎口餘生) 호랑이 아가리에서 남은 생애(生涯)라는 뜻으로, 죽을 뻔했던 고비를 넘기고 살아남은 것을 이르는 말.

- 호구지계(狐丘之戒) 호구(狐丘)의 교훈(敎訓)이라는 뜻으로, 남에게 원한(怨恨)이나 미움을 사는 일이 없도록 조심(操心)하라는 말.
  ※초(楚)나라의 호구라는 마을에 사는 한 노인이 초나라 대부 손숙오(孫叔敖)에게 물었다. 사람들에게는 세 가지 미워하는 대상(對象)이 있는데 그걸 아십니까? "사람들은 지위(地位)가 높은 사람을 시기(猜忌)하고, 임금은 벼슬이 높은 신하(臣下)를 미워하며, 녹(祿)을 많이 받는 사람은 세인(世人)의 미움"을 받습니다. 사람에게는 세 가지 미워하는 대상(對象)이 있다는 고사에서 유래.
  출전(出典) 『열자(列子)』「설부(說符)」

- 호구지책(糊口之策) 입에 풀칠을 할 방책(方策)이란 뜻으로, 죽지 아니하고 살아갈 만큼 간신히 먹고살아 갈 수 있는 방법(方法)을 이르는 말. =호구지계(糊口之計)

- 호기만장(豪氣萬丈) 꺼드럭거리며 뽐내는 기세(氣勢)가 매우 높음.

- 호랑지국(虎狼之國) 범이나 이리 같은 나라라는 뜻으로, 욕심(慾心)이 많고 포악(暴惡)한 나라를 비유적으로 이르는 말.

- 호령여한(號令如汗) 호령(號令)이 흐르는 땀과 같다는 뜻으로, 큰 명령(命令)이 마치 한 번 흘러 되돌아 갈 수 없는 땀처럼 이미 임금이 한 번 발포(發布)한 명령은 취소(取消)하지 못함을 이르는 말.

- 호리건곤(壺裡乾坤) 호리병(壺裡瓶) 속의 천지(天地)라는 뜻으로, 늘 술에 취(醉)하여 있음을 비유적으로 이르는 말.

- 호마망북(胡馬望北) 호(胡)나라의 말은 북풍(北風)이 불 때마다 머리를 들어 북쪽을 바라본다는 뜻으로, 고향(故鄕)을 몹시 그리워함을 이르는 말. =수구초심(首丘初心), 호마북풍(胡馬北風)

- 호모부가(毫毛斧柯) 어린싹을 뽑아 버리지 않으면 마침내 큰 나무가 된다는 뜻으로, 화근(禍根)은 크기 전에 없애야 함을 이르는 말.

- 호미난방(虎尾難放) 잡은 호랑이의 꼬리를 놓기가 어렵다는 뜻으로, 위험(危險)한 일을 시작(始作)하여 놓았으나 그냥 계속(繼續)할 수도 없고 그만두기도 어려움을 비유적으로 이르는 말.
  =기호지세(騎虎之勢)
- 호방뇌락(豪放磊落) 기개(氣槪)가 장대(壯大)하고 활달(豁達)하여 작은 일에 거리낌이 없음을 이르는 말.
- 호부견자(虎父犬子) 아비는 범인데 새끼는 개라는 뜻으로, 아버지는 훌륭하나 아들은 그렇지 못함을 비유적으로 이르는 말.
- 호사다마(好事多魔) 좋은 일에는 탈이 많다는 뜻으로, 좋은 일에는 방해(妨害)가 많이 따른다는 것을 비유(譬喩)함. 또는 어떤 일을 실현(實現)하기 위해서는 많은 풍파(風波)를 겪어야 한다는 것을 비유적으로 이르는 말.
- 호사수구(狐死首丘) 여우가 죽을 때 머리를 제가 살던 굴(窟)이 있는 언덕으로 돌린다는 뜻으로, 죽을 때라도 자기(自己)의 근본(根本)을 잊지 않음을 비유적으로 이르는 말.
- 호사유피(虎死留皮) 호랑이는 죽어서 가죽을 남긴다는 뜻으로, 사람은 죽어서 명성(名聲)을 남김을 비유적으로 이르는 말.
  =인사유명(人死留名)
- 호사토비(狐死兎悲) 여우가 죽으니 토끼가 슬퍼한다는 뜻으로, 같은 무리의 불행(不幸)을 슬퍼함을 비유적으로 이르는 말.
  =호사토읍(狐死兎泣)
- 호생지덕(好生之德) 살아 있는 것을 사랑하는 덕(德)이란 뜻으로, 생명(生命)을 아끼고 사랑하는 덕에서 훌륭한 정치(政治)가 나온다는 것을 비유적으로 이르는 말.
- 호소무처(呼訴無處) 억울(抑鬱)하고 원통(冤痛)한 사정(事情)을 하소연할 곳이 없음을 이르는 말.

- 호시탐탐(虎視眈眈) 범이 눈을 부릅뜨고 먹이를 노려본다는 뜻으로, 남의 것을 빼앗기 위하여 기회(機會)를 노리고 형세(形勢)를 살피는 모양(模樣)을 비유적으로 이르는 말.
- 호언장담(豪言壯談) 의기양양(意氣揚揚)하여 자신(自信)있게 말함. 또는 그런 말을 이르는 말.
- 호연지기(浩然之氣) 하늘과 땅 사이를 가득 채울 만큼 넓고 커서 어떠한 일에도 굴(屈)하지 않고 맞설 수 있는 당당(堂堂)한 기상(氣象)을 이르는 말.
- 호왈백만(號曰百萬) 외치면 백 만(百萬)을 말한다는 뜻으로, 실상(實狀)은 얼마 안 되는 것을 많은 것처럼 과장(誇張)함을 이르는 말.
- 호우호마(呼牛呼馬) '소라 부르든, 말이라 부르든' 이라는 뜻으로, 남이 무어라 하든 개의(介意)치 않음을 비유하여 이르는 말.
- 호위인사(好爲人師) 남의 스승이 되기를 좋아한다는 뜻으로, 스스로 만족(滿足)하고 학문(學問)의 진전(進展)이 이루어지지 않음을 이르는 말.
- 호의불결(狐疑不決) 여우가 의심(疑心)을 하며 결정(決定)을 못한다는 뜻으로, 의심이 많아 결단(決斷)을 내리지 못하는 것을 비유적으로 이르는 말.
- 호의현상(縞衣玄裳) 흰 비단 저고리와 검은 치마라는 뜻으로, 학(鶴)의 깨끗하고 아름다운 모습을 비유적으로 이르는 말.
- 호의호식(好衣好食) 좋은 옷과 좋은 음식(飮食)이라는 뜻으로, 잘 입고 잘 먹음을 이르는 말. ↔악의악식(惡衣惡食)
- 호접지몽(胡蝶之夢) 나비가 된 꿈. 장자(莊子)가 나비가 되어 날아다닌 꿈이라는 뜻으로, 물아일체(物我一體)의 경지(境地). 또는 인생(人生)의 무상(無常)함을 비유적으로 이르는 말.
=장주지몽(莊周之夢)(참조)

- 호중지천(壺中之天)   항아리 속의 작은 하늘이라는 뜻으로, 별천지(別天地). 별세계(別世界). 선경(仙境)을 비유적으로 이르는 말.

- 호질기의(護疾忌醫)   병(病)을 숨기면서 의사(醫師)에게 보이지 않는다는 뜻으로, 문제(問題)가 있는데도 다른 사람의 충고(忠告)를 듣지 않음을 비유적으로 이르는 말.

- 호천망극(昊天罔極)   하늘이 끝이 없다는 뜻으로, 어버이의 은혜(恩惠)가 넓고 커서 다함이 없음을 비유적으로 이르는 말.

  ※호천(昊天)은 높고 넓은 하늘을 말하고, 망극(罔極)은 임금이나 부모(父母)의 은혜(恩惠)가 너무 커서 갚을 길이 없음을 뜻함. 시경(詩經)의 "욕보지덕(欲報之德), 호천망극(昊天罔極)" 고사에서 유래.

  출전(出典) 『시경(詩經)』

- 호해지사(湖海之士)   강호(江湖)에 살면서 큰 뜻을 지니고 있는 인물(人物)을 이르는 말.

- 호형호제(呼兄呼弟)   서로 형(兄)이니 아우니 하고 부른다는 뜻으로, 매우 가까운 친구(親舊)사이로 지냄을 이르는 말.

- 호호선생(好好先生)   너그러운 선생(先生)이라는 뜻으로, 다른 사람의 말에 무조건(無條件) 옳다고 하는 사람을 비유적으로 이르는 말.

- 혹세무민(惑世誣民)   세상(世上) 사람들을 속여 정신(精神)을 홀리고 세상을 어지럽힘.

- 혼비백산(魂飛魄散)   혼백(魂魄)이 사방(四方)으로 흩어진다는 뜻으로, 매우 놀라거나 혼이 나서 넋을 잃음을 이르는 말.

- 혼수상태(昏睡狀態)   완전(完全)히 의식(意識)이 없어진 상태(狀態)를 이르는 말.

- 혼연일체(渾然一體)   사람들의 행동(行動)과 생각이 조금도 다르지 않고 완전(完全)히 하나가 된 상태(狀態)를 이르는 말.

- 혼연천성(渾然天成)   처음부터 아주 쉽게 저절로 이루어짐.

- 혼정신성(昏定晨省)　밤에는 부모(父母)의 잠자리를 보아 드리고 이른 아침에는 부모의 밤새 안부(安否)를 묻는다는 뜻으로, 부모를 잘 섬기고 효성(孝誠)을 다함을 이르는 말.
- 홀현홀몰(忽顯忽沒)　갑자기 나타났다가 갑자기 사라짐.
- 홍곡지지(鴻鵠之志)　큰 기러기와 고니의 뜻이라는 뜻으로, 영웅(英雄) 호걸(豪傑)과 같이 높고 크게 품은 뜻을 이르는 말.
  ※제비나 참새 따위가 어찌 홍곡(鴻鵠)같은 큰 새의 뜻을 알겠느냐? 는 "연작안지 홍곡지지(燕雀安知 鴻鵠之志)"고사에서 유래.
  출전(出典) 『사기(史記)』의 「진섭세가(陳涉世家)」
- 홍동백서(紅東白西)　제사(祭祀)상을 차릴 때, 신위(神位)를 기준(基準)으로 붉은 과일은 동쪽에 흰 과일은 서쪽에 놓는 일을 이르는 말.
- 홍로점설(紅爐點雪)　빨갛게 달아오른 화로(火爐) 위에 눈을 조금 뿌린 것과 같다는 뜻으로, 큰일을 하는 데 있어 작은 힘으로는 아무 도움이 되지 않음을 이르는 말.
- 홍범구주(洪範九疇)　중국(中國) 하(夏)나라 우왕(禹王)이 남겼다는 정치(政治) 도덕(道德)의 아홉 가지 원칙(原則=9조목)을 이르는 말.
  ※9조목(條目): 오행(五行), 오사(五事), 팔정(八政), 오기(五紀), 황극(皇極), 삼덕(三德), 계의(稽疑), 서징(庶徵) 및 오복(五服)과 육극(六極)를 말함.
  출전(出典) 『서경(書經)』 주서(周書) 「홍범편(洪範篇)」
- 홍불감장(紅不甘醬)　간장이 빛깔은 붉으나 맛이 달지 않고 짜다는 뜻으로, 겉은 좋아 보여도 속은 신통(神通)치 않은 것을 이르는 말.
- 홍안박명(紅顔薄命)　얼굴에 복숭아 빛을 띤 예쁜 여자(女子)는 팔자(八字)가 사나운 경우(境遇)가 많음을 이르는 말. =미인박명(美人薄命)
- 홍연대소(哄然大笑)　떠들썩하게 큰 소리로 껄껄 웃음. =가가대소(呵呵大笑)

- 홍익인간(弘益人間)　널리 인간(人間) 세계(世界)를 이롭게 함을 이르는 말.
　　　　　　　　　※단군(檀君)의 건국이념(建國理念)으로 우리나라의 정치(政治), 교육(敎育)의 최고(最高) 이념(理念)으로 삼고 있음.
　　　　　　　　　출전(出典) 『삼국유사(三國遺事)』기이제일(紀異第一)「고조선(古朝鮮)의 건국신화편(建國神話篇)」
- 홍점지익(鴻漸之翼)　점점(漸漸) 높이 날아 하늘 위까지 날 수 있는 큰기러기의 날개라는 뜻으로, 점차(漸次) 높은 자리에 올라 큰 뜻을 이룰 재능(才能)이나 기량(技倆), 또는 그런 재능을 가진 사람을 비유적으로 이르는 말.
- 화광동진(和光同塵)　빛을 감추고 티끌 속에 섞여 있다는 뜻으로, 자기(自己)의 뛰어난 지덕(知德)을 나타내지 않고 세속(世俗)에 따름을 이르는 말.
- 화광충천(火光衝天)　불빛이 하늘을 찌를 듯이 몹시 거세고 높게 일어남.
- 화기치상(和氣致祥)　온화(溫和)하고 부드러운 기운(氣運)이 온 집안에 가득함을 이르는 말.
- 화룡점정(畵龍點睛)　용(龍)을 그리고 눈동자를 찍는다는 뜻으로, 사물(事物)의 가장 중요(重要)한 부분(部分)을 완성(完成)시키거나 끝손질을 하는 것을 비유적으로 이르는 말.
- 화민성속(化民成俗)　백성(百姓)을 교화(敎化)하여 선량(善良)한 풍속(風俗)을 이룩함을 이르는 말.
- 화복동문(禍福同門)　화(禍)와 복(福)은 같은 문(門)으로 들어온다는 뜻으로 화나 복은 모두 사람이 자초(自招)하는 것임을 비유적으로 이르는 말.
- 화복무문(禍福無門)　화복(禍福)은 운명(運命)적인 것이 아니라 사람이 선(善)한 일을 하거나 악(惡)한 일을 함에 따라서 각기(各其) 받음을 이르는 말.

- 화복유기(禍福由己)　　화(禍)나 복(福)은 자기(自己)에게서 말미암는다는 뜻으로, 화나 복은 자기 스스로 부르는 것임을 이르는 말.

- 화사첨족(畫蛇添足)　　뱀을 다 그리고 나서 있지도 아니한 발을 덧붙여 그려넣는다는 뜻으로, 쓸데없는 군짓을 하여 도리어 잘못되게 함을 이르는 말.

- 화생부덕(禍生不德)　　화란(禍亂)을 겪은 것은 모두 본인(本人)의 덕(德)이 없는 탓으로 부터 생기는 현상(現象)임을 이르는 말.

- 화서지몽(華胥之夢)　　화서(華胥)에서 꾼 꿈이라는 뜻으로, 낮잠 또는 좋은 꿈을 이르는 말.
  ※고대 중국(中國)의 황제(黃帝)가 낮잠을 자다가 꿈을 꾸었는데 화서(華胥)라는 나라에 가서 그 나라의 어진 정치(政治)를 보고 깨어나서 깊이 깨달았다는 고사에서 유래.
  출전(出典) 『열자(列子)』의 「황제편(黃帝篇)」

- 화씨지벽(和氏之璧)　　수후지주(隋侯之珠)와 같이 천하(天下)의 귀중(貴重)한 보배라는 뜻으로, 뛰어난 인재(人材)를 비유적으로 이르는 말.

- 화양부동(花樣不同)　　꽃 모양(模樣)이 같지 않다는 뜻으로, 문장(文章)이 다른 사람과 같지 않음을 비유적으로 이르는 말.

- 화왕지절(火旺之節)　　오행(五行)에서, 화기(火氣)가 왕성(旺盛)한 절기(節氣)라는 뜻으로 '여름'을 이르는 말.

- 화용월태(花容月態)　　꽃다운 얼굴과 달 같은 자태(姿態)라는 뜻으로, 아름다운 여인(女人)의 얼굴과 맵시를 이르는 말.
  =침어낙안(沈魚落雁), 월태화용(月態花容)

- 화이부동(和而不同)　　남과 사이좋게 지내기는 하나 무턱대고 한데 어울리지 않는 일을 이르는 말.

- 화이부실(華而不實)　　꽃은 화려(華麗)하나 열매를 맺지 못한다는 뜻으로, 겉모습

은 그럴 듯하지만 실속이 없음을 이르는 말.

- 화조월석(花朝月夕): 꽃 피는 아침과 달 밝은 저녁이란 뜻으로, 경치(景致)가 좋은 때를 이르는 말. =조화월석(朝花月夕)

- 화조풍월(花鳥風月): 꽃과 새와 바람과 달이라는 뜻으로, 천지자연(天地自然)의 아름다운 경치(景致). 또는 자연(自然)을 즐기어 시(詩)나 노래를 읊조리며 풍치(風致) 있고 멋스럽게 노는 일을 이르는 말.

- 화종구생(禍從口生): 화(禍)가 되는 것은 입으로부터 나온다는 뜻으로, 말을 조심(操心)하라는 경계(警戒)의 의미(意味)를 주는 말.

- 화중군자(花中君子): 꽃 중의 군자(君子)라는 뜻으로, '연(蓮)꽃'을 달리 이르는 말.

- 화중신선(花中神仙): 꽃 중의 신선(神仙)이라는 뜻으로, '해당화(海棠花)'를 달리 이르는 말.

- 화중지병(畵中之餠): 그림 속의 떡이라는 뜻으로, 아무리 마음에 들어도 이용(利用)할 수 없거나 차지할 수 없음을 비유적으로 이르는 말.

- 화호유구(畵虎類狗): 범을 그리려다가 강아지를 그린다는 뜻으로, 서투른 솜씨로 어려운 특수(特殊)한 일을 하려다가 도리어 잘못됨을 비유적으로 이르는 말.

- 확고부동(確固不動): 태도(態度)나 결심(決心) 따위가 굳어져 흔들림이나 변화(變化)가 없음을 이르는 말.

- 환골탈태(換骨奪胎): 낡은 제도(制度)나 관습(慣習) 따위를 고쳐 모습이나 상태(狀態)가 새롭게 바뀐 것을 비유적으로 이르는 말.

- 환과고독(鰥寡孤獨): 홀아비, 과부(寡婦), 고아(孤兒), 늙어서 자식(子息)이 없는 사람을 아울러 이르는 말.

- 환난상휼(患難相恤): 향약(鄕約)의 네 강목(綱目) 중의 하나. 어려운 일을 당하면 서로 도와줌을 이르는 말.

※향약(鄕約): 조선 시대, 권선징악(勸善懲惡)과 상부상조(相扶相助)를 목적으로 만든 향촌(鄕村)의 자치(自治) 규약(規約). 또는 그 규약에 근거(根據)한 조직체(組織體)를 말함.

※4대 강목(綱目): 덕업상권(德業相勸), 과실상규(過失相規), 예속상교(禮俗相交), 환난상휼(患難相恤).

- 환득환실(患得患失) 물건(物件)이나 지위(地位) 따위를 얻기 전에는 그것을 얻으려고 근심하고, 얻은 후에는 잃지 않으려고 근심함을 이르는 말.
- 환부작신(換腐作新) 묵은 것이나 나쁜 것 따위를 새것으로 바꿈.
- 환호작약(歡呼雀躍) 기뻐서 크게 소리를 치며 날뜀.
- 활연관통(豁然貫通) 사물(事物)의 이치(理致)에 대해 막혀 있던 것이 꾸러미를 꿰듯 통(通)한다는 뜻으로, 환하게 통하여 도(道)를 깨달음을 이르는 말.
- 황공무지(惶恐無地) 위엄(威嚴)이나 지위(地位) 따위에 눌리거나 높은 은혜(恩惠) 등으로 어렵고 두려워 몸 둘 곳을 모름을 이르는 말.
- 황구소아(黃口小兒) 부리가 노란 새 새끼의 뜻으로, '어린아이'를 이르는 말.
- 황구유취(黃口乳臭) 어려서 아직 젖내가 난다는 뜻으로, 남을 어리다고 하잘 것 없다고 욕하는 말.
- 황당무계(荒唐無稽) 말이나 행동(行動)이 헛되고 터무니없어 믿을 수 없음.
- 황량지몽(黃粱之夢) 누른 조밥 짓는 사이의 꿈이라는 뜻으로, 인생(人生)과 영화(榮華)의 덧없음을 비유적으로 이르는 말.
  =노생지몽(老生之夢)(참조), 한단지몽(邯鄲之夢)
  ※황량(黃粱): 차지지 않고 메진 조를 말함.
- 황음무도(荒淫無道) 술과 여자(女子)에 깊이 빠져 사람으로서의 도리(道理)를 돌아보지 않음을 이르는 말.

- 회계지치(會稽之恥) 회계산(會稽山)에서 받은 치욕(恥辱)이라는 뜻으로, 전쟁(戰爭)에서 진 치욕. 또는 마음에 새겨져 잊지 못하는 치욕을 이르는 말.
  ※중국(中國) 춘추(春秋)시대에 월왕(越王) 구천(句踐)이 오왕(吳王) 부차(夫差)에게 회계산(會稽山)에서 패전(敗戰)하고 생포(生捕)되어 굴욕(屈辱)적인 강화(講和)를 맺었다는 고사에서 유래.
  출전(出典) 『사기(史記)』월세가(越世家), 「십팔사략(十八史略)」
- 회과천선(悔過遷善) 지난날의 잘못을 뉘우치고 고쳐 착하게 됨을 이르는 말.
- 회벽유죄(懷璧有罪) 옥(玉)과 같은 귀중(貴重)한 것을 가지고 있는 것이 죄(罪)가 된다는 뜻으로, 본디 죄 없는 사람도 분수(分數)에 맞지 않는 보물을 지니면 도리어 재앙(災殃)을 부르게 됨을 비유적으로 이르는 말.
- 회빈작주(回賓作主) 손님이 도리어 주인(主人) 행세(行勢)를 한다는 뜻으로, 어떤 일에 대하여 주장(主張)하는 사람을 제쳐놓고 자기(自己) 마음대로 처리(處理)함을 이르는 말.
- 회사후소(繪事後素) 그림 그리는 일은 흰 바탕을 마련한 다음에 해야 한다는 뜻으로, 내적(內的)인 아름다움을 먼저 갖춘 다음에 외적(外的)인 아름다움을 가꿀 수 있음을 이르는 말.
- 회인불권(誨人不倦) 남을 가르치는데 게으르지 않는다는 뜻으로, 꾸준히 남을 교양(敎養)함을 이르는 말.
- 회자인구(膾炙人口) 날고기 회(膾)와 구운 고기(炙)를 사람들이 좋아하여 항상(恒常) 입에 오르내린다는 뜻으로, 좋은 시문(詩文)이나 사물(事物)이 널리 사람들의 입에 오르내리며 이야깃거리가 되는 것을 비유적으로 이르는 말.
- 회자정리(會者定離) 만난 사람은 반드시 헤어지게 됨을 이르는 말.

=생자필멸(生者必滅), ↔거자필반(去者必返)

- 회총시위(懷寵尸位)　임금의 총애(寵愛)를 믿고 물러가야 할 때에 물러가지 않고 벼슬자리만 헛되이 차지함을 이르는 말.

- 횡래지액(橫來之厄)　뜻밖에 당하게 되는 재난(災難)이나 액운(厄運)을 이르는 말. =앙급지어(殃及池魚)

- 횡목지민(橫目之民)　눈이 옆으로 달린 백성(百姓)의 뜻으로, 사람은 누구나 눈이 옆으로 달렸으므로 일반(一般) 백성들을 이르는 말.

- 횡설수설(橫說竪說)　조리(條理)가 없이 이것저것 되는대로 지껄임.

- 효제충신(孝悌忠信)　부모(父母)에 대한 효도(孝道), 형제(兄弟)간의 우애(友愛), 임금에 대한 충성(忠誠), 친구(親舊)와의 신의(信義)를 아울러 이르는 말.

- 후기지수(後起之秀)　새로 나타난 우수(優秀)한 인재(人材). 또는 뛰어난 신인(新人). 신예(新銳)를 이르는 말. =세설신어(世說新語)

- 후목분장(朽木糞牆)　썩은 나무는 조각(彫刻)할 수 없고 썩은 벽(壁)은 다시 칠할 수 없다는 뜻으로, 어떤 일을 하고자 하는 의지(意志)와 기개(氣槪)가 없는 사람은 가르칠 수 없음을 이르는 말.

- 후생가외(後生可畏)　뒤에 난 사람은 두려워할 만하다는 뜻으로, 부지런히 갈고 닦은 후배(後輩)는 선배(先輩)를 능가(凌駕)할 수 있음을 이르는 말.

- 후설지신(喉舌之臣)　예전에, 임금의 명령(命令)을 비롯하여 나라의 중대(重大)한 언론(言論)을 맡은 신하(臣下)라는 뜻으로 '승지(承旨)'를 달리 이르는 말.

- 후안무치(厚顏無恥)　낯가죽이 두꺼워 뻔뻔하고 부끄러움을 모름.

- 후회막급(後悔莫及)　이미 잘못된 것을 뒤늦게 뉘우쳐도 다시 어찌할 수가 없음을 이르는 말.

- 훈호처창(焄蒿悽愴)　향(香) 냄새가 서려 올라 사람의 기분(氣分)을 오싹하게 한

	다는 뜻으로, 귀신(鬼神)의 분위기(雰圍氣)가 서림을 형용(形容)해 이르는 말.
• 휘질기의(諱疾忌醫)	병(病)을 숨기고 의원(醫員)에게 보이기를 꺼린다는 뜻으로, 자신(自身)의 결점(缺點)을 감추고 남의 충고(忠告)를 듣지 않음을 비유적으로 이르는 말.
• 휘황찬란(輝煌燦爛)	광채(光彩)가 눈부시게 빛나다. 또는 행동(行動)이 야단스럽고 못된 꾀가 많아 믿을 수 없음을 이르는 말.
• 휴수동유(携手同遊)	손을 잡고 함께 놀러 가는 것을 이르는 말.
• 흉유성죽(胸有成竹)	대나무를 그리기 전에 마음속에는 이미 대나무의 형상(形狀)이 있다는 뜻으로, 문제(問題)에 직면(直面)했을 때에 마음속에 성숙(成熟)된 해결책(解決策)이 있음을 비유적으로 이르는 말.
• 흉중생진(胸中生塵)	가슴에 티끌이 생김의 뜻으로, 가슴에 오래된 먼지가 쌓인 것처럼 그 사람을 잊지 못함을 이르는 말.
• 흑의재상(黑衣宰相)	승려(僧侶)의 신분(身分)으로 천하(天下)의 정치(政治)에 참여(參與)하는 사람을 비유적으로 이르는 말.
• 흥망성쇠(興亡盛衰)	흥(興)하고 망(亡)함과 성(盛)하고 쇠(衰)함을 이르는 말. =영고성쇠(榮枯盛衰)
• 흥미진진(興味津津)	흥미(興味)가 넘쳐흐를 정도(程度)로 매우 많음을 이르는 말.
• 흥이항이(興伊恒伊)	'누가 흥(興)이야 항(恒)이야 하랴'는 뜻으로, 아무 관계(關係)없는 남의 일에 쓸 데 없이 참견(參見)하여 이래라 저래라 함을 이르는 말.
• 흥진비래(興盡悲來)	즐거운 일이 다하면 슬픈 일이 온다는 뜻으로, 세상(世上) 일은 좋고 나쁜 일이 돌고 돈다는 것을 이르는 말. ↔고진감래(苦盡甘來)

- 희대미문(稀代未聞)   세상(世上)에서 드물어 아직 들어보지 못했다는 뜻으로, 매우 드물어 좀처럼 듣지 못한 것을 이르는 말.
- 희로애락(喜怒哀樂)   사람이 살아가면서 느끼는 네 가지 감정(感情), 곧 기쁨과 노여움과 슬픔과 즐거움을 아울러 이르는 말.
- 희색만면(喜色滿面)   기쁜 빛이 얼굴에 가득함.
- 희소가치(稀少價値)   드물고 귀(貴)하기 때문에 인정(認定)되는 가치(價値)를 이르는 말.
- 희희낙락(喜喜樂樂)   매우 기뻐하고 즐거워함을 이르는 말.

삼 음 절(三音節)

- 가급적(可及的)　　할 수 있는 대로.
- 가부좌(跏趺坐)　　좌선(坐禪)할 때 앉는 방법(方法)의 하나. 앉는 방법은 항마좌(降魔坐)와 길상좌(吉祥坐)의 두 가지가 있음.
　　　　　　　　　(가(跏)는 '발바닥' 부(趺)는 '발등'을 가리키는 말)
　　　　　　　　　※항마좌(降魔坐): 오른발을 왼편 넓적다리 위에 올려놓은 뒤, 왼발을 오른편 넓적다리 위에 올려놓아 양쪽 발바닥이 드러나게 앉는 방법으로, 손은 왼 손을 오른손 위에 둠.
　　　　　　　　　길상좌(吉祥坐): 왼발을 오른편 넓적다리 위에 올려놓은 뒤, 오른 발을 왼편 넓적다리 위에 올려놓아 양쪽 발바닥이 위를 향하게 하여 앉는 방법으로, 손은 오른손을 왼손 위에 둠.
- 각축전(角逐戰)　　서로 이기거나 앞서기 위해 다투어 힘을 겨루는 싸움.
- 간담회(懇談會)　　친밀(親密)하고 진지(眞摯)하게 이야기하면서 서로의 의견(意見)을 나누는 모임을 이르는 말.
- 거치대(据置臺)　　물건(物件)을 받쳐 놓는 대(臺)를 이르는 말.
- 걸해골(乞骸骨)　　자기 뼈(몸)를 (돌려달라고)빈다. 이는 고향(故鄕)에 돌아가 뼈를 묻을 수 있게 해 달라고 부탁(付託)한다는 뜻으로, 나이 많은 신하(臣下)가 왕(王)에게 사직(辭職)을 청(請)하는 것을 비유적으로 이르는 말.
- 격양가(擊壤歌)　　풍년(豊年)이 들어 농부(農夫)가 태평(太平)한 세월(歲月)을 즐기는 노래를 이르는 말.
- 계영배(戒盈杯)　　과음(過飮)을 경계(警戒)하기 위하여, 술을 어느 한도(限度) 이상(以上)으로 따르면 술잔 옆에 난 구멍으로 술이 새도록 만든 잔을 이르는 말.
- 고육책(苦肉策)　　자신(自身)의 피해(被害)를 무릅쓰고 어쩔 수 없이 택한 방책(方策). 또는 일반적(一般的)으로 어려운 상태(狀態)에서 벗어나기 위한 수단(手段)으로 어쩔 수 없이 하는 계책(計策)을 이르는 말.

- 골동품(骨董品) 골동(汨董)·고완(古玩)·고동(古董)이라고 하며, 현재는 고미술품(古美術品)이라고 부름. 골동품(骨董品)은 적어도 100년 정도는 되고 예술적(藝術的), 역사적(歷史的)으로 중요(重要)한 물건(物件)을 이르는 말.
- 괴안몽(槐安夢) 괴안국(槐安國)의 꿈이라는 뜻으로, 덧없는 꿈이나 부귀영화(富貴榮華)를 이르는 말. =남가일몽(南柯一夢)(참조)
- 구두선(口頭禪) 입으로 불경(佛經)을 읽기만 할 뿐 참된 선(禪)의 이치(理致)를 닦지 아니하는 태도(態度). 또는 행동(行動)이 따르지 않는 실속없는 말을 이르는 말.
- 금강산(金剛山) 계절(季節)의 아름다움과 정취(情趣)가 각각 달라 봄에는 온갖 꽃이 만발(滿發)하여 화려(華麗)하고 산수(山水)가 맑기 때문에 금강산(金剛山), 여름에는 온 산에 녹음(綠陰)이 물들어 봉래산(蓬萊山), 가을에는 단풍(丹楓)이 들어 풍악산(楓嶽山), 겨울에는 기암괴석(奇巖怪石)의 산체(山體)가 뼈처럼 드러나므로 개골산(皆骨山)이라 이른다.
  ※금강산의 '금강(金剛)'이라는 말은 불교 경전(經典)인 『화엄경』에 '해동(海東)에 보살(菩薩)이 사는 금강산이 있다.'고 적힌 데서 연유.
- 금자탑(金字塔) 금(金)자 모양의 탑(塔)이라는 뜻으로, 피라미드를 이르던 말. 또는 후세(後世)에 오래 남을 뛰어난 업적(業績)을 비유적으로 이르는 말.
- 급기야(及其也) 끝에 가서 결국(結局)에.
- 긍만고(亘萬古) 아주 옛날에까지 두루 걸침.
- 기개세(氣蓋世) 의기(意氣)가 왕성(旺盛)하여 천하(天下)를 압도(壓倒)함.
- 기라성(綺羅星) 밤하늘에 반짝이는 수많은 별이라는 뜻으로, 신분(身分)이 높거나 권력(權力) 또는 명예(名譽) 따위를 가지고 있는 인물(人

	物)들이 죽 늘어선 것을 비유적으로 이르는 말.
• 기로소(耆老所)	조선시대(朝鮮時代), 나이가 많은 문신(文臣)을 예우(禮遇)하기 위하여 설치(設置)한 기구(機構)를 이르는 말.
• 기린아(麒麟兒)	재주나 지혜(智慧)가 아주 뛰어나 장래(將來)가 촉망(囑望)되는 아이를 이르는 말.
• 기원장(淇園長)	'대나무'를 달리 이르는 말.
• 난색천(卵色天)	달걀빛을 띤 하늘의 뜻으로, 흔히 비를 머금은 부옇게 흐린 하늘을 이르는 말.
• 노익장(老益壯)	나이를 먹을수록 더욱 기력(氣力)이 왕성(旺盛)해짐. 또는 그런 사람을 이르는 말.
• 농중조(籠中鳥)	새장 속의 새란 뜻으로, 무엇에 속박(束縛)을 당하여 자유(自由)가 없는 몸을 비유적으로 이르는 말.
• 다반사(茶飯事)	차(茶) 마시는 일이나 밥 먹는 일과 같다는 뜻으로, 일상(日常)에서 늘 일어나 대수롭지 않은 일을 이르는 말.
• 단말마(斷末魔)	말마(末魔, 사혈(死穴))가 끊어지다는 뜻으로, 숨이 끊어질 때의 마지막 고통(苦痛)을 이르는 말.
• 당랑력(螳螂力)	사마귀가 수레바퀴를 막는 힘이라는 뜻으로, 어떤 일을 처리(處理)하는 데에 못 미치는 미약(微弱)한 힘. 또는 아주 약한 병력(兵力)을 비유적으로 이르는 말.
• 덕불고(德不孤)	덕(德)이 있는 사람은 외롭지 않다는 말.
• 도외시(度外視)	고려(考慮) 바깥에 두다는 뜻으로, 염두(念頭)에 두지 않거나, 내버려 두고 문제(問題) 삼지 않음. 또는 중요(重要)하지 않게 여겨 상관(相關)하지 않거나 무시(無視)함을 이르는 말.
• 도원경(桃源境)	무릉도원(武陵桃源)과 같은 경치(景致)란 뜻으로, 별천지(別天地)나 이상향(理想鄕)을 비유적으로 이르는 말.
• 독안룡(獨眼龍)	'애꾸눈'의 용(龍)이라는 뜻으로, 애꾸눈을 가진 영웅(英雄)을

이르는 말.

※중국(中國) 당(唐)나라 희종(僖宗) 말년(873년), 황소(黃巢)의 난(亂) 때 애꾸눈인 이극용(李克用)이 황소의 부대(部隊)를 맹렬(猛烈)히 공격(攻擊)하여 장안(長安)에서 몰아냈다는 고사에서 유래.

출전(出典) 『신당서(新唐書)』「이극용전(李克用傳)」

- 돌파구(突破口) 가로막고 있는 것을 쳐서 깨뜨려 통과(通過)할 수 있도록 뚫어 놓은 장소(場所)나 통로(通路). 또는 곤란(困難)한 문제(問題) 따위를 해결(解決)하는 실마리를 이르는 말.

- 동곽리(東郭履) '동곽(東郭)의 신발'이라는 뜻으로, 매우 가난함을 비유적으로 이르는 말.

  ※집안 형편이 매우 어려운 동곽(東郭) 선생의 신이 닳고 닳아 신의 윗면만 있고 밑면은 없어 발이 그대로 땅에 닿았다는 고사에서 유래.

  출전(出典) 『사기(史記)』의「골계열전(滑稽列傳)」

- 동정식(同鼎食) 같은 솥으로 지은 밥을 먹는다는 뜻으로, 한집에서 같이 사는 것을 비유적으로 이르는 말.

- 등용문(登龍門) 용문(龍門)을 오른다는 뜻으로, 입신출세(立身出世)를 위한 어려운 관문(關門)이나 시험(試驗)을 비유적으로 이르는 말.

  =용문점액(龍門點額)(참조)

- 마생각(馬生角) 말에 뿔이 난다는 뜻으로, 결코 일어날 수 없는 일을 이르는 말.
- 마천루(摩天樓) 하늘을 찌를 듯 높이 지은 건물(建物)을 이르는 말.
- 만사휴(萬事休) 모든 일이 끝났다는 말.
- 망부석(望夫石) 절개(節槪) 굳은 아내가 집을 떠난 남편(男便)을 고개나 산마루에서 기다리다 죽어서 되었다는 전설적(傳說的)인 돌을 이르는 말.

- 망중한(忙中閑)   바쁜 가운데의 한가(閑暇)한 틈.
- 맹활약(猛活躍)   어떤 분야(分野)에서 기세(氣勢) 좋고 뛰어나게 활약(活躍)함을 이르는 말.
- 무아애(無我愛)   자신(自身)의 이해관계(利害關係)는 생각하지 않는 참되고 순결(純潔)한 사랑을 이르는 말.
- 무작정(無酌定)   얼마라든지 혹은 어떻게 하리라고 미리 정한 것이 없음. 또는 좋고 나쁨을 가림이 없음을 이르는 말.
- 무진장(無盡藏)   덕(德)이 넓어 끝이 없음. 또는 다함이 없이 많음을 이르는 말.
- 문외한(門外漢)   문(門)의 바깥, 즉 성(城) 바깥에 있는 사람이란 뜻으로, 어떤 일에 대한 지식(知識)이나 조예(造詣)가 없는 사람. 또는 어떤 일과 전혀 관계가 없거나 익숙지 않은 사람을 이르는 말.
↔전문가(專門家)
- 미망인(未亡人)   아직 따라 죽지 못한 사람이란 뜻으로, 남편(男便)이 죽고 홀로된 여자(女子)를 이르는 말.
- 미봉책(彌縫策)   임시(臨時)로 꿰매는 계책(計策)이라는 뜻으로, 어떤 일을 임시변통(臨時變通)으로 해결(解決)하는 방책(方策). 또는 눈가림만 하는 일시적(一時的)인 계책을 이르는 말.
=미봉지책(彌縫之策)의 준말, 고식책(姑息策)
- 미상불(未嘗不)   아니라고 부정(否定)할 수 없게라는 뜻으로, 어떤 사실(事實)에 대한 강(强)한 긍정(肯定)이나 보거나 들은 바가 사실(事實)임을 강조(强調)하여 이르는 말.
- 미증유(未曾有)   일찍이 있지 않았다는 뜻으로, 아직까지 한 번도 있어 본 적이 없음. 또는 처음 벌어져서 유례(類例)를 찾을 수 없는 사건(事件)이나 일을 이르는 말. =파천황(破天荒)
- 발상지(發祥地)   역사적(歷史的)으로 큰 가치(價値)가 있는 일이나 현상(現象)이 처음 나타난 장소(場所). 또는 예전에, 나라를 세운 임금이

	태어난 땅을 이르는 말.
• 백안시(白眼視)	눈을 하얗게 뜨고 바라보다는 뜻으로, 사람을 흘겨보거나 냉정(冷情)한 눈길로 대하며 무시(無視)하는 것을 이르는 말.
• 백일몽(白日夢)	밝은 대낮에 꾸는 꿈이라는 뜻으로, 실현(實現) 불가능(不可能)한 헛된 공상(空想)을 비유적으로 이르는 말.
• 벽창우(碧昌牛)	평안북도 벽동(碧潼)과 창성(昌城)지방의 크고 억센 소라는 뜻으로, 맹목적(盲目的)이며 미련하고 고집(固執)이 센 완고(頑固)하고 우둔(愚鈍)한 사람을 비유적으로 이르는 말.
• 보부상(褓負商)	예전에, 봇짐장수(褓)와 등짐장수(負)를 아울러 이르는 말.
	※보상(褓商): 부피가 적고 가벼우며 비교적 비싼 상품을 보자기에 싸서 들고 다니거나 질빵에 걸머지고 다니면서 판매하는 봇짐장수를 말함.
	부상(負商): 무게나 부피가 크고 값이 비교적 낮은 상품을 지게에 짊어지고 다니면서 판매하는 등짐장수를 말함.
• 부귀화(富貴花)	부귀(富貴)의 기품(氣稟)이 있다는 뜻으로, '모란(牧丹)꽃'을 비유적으로 이르는 말.
• 부득이(不得已)	마지못해 어쩔 수 없이.
• 부랑아(浮浪兒)	부모(父母)의 곁을 떠나 뚜렷한 거처(居處)나 직업(職業)이 없이 떠돌아다니는 아이를 이르는 말.
• 부장품(副葬品)	죽은 사람을 매장(埋葬)할 때 함께 묻는 물품(物品)을 통틀어 이르는 말.
• 북망산(北邙山)	사람이 죽어서 묻히는 곳을 이르는 말.
	=북망산천(北邙山川)(참조)
• 분수령(分水嶺)	어떤 일의 진전(進展)이나 사물(事物)이 발전(發展) 과정(過程)에 있는 결정적(決定的)인 고비. 또는 전환점(轉換點)을 비유적으로 이르는 말.

- 불세출(不世出) 좀처럼 세상(世上)에 나지 않는다는 뜻으로, 매우 뛰어난 사람이나 작품(作品) 따위를 이르는 말.
- 불수진(拂鬚塵) 남의 수염(鬚髥)에 묻은 먼지를 턴다는 뜻으로, 윗사람이나 권력자(權力者)에게 아부(阿附)하거나 비굴(卑屈)한 태도(態度)를 보이는 것을 이르는 말.
- 불야성(不夜城) 전등(電燈)불이 많이 켜져 있어서 밤에도 대낮처럼 번화(繁華)한 곳을 비유적으로 이르는 말.
- 불초자(不肖子) 주로 편지(便紙)글에서, 아들이 부모(父母)에 대하여 자신(自身)을 겸손(謙遜)하게 가리키는 말.
- 불한당(不汗黨) 떼를 지어 다니며 강도(強盜)짓을 하는 무리.
- 비망록(備忘錄) 어떤 사실(事實)을 잊지 않으려고 적어 둔 기록(記錄)을 이르는 말.
- 사갈시(蛇蠍視) 뱀이나 전갈을 보듯 함이라는 뜻으로, 악독(惡毒)한 것을 보고 끔찍이 싫어함을 이르는 말.
- 사무사(思無邪) 조금도 나쁜 일을 생각하지 않음을 이르는 말.
  ※공자(孔子)가 시(詩) 305편(篇)을 산정(刪定)한 후 한 말.
- 사이비(似而非) 겉으로는 비슷하나 본질(本質)은 완전(完全)히 다른 가짜를 이르는 말. =사시이비(似是而非)의 준말.
- 사자후(獅子吼) 사자(獅子)처럼 우렁차게 부르짖으며 열변(熱辯)을 토(吐)하는 말.
- 사직단(社稷壇) 종묘(宗廟)와 함께 나라의 신(神)과 곡식(穀食)을 맡은 신에게 제사(祭祀)지내는 제단(祭壇)을 이르는 말.
- 삼매경(三昧境) 잡념(雜念)을 버리고 한 가지 대상(對象)에만 정신(精神)을 집중(集中)하는 경지(境地)를 이르는 말.=무아지경(無我之境)
- 삼익우(三益友) 사귀어서 이로운 세 가지 벗의 뜻으로, 심성(心性)이 곧은 벗, 믿음직한 벗, 견문(見聞)이 넓은 벗을 이르는 말.

- 삼일우(三日雨)   사흘이나 계속(繼續)하여 내리는 비라는 뜻으로, 꽤 많이 오는 비를 이르는 말.
- 선구자(先驅者)   어떤 일이나 사상(思想)에 있어 그 시대(時代)의 다른 사람보다 앞선 사람을 이르는 말.
- 선문답(禪問答)   선종(禪宗)에서, 조사(祖師)가 수행자(修行者)를 인도(引導)하기 위하여 제시(提示)하는 과제(課題)와 그에 대한 수행자의 대답(對答)을 아울러 이르는 말.
- 선입견(先入見)   어떤 사람이나 사물(事物) 또는 주의(主義)나 주장(主張)에 대하여, 직접(直接) 경험(經驗)하지 않은 상태(狀態)에서 미리 마음속에 굳어진 견해(見解)를 이르는 말.
- 소중도(笑中刀)   웃음 속에 칼이 있다는 뜻으로, 겉으로는 웃으면서 속으로는 해칠 마음을 품고 있음을 이르는 말. =소리장도(笑裏藏刀)
- 수소문(搜所聞)   세상(世上)에 떠도는 소문(所聞)을 두루 찾아 알아봄.
- 수전노(守錢奴)   돈을 지키는 노예(奴隸)라는 뜻으로, 돈을 모을 줄만 알고 쓸 줄을 모르는 매우 인색(吝嗇)한 사람을 얕잡아 이르는 말.
- 순망간(旬望間)   음력(陰曆) 초열흘(10일)부터 보름(15일)까지의 동안.
- 시오설(視吾舌)   '내 혀를 보라'는 뜻으로, 혀만 남아 있으면 천하(天下)도 움직일 수 있다는 것을 이르는 말.
- 시한부(時限附)   어떤 일에 대해 일정(一定)한 시간(時間)의 한계(限界)를 둠.
- 식지동(食指動)   집게손가락이 움직인다는 뜻으로, 음식(飮食)이나 사물(事物)에 대한 욕심(慾心)을 갖거나 야심(野心)을 품는 것을 비유적으로 이르는 말.
- 신기루(蜃氣樓)   대기(大氣)에서 일어나는 빛의 이상(異狀) 굴절(屈折) 현상(現象). 또는 아무런 근거(根據)나 현실적(現實的) 토대(土臺)가 없는 가공(架空)의 사물(事物)이나 헛된 생각을 비유적으로 이르는 말.

※옛날에는 대합(大蛤)조개나 이무기가 토(吐)해 낸 기운(氣運)으로 나타난다고 생각해서 나온 말.

- 심지어(甚至於) 심(甚)하다 못하여 나중에는. 또는 앞 내용이 뒤에서 더욱 심해 질 때나, 앞 내용의 심화(深化)로 인한 결과(結果)가 뒤 내용(內容)으로 나올 때 쓰여 앞뒤 어구(語句)나 문장(文章)을 이어 주는 말.
- 어시호(於是乎) '이제야', 또는 '이에 있어서'의 뜻으로 하는 말.
- 어언간(於焉間) 알지 못하는 사이에 어느덧.
- 어중간(於中間) 조금 모자라거나 지나쳐서 어느 쪽에도 맞추기 어려운 때.
- 어차피(於此彼) 이렇거나 저렇거나 귀결(歸結)되는 바.
- 여반장(如反掌) 어떠한 일이 손바닥을 뒤집는 것과 같다는 뜻으로, 일이 매우 쉬움을 비유적으로 이르는 말.
- 역마살(驛馬煞) 한곳에 머물지 못하고 늘 이리저리 떠돌아다녀야만 하는 액운(厄運)을 이르는 말.
- 연리지(連理枝) 한 나무와 다른 나무의 가지가 서로 붙어서 나뭇결이 하나로 이어진 것. 또는 화목(和睦)한 부부(夫婦)나 남녀(男女)의 사이를 비유적으로 이르는 말. =원앙계(鴛鴦契), 비익조(比翼鳥)
- 연미복(燕尾服) 남자(男子) 양복(洋服)의 하나로. 검은 나사(羅紗)로 지은 예복(禮服)으로 저고리의 앞은 허리 아래가 없고, 뒤는 두 갈래로 길게 내려와 제비 꼬리같이 생긴 양복(洋服)을 이르는 말.
- 염라국(閻羅國) 염라대왕(閻羅大王)이 다스리는 나라. 곧 '저승'을 이르는 말.
- 오불효(五不孝) 다섯 가지의 불효(不孝). 곧 게을러서 부모(父母)를 돌보지않는 일, 노름과 술을 좋아하여 부모를 돌보지 않는 일, 돈과 처자(妻子)만을 좋아하여 부모를 돌보지 않는 일, 유흥(遊興)에 빠져 부모를 욕(辱)되게 하는 일, 성질(性質)이 사나워 부모를 불안(不安)하게 하는 일을 이르는 말.

- 요동시(遼東豕) 요동(遼東)의 돼지라는 뜻으로, 견문(見聞)이 좁아 세상(世上) 일을 모르고 저 혼자 득의양양(得意揚揚)함을 이르는 말.
  ※옛날 요동(遼東)의 어떤 돼지가 머리가 흰 새끼를 낳자, 이를 신기(神技)하게 여긴 주인이 임금께 바치려고 하동(河東)으로 가지고 갔다가 그곳 돼지는 모두 머리가 흰 것을 보고 부끄러워서 돌아왔다는 고사에서 유래.
  출전(出典) 『후한서(後漢書)』의 「주부전(朱浮傳)」

- 운예망(雲霓望) 가뭄 때 구름과 무지개를 바란다는 뜻으로, 희망(希望)이나 소원(所願)을 간절(懇切)하게 바람을 이르는 말.
  =운예지망(雲霓之望)

- 원앙계(鴛鴦契) 원앙(鴛鴦)의 맺음이란 뜻으로, 부부(夫婦) 사이에 사랑이 깊은 것을 비유적으로 이르는 말.
  =비익조(比翼鳥), 연리지(連理枝)

- 월단평(月旦評) 인물(人物)에 대한 비평(批評)을 이르는 말. =월조평(月朝評)
  ※관상(觀相)을 잘 보기로 유명한 중국 후한(後漢)의 허소(許劭)라는 사람이 매월 초하루마다 마을 사람들의 인물을 평했다는 고사에서 유래.
  출전(出典) 『후한서(後漢書)』의 「허소전(許劭傳)」

- 월석현(越石見) 좋은 정치(政治)가 베풀어짐을 이르는 말.
  ※월왕석(越王石)이란 돌은 항상 구름과 안개에 싸여 보이지 않는데 백성(百姓)을 진정(眞正)으로 위하는 청렴(淸廉)한 관리(官吏)가 나타나면 보인다는 고사에서 유래.
  출전(出典) 『남제서(南齊書)』「양정편(良政篇)」

- 인내천(人乃天) 사람이 곧 하늘이라는 천도교(天道敎)의 기본(基本) 사상(思想)을 이르는 말.

- 일변도(一邊倒) 한쪽으로만 치우침.

- 일자사(一字師) 　　잘못 읽은 한 자(字)의 글자를 바로 잡아 준 스승이라는 뜻으로, 정곡(正鵠)을 찔러 핵심(核心)을 깨우쳐주는 가르침을 이르는 말.
- 장사진(長蛇陣) 　　많은 사람이 줄을 지어 길게 늘어선 모양. 또는 예전의 병법(兵法)에서, 한 줄로 길게 벌인 군대(軍隊)의 진법(陣法)을 이르는 말.
- 적나라(赤裸裸) 　　있는 그대로 다 드러나 더 이상 숨김이 없음.
- 정저와(井底蛙) 　　우물 안의 개구리라는 뜻으로, 세상(世上)의 형편(形便)을 잘 모르는 견문(見聞)이 좁은 사람을 비유적으로 이르는 말.
- 정화수(井華水) 　　이른 새벽에 길은 맑은 우물물을 이르는 말.
- 조만간(早晚間) 　　'이르든지 늦든지' 간에. 또는 앞으로 얼마 안 가서.
- 졸사간(猝乍間) 　　주로 '졸사간(猝乍間)에'의 꼴로 쓰여, 미처 어떻게 해 볼 겨를이 없을 만큼 짧은 동안을 이르는 말.
- 졸장부(拙丈夫) 　　도량(度量)이 좁고 좀된 남자(男子)를 이르는 말.
　　　　　　　　　↔대장부(大丈夫)
- 좌우명(座右銘) 　　늘 자리 옆에 갖추어 두고 생활(生活)의 지침(指針)으로 삼는 말이나 문구(文句)를 이르는 말.
- 주마등(走馬燈) 　　두 겹으로 된 틀의 안쪽에 갖가지 그림을 붙여 놓고 등(燈)을 켠 후 틀을 돌려 그림이 바깥쪽에 비치게 만든 등을 말함. 여기에서 유래(由來)하여, '주마등(走馬燈)'은 사물(事物)이 덧없이 빨리 변(變)하는 것을 비유적으로 이르는 말.
- 중차대(重且大) 　　매우 크고 중요(重要)함.
- 지우금(至于今) 　　지금에 이르기까지. =지금(至今)
- 지천명(知天命) 　　하늘의 뜻을 안다는 뜻으로, 나이 '오십 세(50세)'를 달리 이르는 말. =지명지년(知命之年)
　　　　　　　　　※공자(孔子)가 '오십 세'에 이르러 천명(天命)을 알게 되었다

고 말한 고사에서 유래.

출전(出典) 『논어(論語)』의 「위정편(爲政篇)」

- 지호간(指呼間) 　손짓하여 부를 만큼 가까운 거리(距離)를 이르는 말.
- 집우이(執牛耳) 　소의 귀를 잡다. 이는 동맹(同盟)의 맹주(盟主)가 된다는 뜻으로, 지도적(指導的) 위치(位置)에 오르거나 실권(實權)을 장악(掌握)하게 되는 것을 비유적으로 이르는 말.

  ※춘추시대에 각국의 제후(諸侯)들이 맹약(盟約)을 맺을 때는 반드시 '삽혈의식샘(血儀式)'을 거행했다. 먼저 소의 귀를 잘라 피를 받고 소의 귀를 쟁반에 놓은 다음 맹주가 될 사람이 쟁반을 든다는 고사에서 유래.

  출전(出典) 『좌전(左傳)』의 「애공(哀公)17년」

- 차선책(次善策) 　최선(最善)에 다음가는 좋은 방책(方策)을 이르는 말.
- 창졸간(倉卒間) 　미처 어찌할 수 없이 매우 급작스러운 사이.
- 채미가(采薇歌) 　'고사리를 캐면서 부르는 노래'라는 뜻으로, 절의지사(節義之士)의 노래를 이르는 말.

  ※백이(伯夷)와 숙제(叔齊) 두 형제가, 불의(不義)로 천하를 얻은 무왕(武王)의 주(周)나라 곡식을 먹을 수 없다 하여, 수양산(首陽山)에 들어가 고사리를 꺾어 먹고 살다가 굶어 죽기 전에 노래를 지었는데, 이것이 「채미가(采薇歌)」이다.

  출전(出典) 『논어(論語)』「공야장(公冶長)」

- 천리안(千里眼) 　천 리(千里) 밖을 볼 수 있는 눈이라는 뜻으로, 세상사(世上事)를 꿰뚫어 보거나 먼 곳에서 일어나는 일을 직감적(直感的)으로 감지(感知)하는 능력(能力)을 이르는 말.
- 철면피(鐵面皮) 　철(鐵)로 만든 것처럼 두꺼운 낯가죽이라는 뜻으로, 염치(廉恥)가 없고 뻔뻔스러운 사람을 얕잡아 이르는 말.
- 철옹성(鐵甕城) 　쇠로 만든 항아리처럼 튼튼하게 둘러싼 성(城)이라는 뜻으로,

| | 방어(防禦) 준비(準備)나 단결(團結)된 상태가 아주 튼튼한 것을 비유적으로 이르는 말.
- 청백리(淸白吏) | 성품(性稟)과 행실(行實)이 올바르고 무엇을 탐(貪)하는 마음이 없는 관리(官吏)의 뜻으로, 조선 시대, 정이품(正二品)과 종이품(從二品) 이상의 고관(高官)과 사헌부(司憲府), 사간원(司諫院)의 우두머리들이 추천(推薦)하여 뽑던 청렴(淸廉)한 벼슬아치를 이르는 말.
- 청안시(靑眼視) | 눈을 흘기지 않고 맑고 친밀(親密)한 마음으로 바라봄의 뜻으로, 다른 사람이나 일 따위를 달갑게 여겨 좋은 마음으로 봄을 이르는 말. ↔백안시(白眼視)
- 추로학(鄒魯學) | 공자(孔子)와 맹자(孟子)의 학문(學問)이라는 뜻으로, '유학(儒學)'을 이르는 말.
　※노(魯)나라는 유학의 창시(創始)자인 공자(孔子)의 출신지(出身地), 추(鄒)나라는 공자의 학문(學問)을 계승(繼承) 발전(發展)에 공헌(貢獻)한 맹자(孟子)의 출신지에서 나온 말.
- 추풍선(秋風扇) | 가을철의 부채라는 뜻으로, 철이 지나 쓸모없게 된 물건(物件)을 비유적으로 이르는 말.
- 춘부장(春府丈) | 남의 아버지를 높여 이르는 말.
- 출반주(出班奏) | 여러 신하(臣下) 가운데 특별(特別)히 혼자 나아가 임금에게 아뢰는 일. 또는 여러 사람이 모인 자리에서 어떤 일에 대하여 먼저 말을 꺼내는 일을 이르는 말.
- 파락호(破落戶) | 재산(財産)이나 세력(勢力)이 있는 집안의 자손(子孫)으로서 허랑방탕(虛浪放蕩)하여 집안의 재산을 아주 결딴낸 난봉꾼을 이르는 말.
- 파천황(破天荒) | 천황(天荒)이란 천지(天地)가 아직 열리지 않은 혼돈(混沌) 상태(狀態). 이를 깨뜨린다는 뜻으로, 아직까지 아무도 하지 못

	한 일을 처음으로 해냄을 이르는 말. =미증유(未曾有)
• 팔두재(八斗才)	여덟 말(斗)의 재주. 팔 두(八斗)나 되는 많은 양(量)의 재주를 지닌 사람이라는 뜻으로, 주로 시문(詩文)을 짓는 재주가 풍부함을 비유적으로 이르는 말.
• 팔삭동(八朔童)	임신(姙娠)한 지 여덟 달 만에 낳은 아이를 이르는 말.
• 팔일무(八佾舞)	나라의 큰 제사(祭祀) 때에 추는 춤으로, 악생(樂生) 64명을 8줄로 세워 문무(文舞)나 무무(武舞)를 추는 것을 이르는 말. ※춤의 무원(舞員)의 수는 계급과 직위에 따라서 달라지는데 천자(天子)는 팔일무(八佾-64人), 제후(諸侯)는 육일무(六佾-36人), 대부(大夫)는 사일무(四佾-16人), 사(士)는 이일무(二佾-4人)임. 일무(佾舞)의 역사는 멀리 중국 주대(周代)에 시작된 것으로, 문묘(文廟)에서 연희(演戲)되는 것이 이 계통(系統)의 것이요, 종묘(宗廟)에서 추는 것은 조선조 세조(世祖) 때에 창작(創作)된 것으로〈시용무보(時用舞譜)〉에 전해져 있음.
• 편편금(片片金)	조각조각이 모두 금(金)이라는 뜻으로, 물건(物件)이나 시문(詩文)이 아름다움을 이르는 말
• 폐일언(蔽一言)	여러 말 하지 않고 한마디로 뭉뚱그려 말함.
• 폐풍월(吠風月)	개가 달을 보고 짖는다는 뜻으로, 시가(詩歌)를 짓는 일을 놀림조로 이르는 말.
• 포류질(蒲柳質)	잎이 일찍 떨어지는 연약(軟弱)한 나무라는 뜻으로, 갯버들처럼 약한 체질(體質)을 이르는 말.
• 피간담(披肝膽)	간(肝)과 쓸개를 펼쳐 보인다는 뜻으로, 본심(本心)을 털어놓는 것을 이르는 말.
• 하여간(何如間)	앞 내용(內容)을 막론(莫論)하고 뒤 내용을 말할 때 쓰여 앞뒤 문장(文章)을 이어 주는 말.

- 학익진(鶴翼陣) 학(鶴)이 날개를 편 모양으로 치는 진법(陣法)을 이르는 말.
- 해어화(解語花) 말을 알아듣는 꽃이라는 뜻으로, 양귀비(楊貴妃)를 지칭(指稱)하는 말이었는데, 후에는 미인(美人)을 비유적으로 이르는 말.
 =해어지화(解語之花)
 ※중국 당(唐)나라 때에 현종(玄宗)이 양귀비(楊貴妃)를 가리켜 말하였다는 고사에서 유래.
 출전(出典) 왕인유(王仁裕)의 『개원천보유사(開元天寶遺事)』 「해어화(解語花)」
- 행화우(杏花雨) 청명(淸明) 절기(節氣)에 내리는 비를 '살구꽃(杏花)비'라 하여 이르는 말.
- 호구책(糊口策) 겨우 먹고살아 갈 수 있는 방책(方策)을 이르는 말.
- 호중천(壺中天) 속세(俗世)와는 달리 경치(景致)나 분위기(雰圍氣)가 아주 좋은 세상(世上)을 비유적으로 이르는 말. =별천지(別天地)
- 홍일점(紅一點) 많은 남자 틈에 하나뿐인 여자(女子)를 이르는 말.
 =일점홍(一點紅), ↔청일점(靑一點)
- 화신풍(花信風) 꽃이 피는 것을 알리는 바람이라는 뜻으로, 꽃이 필 무렵에 부는 바람을 이르는 말.
- 화투연(花妬娟) 꽃이 피는 것을 시샘하여 부리는 매서운 날씨라는 뜻으로, 이른 봄꽃이 필 무렵 변덕스럽게 추워지는 날씨나 그 추위를 이르는 말.
- 화풍병(花風病) 마음에 둔 사람을 몹시 그리워하여 생기는 병(病)을 이르는 말.
 =회심병(懷心病)
- 회고록(回顧錄) 지난 일을 돌이켜 생각하여 적은 기록(記錄)을 이르는 말.
- 효학반(斅學半) 남을 가르치는 일은 자기 학업(學業)의 반(半)을 차지한다는 뜻으로, 학업의 반은 남을 가르치는 동안에 이루어짐을 이르는 말.

참고문헌(參考文獻)

高麗大, 『한국어대사전』, 인터넷판

金聖日 지음, 『고사성어대사전』, 시대의창(2013)

南基卓 지음, 『한자능력검정시험 特級Ⅱ』, 한국어문교육연구회(2010)

南基卓 지음, 『한자능력검정시험 特級』, 한국어문교육연구회(2013)

네이버, 『어학사전』, 인터넷판

다음, 『백과사전』, 인터넷판

다음, 『어학사전』, 인터넷판

『새국어사전』, 도서출판 동화사(1997)

『우리말샘』, 국립국어원(1999)

원기춘 엮음, 『한자능력검정시험 1급』, 신지원(2007)

張元方 編, 『고사성어』, 도서출판 은광사(1994)

『표준국어대사전』, 국립국어원(1999)

『漢韓大字典』, 민중서관(2008)

『현대고사성어』, 삼성서관(2004)

한자자격증 취득(取得)

■ 한자국가공인 자격 15종

- 한자급수인증 장원급 한국교육문화회(2014.2)
- 한자급수자격 준사범(비공인) 대한검정회(2014.3)
- 한자능력 특급Ⅱ 한국어문회(2013.12)
- 한자어능력 1급 한국정보관리협회(2013.3)
- 한국한자검정 1급 한국평생교육평가원(2012.12)
- 한자급수인증 1급 한국교육문화회(2012.12)
- 한자능력자격 1급 한자한문능력개발원(2012.11)
- 한자급수자격검정 1급 대한검정회(2012.9)
- 실용한자 1급 한국외국어평가원(2012.7)
- 한자실력급수 1급 한자교육진흥회(2012.6)
- YBM상무한자 1급 (주)YBM(2012.5)
- 상공회의소한자 1급 대한상공회의소(2011.6)
- 한자능력 1급 한국어문회(2008.3)
- 한국한자어능력인증시험 2급 조선에듀케션(2012.6)
- 한자능력 2급 한국어문회(2007.8)
- 한자능력 3-Ⅱ급 한국어문회(2007.5)
- 한자능력 4급 (급수증) 한국어문회(2007.5)

■ 한자국제공인 자격 1종

- 韓·中 상용한자(HNK) 1급 한중문자교류협회(2013.7)
- 韓·中·日 한자시험(TOCK) 1급(비공인) 한국지식재단(2013.9)

■ 한자지도사 자격 2종

- 한자지도사 자격인증서(2008.1)
- 한자지도사(2008.5)

저자와의
협의하에
인지생략

지혜를 익히고 학식을 넓혀주는
故 事 成 語
― 고사성어 · 한자어 3000단어 ―

2019年　8月 10日 초판 발행

編　譯　박 창 규

발행처　㈜이화문화출판사

등록번호　제300-2012-230
주소　서울시 종로구 인사동길 12, 311호
전화　02-732-7091~3 (도서 주문처)
FAX　02-725-5153
홈페이지　www.makebook.net

ISBN 979-11-5547-403-7

값 13,000원

※ 잘못 만들어진 책은 바꾸어 드립니다.
※ 본 책의 내용을 무단으로 복사 또는 복제할 경우,
　 저작권법의 제재를 받습니다.